追尋

文思匯流之所

《萬象》憶舊

《萬象》雜誌編輯部・原著

蔡登山・主編

導讀：關於《萬象》憶舊

蔡登山

在上世紀孤島時期，《萬象》雜誌很有名氣，它曾經孕育出張愛玲、傅雷、鄭逸梅、柯靈等許多文化名人。張愛玲當年常有佳作於《萬象》刊載，如〈心經〉、〈琉璃瓦〉及被傅雷稱讚為「我們文壇最美的收穫」的〈金鎖記〉。而傅雷更以筆名「迅雨」發表〈論張愛玲的小說〉，評點張愛玲。

《萬象》創刊於一九四一年七月，由陳蝶衣擔任主編。據鄭逸梅在《民國舊派文藝期刊叢話》中說：「《萬象》月刊，是陳蝶衣和毛子佩發起的，結果沒有成為事實，才由陳蝶衣供獻給平襟亞，由中央書店出版。」當時主編與發行人（中央書店的老闆平襟亞）合作之初，曾有過君子協定，主編得分享經濟利益。當雜誌的銷售越佳，雙方的矛盾也就尖銳起來。最後，陳蝶衣拂袖而去，急得平襟亞到處託人推薦編輯高手，唐大郎說：「何不請柯靈出山，準行！」於是平襟亞就找到了柯靈。柯靈是一九四三年五月開始接編《萬象》的。

我在一九九四年元月曾訪問過柯靈，他說張愛玲的小說〈沉香屑——第一爐香〉在一九四三年五月周瘦鵑主編的《紫羅蘭》刊出時，引起上海文壇的關注。他讀到小說，簡直驚為天人。但不知如何找到張愛玲，此時《萬象》的老闆平襟亞說何不找周瘦鵑問問，柯靈說：「好意思嗎？那不等於挖人牆根，大家都辦雜誌嘛！」而非常意外地，同年七月的一天，張愛玲卻自動找上門來，據柯靈說：「張愛玲穿著絲質碎花旗袍，色澤淡雅，也就是當時上海小姐普通的裝束；肋下夾著一個報紙包，說有一篇稿子要給我看看，那就是隨後發表在《萬象》上的小說〈心經〉，還附有她手繪的插圖。」（〈遙寄張愛玲〉）。張愛玲以一個新人之姿，何以馬上改換發表的陣地呢，其實是有其隱情的。周瘦鵑在續登〈沉香屑：第二爐香〉時，初登文壇又才情噴湧的張愛玲，曾要求周瘦鵑在一期把該小說刊完，而周瘦鵑卻捨不得一次刊畢（第一、第二爐香一共以五期才刊畢），以致雙方產生芥蒂，年輕氣盛又希望「成名要早」的張愛玲從此不再為《紫羅蘭》撰稿了，而找到了《萬象》雜誌了。

《萬象》從一九四一年七月創刊至一九四五年六月停刊，前後共四十三期，另有號外一期。《萬象》從創刊號起就表明該雜誌內容要應有盡有，「包羅萬象」，因此命名為《萬象》。而確實它可以被認定是一份商業性的，都市大眾的綜合性文化雜誌。據學者張厲冰的論文就指出陳蝶衣所主編的《萬象》，大致可分為：科普類、時事類、問題討論類、史料鉤沉類和文學類。但其中文學作品還是佔每期的三分之二，而長篇小說更是重頭戲，陳蝶衣稱之為有如電影院中的「正片」。這些作家群，除了有通俗類的作家如平襟亞、鄭逸梅、程小青、張恨水、徐卓呆、孫了紅、包天笑、范煙橋、周瘦鵑、丁諦（吳調公）、予且（潘序祖）等外，還有新文藝作家如魏如晦（阿英）、錢金昔、李健吾、司徒琴（柯靈）、唐弢、胡山源等，還有一批年輕作家，包括張憬、沈東海、余愛淥和施濟美、湯雪華、程育真、邢禾麗等為代表的「小姐作家」。

而到柯靈接編後，學者張厲冰認為最顯著的改變是作家群的變更，原先的通俗作家不再出現而換成一批新文學作家，包括康了齋（蘆焚）、鴻蒙（王統照）、迅雨（傅雷）、非骨（王元化）、浩波（許廣平）、白季仲（樓適夷）、陳時和（徐調孚）、潛羽（唐弢）、朱梵（柯靈）、李健吾等，還有來自國統區的沈從文、黃裳、姚克、端木蕻良、施蟄存、吳伯簫和來自解放區的丁玲、田苗，另外也培植一批年輕作家如張愛玲、鄭定文、沈寂、曉歌（徐光燊）、石琪（張英福）、林莽（王殊）、柳枝（陳欽源）、葉朗（梁　）、品品（林祝敔）等人。

論者指出陳蝶衣時期的《萬象》，旨在衝破文藝政策的封鎖，並廣開市民的言說；而柯靈「執鞭」的《萬象》，則致力於轉變打開知識份子的言路。這種正確的編輯理念，再加上堅強的作家隊伍，締造了《萬象》言之有物的高品質，自然擁有其相對穩定的讀者群，長期保持上萬冊的極高銷售量，也成為「上海淪陷非常時期的非常文化現象」。

我們現在重新翻閱這四十三期雜誌，所感受的是它的「包羅萬象」，各種文類、題材，可說應有盡有，甚至其作家群更高達五百八十七人之眾。面對這一知識寶庫，我們誠然無法忽視其存在，但由於該雜誌是在上海孤島淪陷區的刊物，很難得窺全豹，甚至在臺灣的圖書館甚少收藏，只有中研院文哲所有些許收藏但又以刊物老舊，不便開放，因此也令人徒呼負負。因此筆者透過唐沅等編輯的《中國現代文學期刊目錄彙編》查得四十三期雜誌總目錄，並將此目錄當為本書的重要附錄，讓要查閱該雜誌的讀者可以有把臂入林之便，而無翻檢之勞。

由此數千篇文章，筆者精選出四十篇，這些文章偏重於史料性或寫人敘事，極具份量者，而又沒有因時間而有所褪色，名為「《萬象》憶舊」。例如周璇與嚴華的婚變是四十年代電影界的頭條新聞，嚴華發表〈九年來的回憶〉與周璇發表的〈我的所以出走〉，這兩篇文章同時刊登在一九四一年八月號的《萬象》第二期，當然是主編陳蝶衣在電影圈的豐沛人脈才能辦到的，相信當期的雜誌一定熱銷，而同時也保存了至今來看相當重要的文獻。周璇能立足歌舞界並成為享譽滬上的「金嗓子」，嚴華對她的訓練調教功不可沒，多年共患難，亦師生亦手足的兩人日益轉為男女之愛。他們在北平度過四個月的新婚生活，嚴華寫了許多歌，周璇站在身旁一遍一遍地試唱，夫婦之樂盡在其中。他們也曾立下誓言，海枯石爛永不分離。他們就像《天涯歌女》中所唱「患難之交恩愛深」，卻不能「咱們倆是一條心」，「穿在一起不離分」。周璇與嚴華在百代、勝利、蓓開等唱片公司灌過大量唱片，版稅豐厚。零零總總加起來，是一筆非常可觀的收入，夫婦倆搬進了姚主教路國泰新村的新家。可是，不但新生活沒有隨之降臨，相反，這個家庭開始有了縫隙，而且越來越難以彌補。周璇更將與嚴華的九年情分全盤否定，深悔當初「惑其甘言，不辨清偽」，歷數婚後種種齟齬，這個時候，再小的摩擦在周璇心中都放大數倍，何況她所控訴的嚴君「公然辱罵」、「時加凌虐」等暴行。周璇並透露自己自殺未遂，行文聲淚俱下。一對曾惹人豔羨的同林鳥，不僅成為分飛燕，甚至走到反目成仇的局面，旁觀者都傷感唏噓。一九四一年兩人離婚，為「孤島」上海的特大新聞。相形之下，嚴華並無咄咄逼人，倒是更為無奈，他說，「平心而論，我從來沒有對她苛刻過」。對於所受指責，他激動起來，「我可以用一種迷信的說法：上有天，下有地，當中是我的良心，我不但沒有虐待過她，相反地待她太好了！平時愛護她的身體，顧全她的名譽和地位，調劑她的生活，可以說是無微不至。」

嚴華的回憶文章，有點像小說，充滿了對話，大話連篇，小學生似的語言幼稚可笑；周璇的文章是經過「一位同情我的小姐為我修飾」的，敘述語句誠懇，沒有花花腸子的語句。金錢問題也是這兩篇文章中的一個焦點，在周璇的文章中，只就嚴華說其離家出走時將存摺也帶走了一事做了辯白，周璇說她是「帶了兩萬元的存摺走的」，而這只是她「積蓄的一部分」，她強調在百代公司灌《西廂記》，「版稅就有八千元」。而嚴華不同，一筆一筆將他們不同時期的薪水標準記下了不少。

他如，小報名人陳靈犀（又名陳聽潮），筆名貓雙棲樓主。他寫鄧糞翁的〈辟塵小語〉和叔紅（桑弧）寫的〈關於糞翁〉是可以並讀的。我記得糞翁這個名字，是因為張愛玲的《傳奇・增訂本》而引起的。一九四六年十一月張愛玲的《傳奇》出了增訂本，是由龔之方與唐大郎合作創辦的山河圖書公司出版的，唐大郎請了上海著名的書法家糞翁為此書題簽，當時糞翁已改名為散木了。不管是糞翁或是散木，其實都是指鄧鐵（學名世傑）一人。從二十年代起，他的書法和篆刻便名揚海內，他由於不滿時政，佯狂避世，行為古怪，被稱為怪傑。糞翁的書法篆、隸、真、行、草各體皆精，雄渾拙樸，在書壇上有「江南祭酒」的美譽。篆書早年學蕭蛻庵，而蛻庵又師法吳昌碩，因此他受吳昌碩影響極大。晚年則融合甲骨、大小篆、竹木簡，自創一格，橫不求平，豎不必直，結構恣意開張，布局隨心所欲，他說：「非篆非籀，非古非今，是自己家數，不自門入。」隸書以漢張遷碑為主，真、行、草源於「二王」而歸於「二王」，味道醇厚，意趣橫生。篆刻早年學於李肅之，壯年以後又歸於趙古泥、蕭蛻庵門下，三〇年代便以篆刻而揚名海上，在藝壇上有「北齊（白石）南鄧」之稱。

他如，筆名天命寫的〈星社溯往〉和徐碧波寫的〈哀顧明道〉，都是有關「星社」的歷史和其成員的珍貴文章。一九二二年范煙橋在蘇州與趙眠雲組織文學團體「星社」，范煙橋在〈星社感舊錄〉裡追憶當時的情景：「當民國十一年間我離開故鄉，移居吳門時，首先和趙眠雲相識。那時他正是張緒翩翩，而且在胥門開著趙義和米行，不是寒酸的書生。既然臭味相投，自然一見如故，便接連著酒食爭逐了好幾回。在七夕的那一天，他約我和鄭逸梅、顧明道、屠守拙、孫紀于諸君以及族叔君博到留園去。我和姚賡夔（蘇鳳）及舍弟菊高同去，在涵碧山莊閒談。大家覺得這一種集合很有趣味，就結成一個社。我說：『今夕是雙星渡河之辰，可以題名為星社。』星社就這樣有意無意之間誕生了。……（成立後）常作不定期的集合，所談的無非是文藝而已。同聲相應，同氣相求，自然陸續有人來參加，我們並無成文的章則，只要大家話得投機，也就認為朋友了。」他們編《星報》，共出二十五期。一九二三年夏季，改出《星光》雜誌，三十二開本，是不定期刊物。《星光》分上下二集，約十萬言，計刊短篇小說二十四篇。上集所載的小說十二篇，作者是：范煙橋、程小青、王西神、何海鳴、袁伯崇、畢倚虹、姚賡夔、俞天憤、徐卓呆、姚民哀、王天恨、張慶霖。下集為周瘦鵑、江紅蕉、徐枕亞、程瞻廬、吳雙熱、貢少芹、許指嚴、范菊高、顧明道、范佩萸、鄭逸梅、蔣吟秋。封面題簽趙眠雲，由胡亞光繪仕女。編輯者范煙橋、趙眠雲，且每篇附有作者照相和小傳，這是很別緻的。「星社」從開始的九人發展至一百餘人。在星社十周年之時，《珊瑚》第八期上，范煙橋寫一紀念文：「我們星社始終能精神團結，比旁的文藝團體悠久而健全，社友們這幾年來在文藝工作上都能相當的努力」。

其他如楊復冬的〈地方色彩與作家〉則是敘述新文藝作家作品中的地方色彩，該文談論到的作家，有東北作家蕭紅、蕭軍、端木蕻良，寫東北鄉村的老向，有專寫北京胡同天橋等「京味」作家老舍和沈尹默、朱光潛等京派作家，矛盾、施蟄存、葉靈鳳、戴望舒等上海作家，還有描摹南京政界的張天翼、姚穎，描寫長江上的水手生活的陰暗的荒煤，丁玲、沈從文湖南氣味的小說，沙汀的《法律外的航線》和《土餅》，巴金的《家》和《春》、《秋》都取材於四川故鄉，而貴州的蹇先艾和廣東的歐陽山也都有著濃厚的地方色彩。

其他如朱鳳蔚的〈民初上海憶語〉、秋翁（平襟亞）的〈三十年前之期刊〉和周劍雲的〈劇壇懷舊錄〉都是難得一見的當事人的回憶，珍貴而重要。由於篇幅所限，只能編選出其中的一小部分，鼎爐一嚐，應該會讓你回味無窮的！

目次

九年來的回憶

嚴華

一

九年，夢一樣的綺麗，也是淒愁的畫面，她在我心版上永遠留下不可磨滅的憶念。我想，或者上帝給予一個人的生存的條件，是必須接受一些痛苦，一些創傷；是的，在這九年裡，我有過血的奔放與淚的激流，我有過艱苦的忍受與勞役的鍛鍊。我是年輕人，自然不能沒有花朵的欣賞，也不能沒有葉落的悲哀。然而我覺得，即使天地變色，那個夢也變色，做人的意義還在，做人的責任更是重要。

今日，我在陰沉沉的夜晚，看漫空的月在走，雲在飄，我似乎無法寄託我的身子在這世界裡面。我聽到一些勞工們製造鋼針所迸發的力的吶喊，我開始撫慰破碎的心片，我拭著紅腫的淚眼，向自己說：「忘記過去這情感走過的足印，創造我未來偉大事業的新生！」

這夢，迢遙的夢呵！只是像樂譜中的一個個音符似的，在我的生命史上刻劃一點紀念。日後我老了，我從事業的旅程中老了，那時再回憶舊日的夢，我會想起許多人的臉影來，慈善的，陰險的，笑的，哭的，一切都有。我要像史蒂芬的想起他的舊人一樣。

回憶是一面鏡子。現在我要退回一個時代去說話。我摸索我的影印，在這一面鏡子裡。

二

我今年二十九歲，是南京人，從小生長在北平，有好幾個哥哥和弟弟，另外還有一個妹妹，妹妹叫嚴斐，現在已嫁給了劉瓊。十五歲上，我死了父親；十七歲上，我又失去了母親。你想，一個沒有父親，沒有母親的孩子，那是多可憐，多苦痛呵！然而我是忍受了這一切，我知道做人本是個夢，夢裡的景象，我是毋須徘徊或戀念的。因此我拋卻了煩惱，我建築自己，創造自己，我勇敢地走向生活的圈子裡來。當時立下的誓言是：「我要好好地做一個人，做一個國家有用的人。」

我想：做人的方法很多，做人的意義也極深，我們不僅是為了享樂而生存，有的時候，也應該受苦的。父死母喪，這是天地間最慘痛的傷心事，然而我並不懦弱地表示悲哀，我也並不頹喪地趨向消沉，我只覺得這是給我磨煉的啟示，亦是給我開拓了一條光明的坦途。他們要我一個人單獨生活，要我記起這社會所賦予年輕人的責任，總之是要我不必取巧，不必偷懶，而應該挺起胸膛，奔向前程。我計畫事業成功的一天，即是我對父親對母親盡孝的一天，他們在九泉之下，也一定會很高興地含笑著說：「嚴華是一個有出息的孩子。」

我帶著滿懷的希望，開始我的戰鬥工作了。——我同社會戰鬥，同環境戰鬥，同一切的惡勢力戰鬥，我在這裡面尋求一些做人的趣味。

我曾受教育於財政商業專門學校。離開了這學校，由哥哥的介紹，便在天津一家儲蓄會裡做事了。

二十一年的春天，明月歌舞團來天津表演，我因為愛好音樂，認識了該團的主任黎錦暉先生。後來他們要回上海去，我也辭了儲蓄會的職務，跟著他們一起南下。

三

初到上海，我像塊木頭似的，什麼也不懂，差不多是土頭土腦的。那時明月的地址先是借在愛文義路，後來遷至赫德路，團裡有好幾架鋼琴，一切樂器，都很完備。我在空閒的時候，除了看書寫字以外，便是悉心研究樂理，有時也喜歡彈彈鋼琴。

團裡的男女同事們，和我的情感，極其融洽，他們常說我是「傻瓜」，因為我的本性，就不是屬於粗暴這一類的；我肯吃虧，肯讓人一步，甚至人家打了我，罵了我，我總是原諒人家的。

有一天，團裡的鋼琴師章文女士跑來告訴我，他介紹一個十三歲的女孩子到我們這裡來擔任演員，名字叫周小紅。

隔了兩天，果然有個陌生的女孩子的臉孔送入我的眼簾了。

我在彈鋼琴，這女孩子偷偷地立在旁邊呆看。

「這是誰啊？」我的腦海裡有一個問句了。

「大概是周小紅吧！」我又給自己解釋。

一星期後，我才完全知道了這女孩子的家世。

她叫周小紅（黎錦暉先生給她改名周璇），原籍常熟，生長在上海，曾畢業於寧波同鄉會第八小學，家裡有父親，有母親，父親從前是在虹口捕房裡當翻譯的。

這是我和周璇認識的開始。

四

周璇很活潑，很聰明，而且也很有思想，她常常對我說：「你教我唱歌好嗎？你教我國語好嗎？你教我彈琴好嗎？」

我總是反問地回答她：「你見一樣學一樣，永遠沒有滿足，將來究竟打算建造些什麼地位呢？」

她一半怕羞，一半微笑地說道：「我要和王人美一樣的有名氣。」

我佩服她的志願，便鼓勵她道：「凡是一件事業的成功，必須要經過磨難和困苦，你怕嗎？」

她很堅定的說道：「我什麼也不怕，我只知道向前努力。」

那時周璇給團裡任何人的印象都很好，黎錦暉先生也稱讚她說：「你的前途是很有希望的。」自然，一個新的團員剛來，老的團員們是喜歡倚老賣老的加以壓迫的。周璇也不能逃脫這惡劣的命運。然而在有人欺侮她的時候，我總起來袒護她，我向他們說：「我們應該和衷共濟，怎麼可以自相混亂呢？」

周璇感謝我的「愛」，她以後便當我是嫡親的哥哥一般。我也熱心的教導她，培植她。

五

然而厄運卻緊緊地跟隨著我們，像黑影的追趕人一樣。明月歌舞團的內部，突然發生意見，經濟開始動搖，不久便解散了。

我似乎對於周璇還沒有盡過責任，在歌舞團解散的一天，我拉著她的手說：「你回到家裡以後，準備繼續讀書嗎？」

她搖搖頭，只是流眼淚，不說話。

我看著她的淚眼說道：「不要哭，這是沒有辦法想的事。」

她慢慢地終於掙扎出幾句話來了，她說：「我的家庭環境不大好，我不願意回去。」

「那末你打算怎樣呢？」

「我要……」

「你要努力，是不是？」

「是的，我要努力，我要跟著你一起努力。」

「好！我來幫助你，你不可灰心，你的前途是燦爛光明的。」

她記著我的話回去。

後來有一位在黃克體育館做事的黃淼先生，他願意出錢來收拾破碎的「明月」，他鼓勵我們向前走。於是又組織了「新月」。「新月」這個名字的意思是：「明月已去，新月又來。」那時黎錦暉先生還是負著領導的責任，我是擔任劇務部主任。

「新月」成立以後，我便把周璇拉了進來，我曾向她說過：「這又是磨煉藝術的好機會了，你肯受苦嗎？」

她回答我的話是：「我肯受苦，我願意受苦，以前的苦，算不得苦，以後的苦，就是將來的甜。」

我微微地笑道：「是的，以後的苦，就是將來的甜。從苦而甜，從苦而成功事業，小紅，你將來一定是幸福的，你知道嗎？」

「我知道，我知道，你的意思是要我上進。」

六

「新月」剛在發芽的時候，每個團員都能吃苦，那時我們大夥兒住在霞飛路的一家俄國菜館樓上，我每天晚上睡在地板上。想起這過去的往事，我的筆尖呆住了，我看到稿箋上有我的影子在浮現，我向自己說：「時光奔跑得多快呵！」

不久，「新月」又解散了。後來在巨波來斯路美華里二號，成立了「新華」，拿錢出來幫助我們的是金佩魚先生。

半年後，「新華」在金城大戲院演出了一個歌劇，叫做《秋風落葉》。

想起《秋風落葉》來，我以為這正是一個不好的預兆，因為在這戲裡，即是說一個女人，為了愛上了虛榮，便忍心拋棄她的可愛的，也是可憐的丈夫。

經過幾次的演出，社會人士對於「新華」漸漸地有了認識。那時又正是上海的播音事業剛在崛起的時候，我們便在公演歌舞以外，又在友聯、利利、富星等電臺，擔任了幾檔歌唱節目。

周璇慢慢地在電臺上和我同時紅起來了。

她的「紅」，不是偶然的，也沒有什麼人給她捧場，她有本領，她的歌嗓，便是一生成功的基石，或是說是她的全部財產。

我們在電臺上，常常接到聽眾們打來的電話：「嚴華和周璇合唱一個歌吧！」

他們這樣愛護她，期望她，使她更不敢鬆弛一步了，她總是向我說：「我雖是沒有受過高深的學問，但是我應該有個光明燦爛的前程，我要努力，一刻不停地向前努力！」

七

二十四年，「新華」也解散了。

周璇由丁悚和龔之方二位先生的介紹，加入了藝華影業公司，擔任配角，每月的薪水是五十塊錢。她的第一部處女作，是《花燭之夜》。

二十五年，我和黎錦光先生合組了大中華歌舞團，同白虹等一起上南洋表演，直至隔年的春天才回來。回來以後，便在愚園路愚谷村，和周璇舉行訂婚禮。

不久，滬戰爆發，我對周璇說：「在這動亂的時代，我們年輕人是應該多做一點有意義的工作。」

她興奮得什麼似的，當時她就問我：「你願意帶我走嗎？」

我點點頭。於是我們抱著極大的雄心，上香港、菲律賓一帶去演舞臺劇。——這是我九年來生活中最愉快最甜蜜也是最有意義的一個時期，我想起我曾如何熱烈地在臺上念那激昂慷慨的臺詞，我又曾如何熱烈地在臺上唱那偉大雄壯的歌曲，我的心靈跳躍著，我的熱情奔放著，我總是握著周璇的手說：「你看，光明已經來到，我們不能後退，我們要勇敢地趕前步！」

周璇也曾說過：「是的，國家所給予我們的工作，就是每個人應盡的義務，逃避這義務，即是逃避了責任。」

二十七年的七月十日，我和周璇在北平西長安街春園飯店舉行婚禮，正式結為夫婦。

在北平，我們有過四個月的蜜月生活，那時期，我寫了很多曲子，她也時常站在我的旁邊給我唱一遍，她唱的時候，我喜歡看她的一對眼睛。她寄我以「愛」，在這靜靜的無言中，她寄我以「情」，在這默默的幻想裡，我們間的夫婦之樂，是誰都稱道羨慕的，我們曾共同立下誓言：「我倆永遠不分離！」

八

離開北平，重來上海，周璇加入了國華影業公司，起先訂立的合同，連我的作曲在內，每月的薪金是四百五十元，第一部主演的片子，是《孟姜女》。一年後，公司當局重和她訂立合同，每年規定拍戲四部，每部戲的酬勞是二千多塊錢。

她就這樣慢慢地在銀幕上紅起來了。

我們的家越弄越美麗，環境也是一天比一天好。——在姚主教路國泰新村里，建立著我們新的家庭。

每天，我除了上遠東鋼針廠辦公外，空閒的時候，便是努力於作曲。我和周璇，在百代、勝利、蓓開三個公司灌過很多唱片，這些都是我們兩個人共同的心血。灌片的待遇是：做一個曲子，代價一百數十元。灌唱人方面，女的每張致酬二百元，男的是一百五十元，其他再抽版稅百分之六。

家庭裡的開支，我絕對主張節省，我常常向周璇說：「我們是從刻苦耐勞裡奮鬥出來的，我們不能忘記過去，應該用的用，不應該用的就不用。」

幾年來的積蓄，是在這一個原則下建立起來的。

我從來沒有對她苛刻過，她要做衣服，買飾物，以及一切的需用，我總是答應的。不過我也常對她說：「你要在藝術上努力，愛好虛榮，是不會有幸福的。」

有一個時期，她曾問過我：「做人的意義是什麼？」

我直截爽快地告訴她：「做人就是要你好好地做人。」

她不明白我的意思，又問道：「那末怎樣才算是好好地做人呢？」

我解釋給她聽：「不愛虛榮，不驕傲，不落後，而是一天天的向前走，向前進步。」

九

現在應該要說到我的夢的碎破了。

周璇突然出走了。

她為什麼要走？是我虐待她嗎？

我可以用一種迷信的說法：上面有天，下面有地，當中是我的良心，我絕對不承認虐待過她，非但我沒有虐待過她，而且我要說：我實在待她太好了，平常愛護她的身體，顧全她的名譽地位，調劑她的生活，無微不至。

出走之前，周璇還曾寫信給在成都的徐健小姐和傅小姐，她說也要到那邊去活動，因為上海的環境太惡劣了。她問我：「你贊成我的計畫嗎？你捨得我嗎？」

我鼓勵她道：「我雖然捨不得你，但是如果你真是要走，我也是高興的，因為你是為了正義。」

然而相隔不到一星期，事情就完全變了，她沒有一句話，她忍心地離開了我。

我想：或者她不能同我過著正義的生活，或者她已經有了一個燦爛的黃金之夢；不然，她怎麼願意離開我呢？她難道完全忘記了過去嗎？

一個人是應該思前想後的。我曾給茜蒂先生編的一個刊物寫過一篇序文，我說：「這一個社會，是吃人的社會，社會吃人，不會有血，自然也不會留下什麼痕跡。」我又說：「托爾斯泰曾說過：『戀愛是一個人的生命中的一部分，而不是全部分。』是的，嚴華還有他應該做的工作在。我失去周璇，心裡自然很難過，正像一個迷失了方向的孩子，找不到了他的家一樣。然而我不必徘徊歧途，我要奮鬥，我要為我的事業奮鬥，『事業』是我以後做人的趣味的最大的安慰了。」

我至今還沒有恨過周璇，我想我是永遠不會恨她的，我看得很清楚，殺害周璇的，是這一個不健全的社會。

十

九年來是一個很長很長的夢，現在我是夢裡醒了的人。

好像有人曾說過：「今日的愛情，是明日的仇恨；今日的愛人，是明日的仇人。」然而我也要說：「愛情以外，尚有事業；愛人以外，尚有國家。」

以後，我願意在事業上奮鬥，我也願意把國家作為我的終身的朋友，我發展我的事業，我愛護我的國家，我已懊悔從前的夢是錯誤的，我相信未來的夢才是對的。

自然，我也應該向認識或是不認識我的朋友說明，我愛周璇，是愛她的思想，愛她的主義，愛她的前程。如果她沒有思想，沒有主義，沒有前程，那也並非我心裡真正可愛的人。愛情不是一種商品，不是隨便能施捨給誰，也不是可以用金錢來買賣的；她是崇高的，純潔的，天地間的一切，都靠著她發榮滋長。不然的話，那就近於欺騙和侮辱了。

現在周璇還年輕，我也還年輕，她有她的路，我也有我的路，我們各人都有一條路，誰走得對，誰走得不對，將來的歷史是會給予公正的論定的。

我要忘記過去。《萬象》出版的時候，我也不想重溫這九年來的夢了！好吧！就算舊的夢已經判決死刑，新的夢是在我的活力裡生長起來。

第一年二期（一九四一年八月）

我的所以出走

周璇

「為什麼要出走？」

許多訪問者這樣的問我；有時候，我也這樣的問自己。

是的，一個人好好地為什麼要出走呢？我相信，每一個人在她的事業之外，都是希望有一個美滿的家庭的，美滿的家庭永遠會產生著甜蜜的生活，以調劑她耗費在事業上的勞苦的精神；所以，甜蜜的生活是一種幸福，誰願意輕易與她的幸福分離呢？

然而，相反地，當美滿的家庭不能獲得，甜蜜的生活成為幻夢，而一種例外的痛苦緊緊地壓迫著她時，她自然只好掙斷桎梏的鎖鏈，與惡劣的命運訣別，而另覓她的新生之路了。

羅素說：「寧願戰鬥以死，不願忍痛以生！」我需要戰鬥，這就是我出走的唯一理由。

說起來，自然是一件痛心的事，我除了我的事業之外，還有一個幻想中的美滿家庭，不幸這一個幻想只成功了一半，它變了！變得很可怕，於是我不能不和這個可怕的環境訣別。

實際上，掙脫這一個桎梏的意念醞釀在我的心底深處已經好久，不過為了不忍，我一直是徬徨著。直到忍無可忍，我才決定了我的行動。外人看起來，以為是事出倉卒，因此對於我，就有許多的猜疑，許多的誤解，在我實在是覺得十分遺憾的。

《萬象》的編者要我為這件事自己說幾句話。直到現在，還有許多人捏著認識我的人寫的介紹信，前來找我，訪問我，因此我的心緒很不寧，而且我又不會寫文章；不過我的心裡，倒的確有些話要想說，《萬象》的編者能夠給予我一個機會，我是很感謝的；現在，我忠實地記錄下我的話，詞藻方面，我請另一位同情我的小姐為我修飾，這是我所不必諱言的。

我首先要告訴諸位的，就是我是一個畸零的人，我不知道我的誕生之地（只知道是常熟，不知是在那一個村落），不知道我的父母，甚至不知道自己的姓。

當六歲的時候，我開始為一個周姓婦人所收養，她就是我的養母。六歲以前我是誰家的女孩子？我不知道，這已經成為永遠不能知道的渺茫的事了！當然，我的原姓決不是周。

我的養父，家裡另有大婦，她很喜歡我，但是和我的養母卻不很和睦。不久周姓的家道漸漸中落，所以我的身世，在被養母收養以後，也還是免不了困苦顛連。

八歲的那一年，養母將我送入寧波同鄉會設立的第八小學校去讀書。那時養父為了大婦的約束，已斷絕了我們的供給，所以我的求學之費以及日常生活所需，都是養母辛勤地操作得來的；我現在不至於成為「文盲」，這完全是養母的培植，這一點，是我深感養母的。

我自幼就愛歌唱，聽人家唱著，一遍兩遍之後，我就能跟著上口。在學校裡，唱歌的成績往往是算我最好的。

為了生活困苦的關係，我僅僅完成了我的初小學業，沒有能夠繼續讀書。十三歲的那年，由章文女士（現在任事於金城大戲院）的介紹，我就加入了黎錦暉先生主辦的明月歌舞社，周璇的名字就是黎先生為我起的（我的小名是「小紅」）。

這樣，就決定了我以後的命運了！第一：我之以歌唱為職業是從這時候開始。第二：我認識了嚴華，因為他也是明月社的社員之一。

在明月社裡，我和許多人都由陌生而逐漸熟識起來，當然，嚴華也是其中之一。我陶醉在音符的飄浮之中，度著嘻嘻哈哈的自由生活，幾年以來的枯燥況味漸漸在我的眼前泯滅，我開始感覺到我的心靈有點滋潤了。周遭的氣氛是藝術化的，誰與誰之間都沒有拘束；雖然我所得的酬報不豐，但是我是深愛這樣的生活的。

所不幸的是這樣的生活，只繼續了一年多，明月社突然解散了！雖然不久另有新月社的組織，但時間很短促，沒有多久又停辦了！我開始徬徨起來，我僅有一個養母，養母之外別無生產的人，如果我失去了家以外的憑依，我的前途之黯淡簡直是不敢想像的。幸而，後來有金佩魚先生投資，與嚴華合作，辦了一個新華歌舞社，我得以加入這一個新的組織，使我的一顆脆弱的心靈安定了許多。

就因為這一層關係，我對於嚴華的好感逐漸增加起來。

新華社成立後，曾數度在金城大戲院登臺表演歌舞劇，此後的大部分時間，則放在播音方面，那時候的播音事業，正急速地流行著，新華社因為擁有我以及徐健、歐陽飛莉、葉紅、葉英等幾個歌唱人才，還有嚴華自己，差不多成了播音歌唱的權威者，我們同日在好幾個電臺提任播音，擁有聽眾很多，我們是始終接受著輿論方面的榮譽的。

民國二十五年間，我接受了藝華公司的聘請，開始了電影從業員的生活，這是我懷蓄多時的一個願望，總算給我達到了，我當然十分興奮。我的處女作是《花燭之夜》，袁美雲主演，我雖然處於配角的地位，但是因為我還能夠演戲，藝華當局是很器重我的。

我有一個哥哥履安，那是我養父所生，曾演過話劇，在明星影片公司拍過戲，和袁牧之是朋友。袁牧之在明星導演《馬路天使》時，向明星當局提議，向藝華借我客串演出，這是為了劇中人適合我個性的關係。當時明星當局與藝華談好條件，由明星借白楊給藝華拍一部戲，藝華答應我在明星客串拍一部戲，以為交換。我演過《馬路天使》後，漸漸地在電影界有了地位。後來，又在新華公司的《狂歡之夜》中客串演出，藝華也大規模的攝製《三星伴月》一片，給我主演。這時影迷們向我索取照片的信，也時常從綠衣人的手中遞來了。

八一三戰事發生後，電影事業陷於停頓的狀態中，嚴華和我計議著向外發展，結果我們是開始了遼遠的長征，在香港、菲律賓各地獻藝。因此，我又認識了許多向來生疏的熱帶風光，一種異國的情調，在我的生命史上展開了美好的一頁。雖然我們度的是飄泊生涯，但在飄泊之中是有著甜蜜的。

直到回上海，隨著嚴華北上，在北平結了婚，以至重來上海，加入國華影業公司為基本演員，我們始終浸沉在愛的漩渦中。我的幻想中，以為前途有的只是光明，美好的生活，誰知未來的光陰，並不如我預測的美好。漸漸地，猜疑、侮蔑、難堪，一一加到我的身上，它使我不安，使我痛苦，年餘以來，終於粉碎了我的幻想，造成了無可避免的悲劇。天哪！我不能在無理的威脅之下生存下去，我應該重視我自己的生命呀！因此，我在一種迷惘的情緒下，做了「娜拉」的繼承者，我含著眼淚離去了我的家，同時也離去了相處九年的丈夫。

笛卡兒說：「達到一個終點，總比停留在迷途中好，生活的行動也是如此，常常不容許自己半點遲疑。」我對於這話有深切的體味，我為什麼要停留在迷途中呢？過去，我太渾渾噩噩了，所以從來不知道什麼叫考慮。現在我已是一個二十二歲的人，我有我的生命，我不能再渾渾噩噩下去，我需要鬥爭，我應該盡我的力覓取我適當的終點，不容許有半點遲疑。

自離家以後，我始終是沉默著，希望獲得一個合理的解決。直到輿論對我發生了許多誤解，我萬不得已，始在報上登了啟事，將我的隱痛約略向各界人士訴述了一遍。但是還有許多事，我尚未一一辯白。比如說，嚴華說我帶了銀行存摺走的，不錯，我是帶了兩萬元的存摺走的，但這不過是我的積蓄的一部分，實際上我名下所有的錢還不止此數，我在百代公司灌《西廂記》，版稅就有八千元呢！但是我只找到了這二萬元的存摺，而且其中一部分還是定期的，我帶了走也等於沒有帶。誤解我的人以為我帶了錢跑了！這簡直使我只有悲憤。

此外，更有人以為我的出走是有背景的，那更是太誤解了我。前面說過，我是一個二十二歲的人了！為了不願屈服在無理的威迫之下，我才掙脫了桎梏的鎖鏈，如何會投入另一個桎梏中去呢？好在這些是會有事實來證明的，我也不必深辯。

雖說是「出走」，但我的人還是在上海，並沒有隱藏起來。此後，我將以鐵一般的事實來答覆大家，我既然為了生存的意義而從桎梏中解脫出來，自然我需要以更大的努力，為我的事業，為我的前途而奮鬥。我可以堅定地說：我的生命將會比「娜拉」更積極的。

最後，謝謝許多同情我的朋友們的盛意。

第一年二期（一九四一年八月）

作家剪影

蔣化鯤

一、許欽文

八九年前，在廈門集美村的那沿植著婀娜的相思樹的人行道上，我常碰到一個默默地走著自己路的人物。這人矮矮胖胖，衣服很樸素，一雙黑皮鞋從未見他加過油，鞋尖已有一大塊褪成蒼白色了。瞧歲數，約在中年的邊沿上；一臉的表情，沖虛得活像修道士似的。走起路來細細的步子，兩手插在衣袋裡，眼睛永遠盯著地下，好像他每回都在用全神諦聽著他自己的跫然足音，而深深地感到一種無言的慰藉一樣。

當時我暗自猜想：這人準是個過著長久的孤寂生涯的角色，十九像名「剩一點柔情揣在當胸」的所謂「文人」。後來，我證明了自己的眼力不差！

有一個下午，集美師範部所組織的文學研究會忽地請個人物來演講，據說那是一位在中學部坐冷板凳的著名小說家。我踱進大禮堂裡一瞧，哈！原來就是那個常常默默地走著自己路的朋友。他筆直地站在講臺上，兩手反剪著，人既木然地沒有一絲表情，話又講得很枯燥乏味。整個講堂裡只聽得一連串的咳嗽聲，打呵欠聲，那悶氣差一點兒會窒息人，從這一點也可以看出他是不肯諧俗的。

往後，我和廈門一些朋友弄了個副刊，還辦了份薄薄的純文藝月刊；於是我有兩次找上了這位「小說家」的門。他很慷慨，一口答應「幫忙」，稿件過兩三天就「兌現」；所寫的大抵是「杭州什麼菜蔬好吃」、「廈門什麼豆兒很香」之類的文章。

言不我欺，這人確真是位著名小說家，他的那一手描寫青年男女心理的本事，很使我佩服。然而繼《一壇酒》、《兩條裙子》之後，長篇創作僅有一個自述境遇坎坷的《無妻之累》；此外就都是些零碎的小品隨筆而已。這大抵是由於生活忙迫之故。不過為了向昔的令譽，恕我說句評言：這人似乎應該督責自己一些！

這人姓許名欽文。

二、鹿地亘

當我從畫刊上看到他在重慶文藝協會演講時的照片，對於他那矮矮的個子，那瘦削的身材，那清癯的臉龐，還有那婉約的笑容，和那嶔崎磊落的神情，這一切於我都很稔熟；但一時卻再也想不起在什麼地方會過這人。待到看了照片下面的那一行說明之後，這才「唔」地一聲——「原來是他！」

於是記憶之門打開了：我跟這人曾有兩面之雅，地點都在北四川路的新雅——那以幽靜雅潔著稱的高等茶室。

五年前盛夏的一個下午，我不耐蝸廬的鬱熱，和孤獨的岑寂，照例拔起腳踏上新雅的那光滑的地板。友人房堅兄已先我而在，同座的是兩位日本人：其中一位就是這人。當我與房堅握手為禮時，這人也很客氣地欠身而起，笑容可掬地連忙點著頭，招一招手，打著日語說：「請坐請坐！」跟著遞來了一根香煙，又操著日語問：「貴姓？」

房堅搶著替我們作了紹介，我知道這人叫鹿地亙，一位富有正義感的日本作家。

鹿地先生給我一個很難磨滅的印象：溫柔，謙恭，懇切，有如深潛的哲人一樣，他有一副可愛的沉靜的風度；說話的聲音很輕柔，輕柔得像是秋風的微喟。那一天他先談了些關於日本大學的情形，因為房堅打算秋天進東京帝大。隨後便談談關於上海文壇和日本文壇的話，他對於中國的青年作家，似乎最讚賞田軍先生和蕭紅女士，傾佩之意，溢於言表。他說：「有為的中國青年作家，應該用血的筆，寫血的故事，將淪為奴隸之痛告訴給大眾！」

這種話出自一個日本作家的嘴裡，當時著實很使我驚奇不置。然而當話題一扯到中日事件的上面，他先是「顧左右而言他」，隨後就一直沉默著，不久忽而站起身來，鞠了個躬：「我要告別了！」於是熱烈地握過了我們的手，他偕著同伴走了。

去年從《文藝陣地》上蕭紅一篇記他的文章裡所說，我才恍悟他這回匆匆而去的原因：原來他那時的行動，就已受著嚴密的監視了。

之後，約摸過了浹旬的光景，我再在新雅會到鹿地先生一次，他的夫人池田幸子女士也在座。這回我因另與友人有約，僅和他點點頭，互相道好而已。

不久，戰爭來了，鹿地先生歷經困厄，才化裝離開了上海。這幾年，他為了世界的公理與人類的正義，盡過了一筆很可寶貴的力量。對於這位「中國之友」，「敬愛」兩字，將永遠鐫在我的心版上；也將永遠鐫在每一個中國文人的心版上。

三、辛爾

施若霖君所主編的《八十家佳作集》裡，曾選入一篇題為〈鹽〉的小說，作者是辛爾。這名字看去像很陌生；而其實，在戰前的文壇上，他是曾露過一陣珪角的。

辛爾江西人，中國公學畢業生，後留學日本明治大學。他雖專攻經濟學，但一向卻很肆力於文藝創作，所寫者多為小說，散見以前的《現代》、《東方文藝》、《國聞週報》等雜誌上；已結集者有《阿弓》一書，四年前由今代書店梓行，現在恐已絕版了。

他的太太周景先女士，是我在大學時代同係又同級的同學，且感情不惡。我之與辛爾交遊，就是由她介紹的。辛爾長得很俏，是一個美男子。他為人很可愛；天真得像個小姑娘，又熱情得像個古豪客；且賦性淳厚，慥實，待人從不講究虛偽的裝飾。每當我與他相處，我就感到一堆溫暖，有如嚴冬時烤著熊熊的爐火一樣。

辛爾對於寫作，態度很認真。舉個例子：五年前，我和呂亮耕兄等籌辦一個純文藝月刊，辛爾也是被約定為常川撰稿人之一。但等到第一、二期的稿件大都集齊了，他的卻還沒有動筆；結果就只介紹來王餘杞的一篇雜文和「番草」的一首詩而已。一催，他就很抱歉地，同時也很正經地說：

「容我慢點繳卷吧！寫作是不能馬虎的，那給予人的就只有惡劣的印象。尤其是我們初弄筆桿的青年人，更應該多賣氣力才是呀！」

這一席話，我真想當一回作文先生，給它打個九十分！寫作要謹嚴，這是每一個弄筆桿者都得切實履行的鐵律！如果不論質的好壞，一味粗製濫造，則於人於己，於文化上，均無益處。果戈理說：「那是一隻多麼應該責打的手啊！」

「八一三」前三月，辛爾和魏猛克、張香山等一行留學生，在日備受盤詰，繼之以放逐。他回國後，在上海一家銀行裡當經濟研究室的主任。未幾戰爭發動，他和景先就都不知哪兒去了？

辛爾原姓李名奈，別署列躬射。

四、厂民

上海從前有一家古色古香的學府，名兒是正風文學院（即今之誠明文學院）。但它卻偏產生了好些個在文壇上頗為活躍的所謂「新詩人」也者，此君即其一。

好幾年的事了。有一個下午，在南京路的新雅茶室裡，光摩給我介紹一位穿著樸質的灰色布褂的青年人，於是我和此君便成了「茶友」。

看樣子，此君只有二十來歲，然而他的那一副風度，卻太超越他的年紀了。一臉的表情，恬靜得像個修道士；嘴巴永遠像是扃鎖著，難得講幾句話。他常是邊靜靜地喝著茶，邊眯著眼睛從眼鏡兒邊端詳著人，恰有如一位觀察家一樣。那一股冷靜的矜持，很容易使人誤會到兩個字眼上頭去：

孤傲。

實則此君很謙抑，個性很柔和，待人也很懇摯。只是沉默成癖，雅不善交際，縱使是怎樣稔熟的朋友，常常也弄得「相對無言」；如果是新相識者，則就不免要「不歡而散」了。

此君即在《文學》、《文藝陣地》、《詩歌叢刊》等上面寫了很多詩歌的詩人厂民。

第一年六期（一九四一年十二月）

新錄鬼簿——現代文壇逸話

陳時和

《錄鬼簿》，中國舊時似乎有這麼一部書。這部書的內容怎樣，體例怎樣，我一些也不知道。甚而至於說，這部書是關涉那方面的，我也說不明白。我僅僅曉得這麼一個名字。我覺得這名字好，有趣。現在也就利用這一點，借來作我這一篇小文章的題目。

我在這篇文章裡將要講到幾位已經死去的作家，已經變成鬼的作家——假定是有鬼的話。可是我不是在這裡編文學史，我只想保存一些史料而已。所以敘述沒有系統。想到就寫，寫好就算。不過對於「信」字，很想謹守勿渝，決不閉了眼睛瞎說。如果讀者們發現我這裡有不可信的地方，希望糾正。

一說到中國現代已死的作家，最先使我們想到的，那當然是魯迅先生了。但是記述魯迅先生的文字實在太多了，雜誌、報章的專號、特輯有好幾個，單行本的書籍也有幾冊；而他自己的作品也已編印成輝煌的，精裝二十巨冊的《魯迅全集》。因此，他的生平或軼事，用不著我再在這裡多嘴，而他的作品也無須我再來編目。然而不說又不行，總覺得像萬寶全書缺只角似的。無已，我來講講他的文章發表的處所罷。「寬題走狹路」，原是做文章的技巧之一，我總算也來「技巧」一下子了！

魯迅的最初的作品，是發表在《新青年》上的。自《狂人日記》起，「魯迅」這署名便深深地印入讀者的腦中。而同時，用「唐俟」這筆名所寫的短小精悍的隨感錄，更予人以辛辣的感覺。從民國七年《新青年》第四卷起，直至民國十年第九卷止，魯迅先生的文章大部分都發表在這裡。

大約在民國十年左右，上海商務印書館為適應時代的需要，當然也可說是投機，把出版了近十年或十年以上的《小說月報》，《東方雜誌》，《婦女雜誌》等加以革新，變換編輯方針。於是魯迅先生的作品，無論是創作或譯文遂常可在這幾份老牌雜誌上讀到了。阿爾志巴綏夫的長篇小說《工人綏惠略夫》就是在這時候的小說月報上發表的。

日報副刊之刊載新思想文章和新文藝作品，是從北平的《晨報副刊》創始的（創刊於民國七年）。被稱為「孫伏老」所編的這份副刊，一時名重天下，南方人士都為了這副刊，特為迢迢地向北平定閱一份《晨報》，雖則報紙從郵局寄到時，「新聞」早已成「舊聞」了，但為了副刊的緣故，這又何傷呢！為這副刊做臺柱的，魯迅先生是其中的一個，他的奠定文壇地位的《阿Q正傳》，正發表在這裡！後來孫伏園和報社當局鬧意見，脫離《晨報》（據說是因為魯迅的一篇打油詩的原稿被經理擅自抽去）。接著又改入「京報社」，編輯《京報副刊》。於是魯迅的作品，也從「晨副」轉入「京副」。再後來，孫伏園又脫離京報社；而差不多是同時（？），劉半農編輯《世界日報副刊》，於是魯迅的文章，又「三遷」到「世副」了。

上海的兩份老牌報紙，《申報》和《新聞報》，其副刊向來是由鴛鴦蝴蝶派主持的。大約在民國二十二年前後，《申報》副刊《自由談》改由黎烈文氏編輯，開始刊登新文藝作家的作品。魯迅先生這時候久已「隱居」在上海，遂用了「何家幹」、「豐之餘」等筆名，發表了不少尖銳的雜文在《自由談》上。

當孫伏園脫離了晨報社，而還未入京報社的時候，他們幾個從前在「晨副」上做稿子的「同人」，創辦了一個《語絲》週刊，以代替「晨副」。魯迅先生也是「語絲社」同人之一，所以這時期的作品，大部分都發表在《語絲》週刊上，就是《晨報》上被抽去的那篇打油詩，後來也發表在《語絲》上。及至民國十六年末，他更是這刊物的上海版主編人（從第四卷至第五卷上半）。

作為魯迅先生自己編輯的刊物，第一種是《莽原》。先是週刊，附京報發行；後單獨出版，改半月刊。這刊物壽命不長，前後共一年左右而已。《朝花夕拾》裡的美麗的散文，似乎大部分發表在這刊物上的。《奔流》月刊是實實在在由魯迅手編的一個刊物。每期都有先生所寫的「編校後記」一篇，封面圖案字，也是先生自寫的。這月刊出了十幾期便停刊，與郁達夫另編一個《萌芽》月刊。兩者合計不過兩年而已。《譯文》月刊，名義上是黃源主編，而實際上也是魯迅編輯的（聽說最初一卷大部分是魯迅、矛盾兩個人的稿件）。在這幾個刊物上，魯迅先生發表的文字的量的數目是相當多的。

除了這幾種他自編的外，他後期文章發表得最多的刊物，要推《太白》半月刊了。這刊物名義上是由一個編輯委員會編輯，實際是陳望道主編。魯迅先少在這裡發表文章，所用筆名極多，幾乎每一篇文章換一個筆名，這正和發表在《自由談》上的同樣。

其他發表文章不多的刊物和偶然發表一二篇的，這裡不一一列舉了。惟有一種須特別一言的，那就是他的「三弟」周建人先生曾為商務印書館編輯一種《自然界》雜誌，魯迅先生在那裡連續發表過一部長篇譯文〈藥用植物〉，則很少人知道，所以特別一提。

從魯迅，使我們聯想到了劉大白先生。第一是他們倆的生卒極相近：劉先生生於一八八〇年，早魯迅一年；卒於一九三二年，早四年。第二是他們同是浙江省紹興縣人。第三是都在教育部做過官——雖則時代前後有差，職位大小不同。第四是兩人都有一副倔強的性格。

魯迅的倔強的性格，差不多人人都知道的，劉先生卻知道他的人較少。如果你當民國十一、二年間已經在閱讀報章雜誌的話，當可記得那時上海《民國日報》副刊《覺悟》上有一位署名「靖裔」或「漢胄」所作的辛辣的文字罷。這一位作家，就是我們的劉大白先生。這些有刺的文章，給予讀者的印象當亦相當的深刻，作者的倔強的性格在這裡露骨地表現著，尤其是幾篇和人家筆戰的文章。他又創造一個男性第三身稱代詞「他」，把「他」字作為男女兩性通用。晚年更固執地稱文言文為「鬼話文」，白話文為「人話文」。這種種，都足以顯示他的性格。

劉先生初姓金，名慶棪，字伯貞。大約是辛亥革命以後罷，更姓劉，名靖裔，字大白，一署漢胄。（因為姓「劉」，所以是中山「靖」王的後「裔」，「漢」家天子的華「胄」，想不到一位極富革命性的人物，卻取用這麼有封建色彩的字型大小。）至於為了什麼緣故改姓換名，那可恕我譾陋，說不出他的所以然來，只好讓將來的胡適之之流去考證了。

他在前清曾考過科舉，得過功名，有人說是舉人，有人說是拔貢，也有人說是優貢。究竟是什麼，幹他媽，反正是這麼一個勞什子得了。他又曾到過日本，究竟是否在那邊讀書，又不知道。我們只從他的《舊詩新話》上，知道他當「民國二年，贛寧討袁戰役失敗，

《紹興公報》因為主張浙江獨立討袁，被封絕命；我便去國，往日本東京。……××××，××××××××××××，××××××，××××，××××。」××××，他不是在那邊念書的。

正當「五四」的時候，他在有名的浙江省立第一師範當教員，和陳望道、夏丏尊、沈仲九（？）等被稱為四大金剛，施存統、楊賢江等新文化運動健將，都是他們的學生。後來他又在上海復旦大學當教授，我就在那個時候，往復旦訪友，見過他一面。他是一個瘦長個子，瘦長臉兒，鼻上架一付散光老花眼鏡。平常老是長衫馬褂，道貌儼然，一望就知道他是前清科第中人物。但是奇怪的是，他腳上卻穿一雙皮鞋，並且還罩一付氈毛的鞋罩──那時候，這東西是只有穿西裝的漂亮朋友才用它。

大約在民國十六年國民軍到滬以後，他棄「教」就「政」，從浙江省教育廳秘書，而國立浙江大學秘書長，而教育部常任次長，而政務次長，而代理部務。他不復是「尋常百姓」了──據說，他有這麼一個圖章，凡是他的藏書上，都鈐有此印。（又，他的《白屋舊詩》中《北征小草》的扉頁上亦有此印。）

他的著作很多，可沒有人替他編全集出版，我們來試編一個目錄罷：

舊夢（新詩集，商務版）

郵吻（新詩集，開明版）

丁寧
再造
秋之淚
賣布謠
（新詩集，就舊夢改編，開明版）

白屋舊詩（開明版）

×

中詩外形律詳說（中聯版）

舊詩新話（開明版）

白屋說詩（大江版，又開明版）

白屋文話（世界版）

白屋聯話（未見刊行）

白屋書信（大眾版）

中國文學史（未完成，大江版，又開明版）

中國文字學（大江版，又開明版）

五十世紀中國歷年表（商務版）

未見書室算草（未見刊行）

×

故事的罎子（民間故事集，黎明版）

就我一時想到而查得的，是上面幾種。「未見刊行」的兩種，是曾經在他自己的和別人的文章裡提起，而我沒有見到這兩部書。此外也許還有，但我已無法再查了，就這樣算了罷。但方面已相當廣了。我曾經在某雜誌上見到過他的著作的一個廣告，那廣告詞說：「是革命者，是音韻學者，是文藝批評家，是詩人，氏不愧為多方面的人。」起初以為這幾句話未免太誇張，現在卻知並未過譽，也許可說還嫌不夠咧。

這廣告詞裡還有他的詩的批評，說：「氏的詩作，亦是多角的。有冷淡的理知，同時有奔騰的熱情；如鋒利的巨劍，同時亦如婉轉的柔絲；有灑落的豪語，同時亦有纏綿的膩情。」這幾句話，似乎也並不十分「溢美」，只是僅就好的一方面說而已。缺點，當然很多，而且他自己也很明白。他在《舊夢付印自記》裡說他的詩傳統氣味太重，而且這氣味循環的復現著，不容易消滅。說得對，「傳統氣味太重」確是他的作品的致命傷。我們讀他的新詩，彷彿是在讀一首舊詩，尤其是彷彿讀一首「自度曲」的詞。無論是聲調方面或風格方面，都有這感覺。胡適說他自己的詩是纏過小腳的放大，我覺得這譬喻移之劉先生，那更確切呢。他又說：「用筆太重，愛說盡，少含蓄。」這也是他的詩作的又一缺點。「含蓄」是作詩的很重要條件之一，但劉先生卻未能做到，怪不得人家讀起他的詩來，都說沒有味兒。

在年齡上，魯迅和劉大白是「老輩」了，但還有比他們更老的「老輩」，那就是曾孟樸先生了。曾先生可以說是舊文學家，但也可說是新文學家。我們一看他的著作目錄，就可明白了：

未理集（詩集）
羌無集（詩集）
呴沫集（詩集）
推十合一室文存二卷（駢散文集）
執丹瑣語二卷（讀書札記）
補後漢書藝文志一卷考證十卷
雪曇夢院本四卷
孽海花三十五回（單行本止三十回）
魯男子（原擬分成六部，只完成「戀」之一部，第二部「戰」只做了幾章）
呂伯蘭（Ruy Bias）
歐那尼（Hernani）
呂克蘭斯鮑夏（Lucrece Borgia）
項日樂（Angeio）
鐘樓怪人（Notre Dame de Paris）
（這五種為囂俄之戲劇）
九十三年（Quatre-vingts Treize）（囂俄之小說）

笑之人（L'Homme qui sit）（嚣俄之小說，未譯完）

夫人學堂（L'Ecole de Femmes）（莫里哀之戲劇）

南丹（Nanta）與奈儂夫人（Madame Nangon）（左拉小說集）

死與肉（Aphrodite）（貝爾魯易之小說，與虛白合譯）

《孽海花》以前的作品，都是舊文學；從魯男子起卻又是新文學了。這目錄是我根據二三本參考書編成的，我知道漏落一定很多，也無法補足了。（有一本書說他有詩集六部，文集二部，札記九種，考證四種，比我所舉就多了一倍以上，可惜不知道一部一部的名稱。）

「曾先生名樸，初字太樸，後改字孟樸。又字小木，又字籀齋，筆名東亞病夫，江蘇省常熟縣人。」生於一八七一年（同治十年）卒於一九三四年（民國二十三年），年六十四歲。——見曾虛白的《曾孟樸先生年譜》，載《宇宙風》第二期曾孟樸先生紀念特輯。

他也是一個瘦子，和魯迅、劉大白不相上下。（《宇宙風》上有他的照片可證。）他的生平，可參看他兒子做的年譜，而他自己有一篇六千字的自敘傳性質的給胡適之的長信（這封信，初刊載《真美善》月刊，後轉載在《胡適文存三集》），也是一宗絕好的文獻。讀者如要多知道一些他的生活，可以找這兩篇文章來看，好在還並不難找。

他的天才和努力，值得我們後輩所欽仰。不過我覺得他的私生活似乎有些腐化，以致不能盡展他的抱負。（據說他的「政聲」是不大十分芳香的，而小老婆、阿芙蓉更斫傷他的健康。）如果能夠改變他的環境，他的成就或許不至此呢。

他最初擬翻譯囂俄戲劇全集，當真美善書店初創的時候，曾經有過一個預告，列舉一種一種書名，讀者見到這目錄的，無不雀躍，而文壇一時為之側目。但可惜的是這支票沒有兌現，結果似乎只出了四種而止。據懂法文的人說，曾先生的譯文是極靠不住的，錯誤很多。這和文壇另一前輩伍光建先生相彷彿，大約他們太求其「雅」，於是不能過於「信」了。而曾先生的法文又是自己自習的，也許有不「到家」的地方，也說不定。但是他的志願和毅力，總是值得我們佩服和效法的。

他介紹的西洋文學，都是前一世紀的，屬於浪漫主義的文學，因此他自己的創作，也受此影響極深。《孽海花》，用章回體的形式，當然決定了內容。《魯男子》，形式雖則改變了，但技巧和內容，依舊是舊的，沒有改變過來。就這兩部小說的素材說，都有作成「寫實的」的絕大可能，但作者卻不此之圖，這是很可惜的。曾先生究竟是前一世紀的人了。

真美善書店是民國十六年他和兒子虛白手創的書店，專出版發行他們自己的作品。地址就在馬斯南路他自己的住宅裡。他很愛好這屋子，你猜為什麼緣故？原來這地段很富文藝氣息，南面是莫利愛路，北面是高乃依路，再北是蒲石路。莫利愛（Moliere）、高乃依（Corneille）和蒲石（Bourgert）都是法國大文學家的名字。他住在這中央，猶如和這許多文學家作伴。這種愛好文藝的精神似乎是很可笑，但實際是很高貴的。

第四年二期（一九四四年八月）

附錄：記曾孟樸先生

郁達夫

當孟樸先生作故的時候，《東南日報》的記者黃萍蓀先生，曾來訪問過我，已經將先生的身世，約略講過一遍了；後來看見邵洵美先生在《人言》上，鄭君平先生在《新小說》上，各做過一篇關於曾先生的文字；現在在林語堂、陶亢德兩先生合編的《宇宙風》上，並且還登載了哲嗣虛白先生自己編撰的一部很詳盡的孟樸先生的年譜，要想知道曾先生的一生經過，和著作學問以及任事履歷的人，但須去翻讀第二三四期的《宇宙風》就對，這裡我只想寫一點先生和我個人的交誼。

當我遷上杭州來住之先，因為時勢與環境的關係，不得不在洋場的上海寄寓，前後計算起來，自民國十五年年底起，一直到二十一年春天止，一共也整整住上了七八年的光景。這一段時間，是中國新書出版業的黃金時代；上海的新書店開得特別的多，而一般愛文學，寫稿子的人，也會聚在上海的租界上。本來是商業中心的這一角海港，居然變成了中國新文化的中心地。

洵美他們的金屋書店，開幕了不久，後來又聽見說，曾先生父子，也拉集了兒多股子，開起真美善書店來了；我當時因為在生病，所以他們開幕的時候請客，終於沒有去成。那時候洵美的老家，還在金屋書店對門的花園裡；我們空下來，要想找幾個人談談天，只須上洵美的書齋就成，因為他那裡是座上客常滿，樽中酒不空的。在洵美他們的座上，我方才認識了圍繞在老曾先生左右的一群少壯文學者，像傅彥長、張若谷諸先生。從他們的口裡，我於聽到了些曾先生的日常起居，與他的老而益壯的從事創作精神之餘，還接到了一個口頭招請，說曾老先生也很想和我談談，教我有空，務必上他家裡去走走。這時候，他住在法界的馬斯南路，我住在靜安寺的近旁，心裡雖則也時常在嚮往，但終因懶惰不過，容易發不起上法界去的心，所以當真美善開後的一年之中，還沒有和他見一面的緣分。

後來，書業衰落了，金屋書店因蝕本而關了門。真美善也岌岌乎有不可終日之勢，曾老先生把家遷移了，遷住到了離我的寓舍不遠的靜安寺路猶太花園對面的一處松壽里中。

記得是一天初冬的晚上，天氣很寒冷，洵美他們在我們家裡吃飯。吃過飯後，沒地方去走，洵美就提出了去看曾先生的建議。上了洵美的車一拐彎，不到三分鐘的時光，就到了曾先生的住宅了，他們還正在那裡吃晚飯。

孟樸先生的風度，實在清麗得可愛；雖則年齡和我相差二十多歲，雖則嘴上的一排鬍子也有點灰了，但談話的精神的矍鑠，目光神采的奐奕，軀幹的高而不曲，真令我這一個未老先衰的中年小子，感到了滿面的羞慚。先生的體格，原是清癯的，那時候據說還在害胃病，但是他的那一種丰采，卻毫沒有一點病後的衰容。

我們有時躺著，有時坐起，一面談，一面也抽煙，吃水果，喝釅茶。從法國浪漫主義各作家談起，談到了《孽海花》的本事，談到了先生少年時候的放浪的經歷，談到了陳季同將軍，談到了錢蒙叟與楊愛的身世以及虞山的紅豆樹；更談到了中國人的生活習慣，和個人的享樂的程度與限界。

先生的那一種常熟口音的普通話，那一種流水似的語調，那一種對於無論哪一件事情的豐富的知識與判斷，真教人聽一輩子也不會聽厭；我們在那一天晚上，簡直忘記了時間；忘記了窗外的寒風，忘記了各人還想去幹的事情，一直坐下來坐到了夜半，才走下他的那一間廂樓，走上了回家的歸路。

自從這一次見面之後，曾先生的印象，便永遠新鮮活潑地印入了我的腦裡；後來他與虛白先生合譯的那本《肉與死》出版了，當印出的那一天，我就得到了一冊贈送本；這一本三百多頁的大著，因為是曾先生所竭力推薦的作品，書到的晚上，我一晚不睡，直讀到了早晨的八點。先生的懺悔錄的《魯男子》，因為全書的計畫很大，到現在也仍還是一部未完的大作品；我在當時正想翻讀的當兒，又因一轉念，等出完了之後再讀不遲，終於擱了下來。事後追想起來，何以那時候會偷懶到這一個地步，不於曾先生的生前，精讀一下他這部晚年的巨著，當面去和他討論討論？現在雖則悔恨到了萬分，可已經是驢鳴空弔，無補於實際了。

曾先生所特有的一種愛嬌，是當人在他面前談起他自己的譯著的時候的那一臉歡笑。臉上的線條，當他微笑的時候，表現得十分的溫和，十分的柔熱，使在他面前的人，都能夠從他的笑裡，感受到一種說不出的象春風似的慰撫。有一次記得是張若谷先生，提起了他的《魯男子》裡的某一節記敘，先生就露現了這一種笑容；當時在他左右的人，大約都不曾注意及此，我從側面，看見了他的這一臉笑，覺得立時就掉入了別一個世界，覺得他的笑眼裡的光芒，是能幹夏日發放清風，暗夜散播光明似的；這一種感想，我不知道別人的是不是和我的一樣。

二十年的春天，是老太夫人八十，曾先生六十的壽辰，同時也是他第三位公子新婚的日子；上海的一批朋友，大家是約好去常熟拜壽道喜的，我因為不在上海，終於錯過了這一次遊常熟的機會。等洵美他們回來之後，大家說起這一次常熟之遊，還是談得津津有味，對我說：「可惜只缺少了你們夫婦的同行，曾老先生是十分希望你們去的。」這一回喜事過後，曾先生的身體，似乎就不十分康健了；其後真美善也閉了店，先生的蹤跡，只在蘇州常熟的兩處養病閒居，不常到上海來了，這中間我並且又遷到了杭州；嗣後一直到接先生的訃報為止，終於沒有第二次再見先生一次面的機遇。不過現在雖和先生的靈櫬遠隔千里，我只教閉上眼睛，一想起先生，先生的柔和的豐貌，還很鮮明地印在我的眼簾之上。中國新舊文學交替時代的這一道大橋樑，中國二十世紀所產生的諸新文學家中的這一位最大的先驅者，我想他的形象，將長留在後世的文學愛好者的腦裡，和在生前見過他的我的腦裡一樣。

《越風》第一期，一九三五年

文人的故事

猗園

一、朱湘的戀愛觀

小說家王以仁自殺之後，朱湘給趙景深的信裡談起這件事，有云：「王以仁自殺事同劉夢韋的病死也有點像：劉也是失戀。劉肺病是起於認識女子前還是後，這很值得研究。這兩件案子，我覺得都不能推到女子身上；劉、王實在是一種為荒謬學說的犧牲。即使承認戀愛是人生的最大事，也不限定要結婚，他們兩個把結婚看得這般重大，還是舊思想在內作怪，戀愛其實不過是人生當中一種有力的工具；那麼工作是什麼呢？最玩世的人說是生後嗣。其實呢？這工作是人類的進化。文人不單靠戀愛為工具，戀愛並且成了他或她的一種材料；所以文人最好不要結婚。中國現在謀生既難，結婚又是一世的合同，文人更不可結婚。」（《朱湘書信集》頁六〇－六一頁）

劉夢韋是詩人，雖然短命早死，在早期的新詩運動中，是確實留下了一點成績的，尤其是新詩形式方面。當時徐志摩聞一多等在晨報副刊上辦詩刊，副刊的主筆雖是徐志摩，但發起詩刊的卻是劉夢韋。朱湘那時還在清華大學讀書，和劉夢韋很要好，劉夢韋病死，朱湘寫過一篇很富情感的文章來紀念他。王以仁的小說，商務印書館至今還有發賣。這裡朱湘批評二人致死的根源，是非常確實和平允的。作為一種社會批評看，也是很精當的，對於他自己，何異是他的戀愛觀了。不過，話雖如此，朱湘到底自己也不曾跳出這個深潭，不得不投江自殺了。

朱湘自殺的原因當然不只是為了夫妻情感破裂而出此，但這一點總是個很重要的原因。上面信中說文人最好不結婚云云，這裡可以看出他一點心事，就是自己吃了結婚的虧，所以持論有了成見，略為偏激了。在他給羅皚嵐的信中說：「你的許多計畫裡面，我只有一條不贊成，並且十分反對，那就是早婚。你且聽我這過來人的痛苦的呼聲：早婚是該剷除的，在任何條件，甚摯愛情之下！我更沉痛的叫出，牽頭式的婚姻是非人的，何如在此圈套之中就得趕快掙脫，即使手握圈套的人是善意的，甚摯愛你的！我便是已入圈內的犧牲；我的前途滿是荊棘，連我自己都不知道是個什麼結果呢！」（《書信集》頁一〇六）朱湘寫這封信時已在美國讀書，他自己不但已結婚，並留下小沅、小東兩個孩子了。他一面這樣痛苦的申訴自己婚姻的錯誤，一面卻在給他妻子霓君的信上大做著「最愛我我也最愛的霓妹妹」的軟性文章。

一部《海外寄霓君》不知道說出了夫婦二人的多少恩愛。其實說穿了，也是可憐的，這裡埋藏著朱湘不少的單相思。他從美國回來到安徽大學教書，蘇雪林和他同事，後來在一篇講到朱湘在那時的生活的文章裡說：「記得民國十九年我到安徽大學教書，開始認識這位《草莽集》的作者。一個常常穿著西服頎長清瘦神情傲慢見人不大招呼的人。那時安大教授多知名之士，舊派有桐城泰斗姚永樸，新派有何魯、陸侃如、馮沅君、饒孟侃，但似乎誰也沒有詩人架子大。聽見學生談起他，我才知道他住在教會舊培媛女校裡，有一個美麗太太作伴，架上書籍很多；又聽見說他正在計畫寫這個，寫那個。斗大的安徽城只有百花亭聖公會有點西洋風味，綠陰一派，猩紅萬點，襯托出一座座白石玲瓏的洋樓。詩人住在這樣理想的讀書與寫作的環境中間，身邊還有添香的紅袖，清才穠福，兼而有之，這生活我覺得很值得人歆羨。」（《青鳥集》）其實，蘇雪林只見其表，不曾知道朱湘的空城計。所以後來朱湘夫婦反目，她覺得有點奇怪，就糊裡糊塗地把自殺等一切原因都推在詩人的神祕的性情上去了。朱湘既對婚姻不滿，真為了「結婚又是一世的合同」，推翻不易，就想捨身渡人，極力造成美滿空氣。結果失望還是渡不得人，理想變的皂泡，雖也五彩繽紛，不免隨風而去。如此，人雖沒有渡得，自己的身體卻真個舍了，心上一灰就縱身向長江裡一跳了。這還是步了王以仁、劉夢韋的後塵！

二、歐陽予倩的舊劇

舞臺著名導演歐陽予倩，人人知道他是當今編寫劇本，導演舞臺劇的高手，而知道他在二十幾年前也是一位在紅氍毹上的紅角兒的卻少數了。就是看過他戲的人，當已是中年以上的人了。民國六年，他就用歐陽予倩這四個字在上海第一臺掛牌演戲，同臺演戲的有李琴仙，三麻子，高百歲，汪笑儂，麒麟童等。爰從民國六年四月及五月兩個月中歐陽氏漏演的戲目中摘錄幾出，以示他的戲路一斑。四月十六日同李琴仙合演《孝感天》。十七日同高百歲合演《趕三關》。二十六日同高百歲合演《武家坡》。二十七日主演《金殿裝瘋》。五月一日同高百歲合演《四郎探母》。八日同三麻子、汪笑儂、麒麟童合演《兩朝領袖》，一名《合夥賣皇帝》。三十日同李少棠、陸豔香、李慶棠合演《饅頭庵》。歐陽予倩也是改良平劇運動中的一員健將，記得他曾經同麒麟童合演過《武松與潘金蓮》，什麼時日已經記不起了。在這齣戲裡他起潘金蓮，充分發揮了一個封建社會女子對於性的束縛猛力反抗的精神。就在前五六年，上海的平劇改良運動也受到他的贊助。現在，歐陽予倩在桂林，聽說在從事改良桂劇運動了。

三、徐志摩的土白詩

徐志摩在年輕的時候，本來不寫詩的，他自己說過：「我查過我的家譜，從永樂以來我們家裡沒有寫過一行可供傳誦的詩句。在二十四歲以前我對於詩的興趣遠不如我對於《相對論》或《民約論》的興味。我父親送我出洋留學是要我將來進『金融界』的，我自己最高的野心是想做一個中國的Hamilton！」（參照《猛虎集》序文）那知道他向西方一跑，並沒有去抱住漢密爾登先生的腳，卻倒頭轉來向東方的泰戈爾磕頭了。至於徐家和上海金融界的關係至今還存在著，他的那位並非陸小曼所養的公子，前幾年在國際飯店舉行結婚禮，據說是不會做詩的，大概做了徐志摩的替身，遵從祖訓了。徐志摩在早期的新詩運動中，是一個非常活躍和賣力的人，他自己本身的成就雖然不大，但給予新詩運動的影響卻實是不少。像新詩形式，詩的散文化，譯詩，平民詩的寫作，尤其是土白詩等等，都盡了相當的力，留給後人做踏腳板。當時，徐志摩的一群朋友都說他的作品的缺點，是浮淺。批評得最苛的，要算朱湘。他把徐志摩看做第三等腳色（參照《朱湘書信集・給徐霞村的信》）。在中書集裡又說徐志摩是一個假詩人，不過憑藉學閥的積勢以及讀眾的淺陋在那裡招搖。

話雖這樣，朱湘對於徐志摩的土白詩還是極口稱讚的。這就是志摩的詩中一條金色的光痕。對於：

——得罪那，問聲點看，
我要來求見徐家格位太太，有點事體……
認真則，格位就是太太，真是老太婆哩，
眼睛赤花，連太太都勿認得哩！

這一段寫這婦人當下改口，勢利如畫，是十分欽佩的。這詩純用硤石方音寫的，當是劉半農用江陰方音寫《瓦釜集》的先河了。

四、魯迅和周木齋

魯迅在《不三不四集》（《偽自由書》）的前記有云：「例如我先前的論叭兒狗，原也泛無實指，都是自覺其有叭兒性的人們自來承認的。這要制死命的方法，是不論文章的是非，而先問作者是那一個；也就是別的不管，只要向作者施行人身攻擊了。自然，其中也並不全是含憤的病人，有的倒是代打不平的俠客。總之，這種戰術，是陳源教授的『魯迅即教育部僉事周樹人』開其端，事隔十年，大家早經忘卻了，這回是王平陵先生告發於前，周木齋先生揭露於後，都是做著關於作者本身的文章……」這裡說的「王平陵先生告發於前」是指魯迅在《申報自由談》用何家幹筆名寫文章的時候，寫了〈不通兩種〉一文後，王平陵在《武漢日報》的文藝週刊上發表了一篇〈最通的文藝〉攻擊上文。開頭一句：「魯迅先生最近常常用何家幹的筆名，在黎烈文主編的《申報》的《自由談》，發表不到五百字長的短文。」就告發了二個人，真是官方叭兒的絕技。魯迅的另一篇文章〈女人無文〉發表後，周木齋在《濤聲》二卷十四期上發表了一篇〈第四種人〉，是對著上文而說話的。有云：「此外，聽說『何家幹』就是魯迅先生的筆名。」這就是「周木齋先生揭露於後」的一回事了。關於文章的本身，魯迅有一篇答辯的文章，叫做〈兩誤一不同〉，也是刊在《自由談》上。說出周木齋對於他的二點誤會和一點他不同於周木齋的意見。所以，雖然在前記上把王周相對，其實也有區別，不能等量齊觀的，這只要把《不三不四》集中二方面文章仔細一看，也可以明白的。但是後來的人，往往以為周木齋也像叭兒一樣，做了告密的下流行為，這就吃了只看對仗文章，不察實情的虧，弄得是非莫辨了。魯迅和周木齋始終是同一陣營中的戰士，在魯迅之後，發揚魯迅雜文的戰鬥精神，提高雜文的社會任務，在這方面，周木齋已留下了極可貴的模範了。在當時，魯迅和周木齋發生了上面所說的誤會之後，也有過一次他們敘談的機會。《濤聲》的編輯曹聚仁有一次請客吃飯，把要邀請的客人名單，先給魯迅看過，內中也請周木齋在內。到了那天，周木齋家中有事要回常州去，因此沒有去赴約。魯迅在席間，問曹聚仁：「周木齋來了沒有？」曹聚仁答以回常州去了。這些話是事後曹聚仁對周木齋說的。以後卻沒有這樣敘談的機會了。這也是一件文壇上的憾事。

第三年一期（一九四三年七月）

三十年前之期刊

秋翁

三十年在人生歷程中畢竟是個悠長的歲月，古人稱它為半世。那麼我要回憶半世以前的事，免不了有些印象模糊，寫出來時，也只能記著些犖犖大體，掛一漏萬，在所難免。本人回憶三十年前，那時正值國家鼎革之際，社會一切都呈著蓬勃的新氣象。尤其是文化領域中，隨時隨地在萌生新思潮，即定期刊物，也像雨後春筍般出版。因為在那時候，舉辦一種刊物，非常容易，一、不須登記。二、紙張印刷價廉。三、郵遞利便，全國暢通。四、徵稿不難，酬報菲薄。真可以說是出版界之黃金時代。茲就記憶中的若干種期刊臚列如左。

《民權素》實為當時最風行之刊物，編者蔣箸超，會稽人，曾主《民權報》筆政，因該報為國民黨之喉舌，國民黨在那時既不容於袁政府，終於受袁政府勢力之摧殘而停刊。那時有一部分人不甘緘默，糾合同志，另立機構，在望平街口開設民權出版社，印行《玉梨魂》、《蝶花劫》、《錦囊》、《蘭娘哀史》、《孽冤鏡》等單行本小說。同時發行《民權素》月刊。該刊前數期材料，大都取諸《民權報》，自第四期開始徵求新稿，出至十七期而告終。有很多長篇均未完成，大約受經濟支絀的影響所致吧。內容方面，首為「名著」，有章太炎、樊雲門、姚雨平、孫中山、柳亞子、楊了公、林琴南、葉小鳳等作品。二為「藝林」如恫百、卷盦、秋夢、哲身、君木、晦聞等之詩詞。三為「遊記」。四為「詩話」，有蘇曼殊的《燕子龕詩話》、懷霜的《裝愁龕詩話》等。五為「說海」，較精彩的，有悟癡的《刺馬記》，南村的《紅冰碧血錄》，秋心的《梅仙外傳》，雙熱的《花開花落》，天醉的《莽和尚之姊》等。六為「談叢」，有南村的《呵凍小記》、《尋花日記》，肝岩的《琴心劍氣樓憶墨》。七為「諧藪」。八為「瀛聞」。九為「劇趣」。末欄稱「碎玉」，有慘佛的《醉餘隨筆》，逸梅的《慧心泉》，箸超的《藝廬之談屑》等。當時盛行文言作品，該刊所載，十之七八為文言文。白話殊不多見，內容之充實，在民初此刊為首屈一指。

《小說叢報》的作家，大都是《民權素》執筆的，所以也可說《小說叢報》是變相的《民權素》，版本擴大，每冊定價四角。社址設在七浦路，主編的為海虞徐枕亞。封面題簽，出於徐天嘯手筆。枕亞在《民權報》上發表了《玉梨魂》，後來刊為單本，傳誦一時，主編叢報，便別撰《雪鴻淚史》，托為何夢霞日記，叢報的銷路，頓時增至數萬份，這書的號召力可見一斑。其他長篇尚有《棒打鴛鴦錄》（後出單行本，改為《雙鬟記》），箸超的《琵琶淚》，定夷的《潘郎怨》，獨鶴的《小說迷》，儀恤的《假幣案》，綺緣的《冷紅日記》，逸如的《剩水殘山錄》，雙熱的《燕語》和《斷腸花》，鴛雛的《桃李因緣》和《玉樓蛛網》，更有西神、鵷雛的傳奇，醒獨的彈詞。內容分插畫、短篇小說、長篇小說、文苑、譯叢、諧林、筆記、傳奇、彈詞、新劇、餘興，每一欄用彩色紙分隔著。補白很注意，由警眾、逸梅、慕韓等執筆。刊行至二十二期，忽改縮寫中本，由吳雙熱編輯，可是名義上卻為徐枕亞、吳雙熱合輯。過了一年，仍由枕亞主持筆政，恢復大本。不久，枕亞和社中東訥、鐵冷，鬧了意見，旋即辭謝退出，雙熱重為馮婦，但精神已鬆懈，銷數銳減，叢報也就壽終正寢。

枕亞自退出了叢報社，獨資在交通路上設清華書局，出版《小說季報》，布面燙金，具雍容華貴氣象，每冊定價一元二角，在那時已為最高的代價，為任何雜誌所未有，因此銷行未能普遍，出滿了四期，宣告停版。該刊長篇較多，如楊塵因的《神州新淚痕》，李涵秋的《還嬌記》，許廑父的《恨之胎》和《七星遊》，枕亞自撰的《讓婿記》，都占著很多的篇幅。枕亞又在該刊上發表了一篇痛罵鐵冷、東訥的文章，雙方惡感甚深。如今枕亞、東訥俱歸道山，鐵冷卻不知寄跡何處了。

當《小說叢報》風行一時，社中李定夷便思別樹一幟。不久膺國華書局之聘，主輯《小說新報》，內容和版式，完全慕仿叢報，所以銷數很不差。後來定夷上了苦海餘生的當（苦海餘生設函授學社於新報社，騙局失敗，定夷被累），只得遠走高飛，由許指嚴接編。指嚴名士氣很重，和國華當局因稿費鬧翻，繼編的為包醒獨，貢少芹。少芹又和國華當局大鬧，旋即脫離。天臺山農、朱大可、徐哲身，也都做過新報的編輯，可是蕭規曹隨，沒有什麼改革。長篇有雙熱的《一零八》、《無邊風月傳》，瘦鵑的《恐怖黨》，牖雲的《綠楊春好錄》，東園的《花茵俠傳奇》，廑父的《珠江風月傳》，少芹的《塵海燃犀錄》，眠雲的《新輔軒志》。短篇小說，由寄塵、海鳴、癯蝯、賊菌、明通、天目等執筆。其時國華書局設在四馬路青蓮閣茶肆舊址的下面，新報編輯部即在局中，地位很局促，且塵囂萬丈，不適宜於構思寫作，這也是編輯先生不能久安其位的一個原因。

民元之際，文壇方面，充滿著南社的勢力，《七襄》便從這時期產生。該刊每月三期，逢七發行，因有「七襄」之名。社址設在望平街。姚鵷雛、陳仙鶴編輯，每期只售一角。長篇有小鳳的《古戍寒笳記》，鵷雛的《珠箔飄燈錄》，西神的《鐵雲山傳奇》。筆記亦有好多種，值得一讀的，如檗子的《墨淚龕筆記》，倦鶴的《燕塵走馬錄》，樸庵的《歸車脞錄》。發刊詞出於鵷雛手筆，矞皇典麗，很可玩誦。又該刊中有若干種短篇，重行刊入南社小說集中。

《春聲》，可說是擴大的《七襄》，鵷雛編輯，由文明書局出版，每月一期，內容很充實，每冊售價五角。一時作家如琴南、小鳳、瘦鵑、寄塵、倦鶴、天笑、可生、鴛雛、常覺、小蝶、山淵、苕狂、西神、臞庵、天虛我生，也什九為南社人物。鵷雛大賣其力，每期寫著短篇不算外，再寫著長篇，如《海鷗秋語》、《賓河鶼影》、《簷曝餘聞錄》、《炊黍夢》，大約是稿荒的緣故。其他可誦的作品有西神的《梅魂菊影室詞話》，寄塵的《石菖蒲譜》，檗子的《抱香簃隨筆》，出至六期停止。

《孽海花》，為歷史性小說中具有價值的，最近且刊行續集了，該說部曾登載在《小說林》上。《小說林》發行的時期，尚在前清末葉，有天笑的長篇《碧血幕》，膾炙人口。主編為東海覺我。覺我死，該刊也隨之而壽終，凡十二期。

狄平子創設了有正書局，為迎合潮流起見，也發行過三種雜誌。一為《小說時報》，冷血、倚虹編輯，出了若干期，忽然停止。過了許多年，卻又把《小說時報》重謀復刊，縮小冊子，由李涵秋編輯，很多揚州方面的作家。這時有所謂蘇幫和揚幫，蘇幫的領袖為天笑，揚幫的領袖便是涵秋，和貢少芹父子，稱為貢家父子兵。沒有多時，涵秋不慣海上生活，言旋揚州，該刊又復停輟。二為《婦女時報》，內容多女學生的作品，記得周國賢作品很多，周國賢即現在香雪園主人周瘦鵑。三為《餘興》。《餘興》本為時報上的附刊，什九為滑稽作品，茶餘酒後，足資一噱，後來選錄了許多資料，歸有正書局發行月刊，原來時報館也是狄平子所設立的。

雜誌中最偉大最充實的要推《小說大觀》為第一，每季發行一集，每集所登小說，均首尾完全，雖篇幅很長至一二十萬言的，也只把它分為上下卷，兩期登完。定價每冊一元。這樣挺大挺厚的一冊，在今日發售，估計成本，或許每冊要定價千元吧！包天笑主輯。天笑既寫短篇，又寫長篇小說和劇本，如《瓊島仙苑》、《人耶非耶》、《燕支井》；小鳳的長篇有《如此京華》、《蒙邊鳴筑記》。筆記方面，有肝若的《宦海軼聞記》、《清夢庵筆記》、几庵的《清乘摭言》，士諤的《孝欽后外傳》。新劇本有卓呆的《母》，半儂的《戍獺》，瘦鵑的《驗心》，其他小青、毅漢、冷血、倚虹、苕狂、毋畿、小蝶、山淵等作品很多，天笑和毅漢合作，小青常和半儂合作，那半儂便是已故的劉復。十五期停止，由文明書局發行的。《小說月報》真是雜誌中的老牌子，在前清已發行。亞東破佛編輯，有我佛山人的《剖心記》，兩期便止。後來商務印書館請王蓴農編輯《小說月報》，當時已有襲用舊名之嫌了。蓴農主持這刊物，先後凡十年，因有十年說夢圖，廣徵南社同文的題詠。蓴農曾一度脫離，由惲鐵樵承乏，鐵樵做小說，大講其義法，人家因此講他為大說家。一二年後，仍由蓴農主編，一時作家，如琴南、指嚴、瘦鵑、瞻廬、卓呆、枕亞、癯安、仲可、詩廬、洪深、宣樊等，珠玉紛投，在當時為雜誌界的權威者。未幾，新潮流澎湃而起，月報革新，由沈雁冰編輯，後鄭西諦也主輯過。當時的改革，曾有那麼一段宣言，其重要者如云：「同人認西洋文學變遷之過程，有急須介紹與國人之必要，而中國文學變遷之過程，則有急待整理之必要。同人深信文藝之進步，全賴有不囿於傳統思想之創造的精神，當其創造之初，因驚庸俗之耳目，迨及學派確立，民眾始仰其真理。同人以為今日談革新文學，非徒事模仿西洋而已，實將創造中國之新文藝，對世界盡貢獻之責任。」月報停止後，別出《小說世界》，初由葉勁風編，後由胡寄塵編。

中華書局，有鑒於商務《小說月報》的風行，也就刊行《中華小說界》和它抗衡，可是銷數遠不能及，一度停頓，又刊《中華新小說界》，當時撰述者，有天笑、琴南、卓呆、瘦鵑、枕亞，出不到多期，又復停刊。

天虛我生的《淚珠緣》，當時刊登在吳趼人、周桂笙合輯的《月月小說》上。《月月小說》，出版了二十四期。又有類似的一種名《新小說》，那是梁任公所發行的月刊。又有《新新小說》，凡十期，冷血主編，時期尚在清季。

周瘦鵑刊行的《樂觀》，狹狹的冊子，很是玲瓏，實則這種式樣，在最初世界書局的《快活》旬刊，已開其端了。這旬刊張雲石輯，卻掛著李涵秋的幌子，每冊只售二角。第一期出版，把徵求來的名家作品，題目一齊換掉，完全冠以「快活」兩字，如什麼快活老人，快活之王，快活夫妻等等，那些名作家大不為然，認為點金成鐵，甚至有憤而不再為《快活》寫稿的。長篇有李涵秋的《近十年目睹之怪現狀》，徐枕亞的《燕雁脫魂記》，張碧梧的《毒瓶》等。有人說，枕亞的作品，實出於許一厂代筆，原來枕亞自《梨魂淚史》成名後，精神懶散，憚於操觚握管了。後來世界書局所刊行的《王西神小說集》、《程瞻廬小說集》、《徐卓呆小說集》等，便是從這刊物彙編而成。別有一種《快活世界》，莊乘黃編，時期尚在《快活》旬刊之前。

《繡像小說》這四個字，那裡像雜誌的名稱，不料卻是一種很早的半月刊，李伯元輯，連出了七十二期，始行停止。

胡寄塵在當時很多頑意兒，他思想很前進，編輯《小說革命軍》，為革新文學的先導。別有一種名《白相朋友》，小說筆記、詩詞文虎等，色色都有，由廣益書局出版的。

海上漱石生輯《繁華雜誌》，本子很大。可是印刷不很考究，其中有兩員健將，一即著《歇浦潮》成名的朱瘦菊，一即擅長魔術的錢香如。香如早故，漱石生每談及輒有回也短命之歎。

在民元二三年間，許嘯天、高劍華夫婦倆，合輯一種桃色期刊，取名《眉語》，內容充滿著旖旎風光，撰稿者大都女子為多。然也有鬚眉而偽充為女性的，顧明道便是其中之一，他名梅倩女史，不料登徒子某，竟認梅倩為掃眉才子，寫信以通情愫，明道用女子口吻致覆，直使某大大的風魔，徑向梅倩求婚，明道深恐這人單戀成病，便把這玄虛揭破，將真姓名告訴他，然一時已傳為笑柄了。

《申報．自由談》，歷史很悠久的了，這時該欄由王鈍根編輯。鈍根選擇《自由談》菁華，印行《自由雜誌》，兩期後，改出《遊戲雜誌》，特約了天虛我生、夢櫝生、了青、率公、瘦蝶、愛樓、劍秋、瘦鵑擔任寫作，封面畫完全歸丁悚一手包辦。首為插圖，大都為編輯和撰述人的小影，並有許多新劇照片；次為滑稽文；再次為詩詞選；其他譯林、譚叢、小說、樂府、雜俎。樂府中有崑劇京劇洋琴譜等，在當時的確可算為生面別開的了。連刊了數十期。又每逢禮拜六別出一週刊，即以「禮拜六」為名，小小的一冊，小說筆記譯著諧文應有盡有，每冊只售一角，銷數很盛，出至一百期停止。隔了若干年，鈍根和瘦鵑二人合謀復刊，又出了一百期，前後共二百期，均歸中華圖書館發行。當時有仿之出《禮拜花》者，每逢禮拜日出版，然成績遠不能及。

當《遊戲雜誌》和《禮拜六》風行的時候，王鈍根商於館主，更作月刊，名《女子世界》，聘天虛我生為編輯。聽說閨閣貽書稱女弟子的，有數百人之多。內容分圖畫、文選、譯著、譚叢、筆記、詩話、詩詞、曲選、說部、音樂、工藝、家庭、美術、衛生。長篇有天虛我生的《落花夢》、《瀟湘影》，小蝶的《瓊英別傳》，東籬詞客的《白團扇》。共出六期。

商務印書館有一種和《女子世界》同一性質的刊物，名《婦女雜誌》，王西神編輯。後來革新，銷數卻銳減，商務當局便把它停刊。

中華圖書館更聘新舊廢物王均卿，編刊《香豔雜誌》，內容有新彤史、薰摘錄、滑稽閨語、女界新聞、海外豔聞、女伶月旦、花叢紀事。當時助理編輯，有張萼孫，趙苕狂，高太癡，鄒翰飛，鬘華室主，平等閣主。沒有出滿十期，便停止了。後來王均卿輯《香豔叢書》，便發軔於此。

這後雜誌，更風起雲湧，如《紅雜誌》、《紅玫瑰》、《半月》、《紫羅蘭》、《星期》、《遊戲新報》、《秋星》、《新華》、《婦女畫報》、《鶯花雜誌》、《笑雜誌》、《新聲》、《武俠世界》、《消閒月刊》、《情雜誌》、《偵探世界》、《紫蘭花片》、《消閒鐘》、《社會之花》、《家庭》、《世界畫報》、《滑稽畫報》、《俱樂部》、《五銅圓》、《心聲》、《小說新潮》、《東海》、《白雪》、《遊戲世界》、《盍簪》、《眉月》、《潑克》，那些都在三十年之後，恕不詳述了。

曩年戈公振曾輯有《中國報學史》，更希望有人輯中國雜誌史，那確是出版界的一種重要統計工作啊！

第四年三期（一九四四年九月）

民初上海憶語

朱鳳蔚

本刊有三十年前上海掌故之輯，柯靈兄邀不佞寫一篇來湊熱鬧，雖允之，而有無從下筆之苦！民元一年，不佞確在上海，而民二即奉命入湘，一住十年，但亦常川往來湘滬間。茲將清末民初上海現狀一斑，記憶所及，拉雜書之，一鱗半爪濫竽充數，聊博讀者一粲而已。

我們弄筆頭的朋友，總忘不了報館，現在先來談談民初的上海報社。上海的報紙，除英俄日德文外，中文報，在前清只有《申報》、《新聞報》兩家，直到清光緒末年，才有《時報》創立，到宣統年間，才有民黨機關報《民呼報》（後改《民吁報》、《民立報》）發現。但到了民國元年，因為國民黨革命勢力的蓬勃，民黨報紙，隨如雨後春筍，發皇無已。屈指算來，除申、新、時三報外，民黨報紙，計有《民立報》、《民權報》、《天鐸報》、《民聲報》、《太平洋報》、《神州日報》、《民國新聞》、《大共和報》（據說《大共和報》為進步系、政學系人所創辦，但普通人亦目之為民黨報紙）等等八九種之多！這許多民黨係報紙中，自然要推《民立報》為巨擘，先來談談《民立報》。

《民立報》是由《民呼》、《民吁》被封蛻化而成的，為民黨唯一的機關報。初期銷路不大，待到辛亥年武昌起義，一直到各省次第光復，克復上海。它的篇幅，一天一天擴大，它的銷路，一天一天開張。由一張，一張半，二張，三張，最多到四張。銷路由一千起，最多到四五萬，真是報壇天之驕子！辛亥革命時，《民立》專電獨多，社論獨多，鋪張揚厲，風起雲湧，讀者莫不手舞足蹈，攘臂軒眉，歡聲雷動。別縣火車輪船到來，人爭購《民立報》，最俏時竟每份四角一元亂喊。《民立報》于右任任社長，章行嚴、朱宗良、徐血兒、范鳴仙任主筆，宋漁父任中外要聞編輯，邵力子任電訊編輯，楊千里任本埠新聞編輯，葉楚傖任副刊編輯，皆報壇第一類人才，可單獨組一責任內閣，連總次長在內，人才可以不外求，無可見浩大了。于騷心（右任）本人不大執筆，惟親自出馬與《民權報》戴季陶開筆戰。《民立》於創造民國，自有殊勳，但竭力贊成南北議和，鼓吹孫中山先生退位，讓總統與袁世凱，撤銷南京政府，以釀成二次革命。袁氏帝制自為，《民立報》隨為民黨澈底革命派所詬病。宋遯初被刺，二次革命失敗，國會解散，民黨被袁政府所通緝百餘人，《民立報》只得關門大吉，夭折以死。

其次言論犀利不屈不撓的，要推《民權報》，編輯主筆有戴季陶、汪子賓、牛霹生、何海鳴等。與《民權報》並駕齊驅，而先於《民權報》出版的，有《天鐸報》。《天鐸》主筆編輯有李懷霜、鄒亞雲、柳亞子、朱宗良。論人才之盛，當推《太平洋報》，有姚雨平、陳陶遺、鄧樹楠、葉楚傖、柳亞子、蘇曼殊、李息霜（按即弘一大師）、林一厂、余天遂、姚鵷雛、夏光宇、胡樸安、胡寄塵、周人菊、陳無我、梁雲松、朱少屏、王錫民，盡是南社社員，也盡是國民黨黨員。其他《神州日報》有王無生、黃賓虹。《民國新聞》有呂天民、陶冶公、沈道非、陳泉卿。《民聲報》有黃季剛、劉昆孫、楊姓洵、寧太一、汪蘭皋。《大共和報》有汪旭初等。為民黨聲勢極盛時代，亦為南社極盛時代。但到二次革命失敗，這林林總總民黨報紙，次第關門，煙消火滅。

繼《民立》之緒的有《生活日報》，徐朗西為社長，舍弟朱宗良為總編輯，楚傖、力子、匪石皆屬之。《生活》停版，到民四冬，袁世凱為帝制自為，孫先生乃以命令創辦《民國日報》，即以《生活報》全班人馬創辦，為民黨報紙延一線之緒。

講到上海報界和袁世凱做皇帝，其他大事姑不論，只談兩件問題很小的趣事。一件是《字林西報》有一篇批評袁世凱帝制自為的論文，袁世凱的機關報《亞洲日報》把它譯成中文，說道贊成袁世凱做皇帝，同時《民國日報》也把這篇論文譯成中文，說是堅決反對袁氏帝制自為。真是滑稽之至。還有一件是袁世凱下令改民國五年為洪憲元年，租界當局接著中國官廳的公文，令各報先改以為之創，否則將從嚴處分。日報公會為難極了，開會的結果是議決：各報上端仍用民國五年，而於報頭下端，加印新六號字「洪憲元年」，細如蠅足，要細辨才能認識。又是一個滑稽之至。

民國初元，上海發生三起暗殺事件。第一件是宋教仁在北站被刺身死。第二件是袁世凱爪牙上海鎮守使鄭汝成在白渡橋上被刺身死。第三件是民黨健者南社社員前滬軍都督陳其美被刺身死。宋教仁擬有大政方針，預備北上組織責任內閣的，袁世凱懼政權被民黨所攫，而密囑趙秉鈞派洪述祖、應桂馨，以厚賄遣人刺殺宋教仁於北站，此為民國成立後唯一的政治暗殺事件，株連極多不但轟動全國，而且轟動全世界。二次革命因此而起，袁世凱做皇帝，以及西南護法，雲南起義討袁，皆伏根於此。關係之大，可以想見。但民黨左派根本反對宋教仁北上，和袁氏合作，以為與虎謀皮，其何能淑？所以宋教仁被刺一案，雖轟動全國，而一部分民黨則認宋咎由自取，既不同情，便無足惜了。鄭汝成之被刺，實陳英士派孫祥夫遣人為之，袁黨雖然震驚，影響當然不大。但袁之恨民黨愈加厲害，結果陳英士亦遭袁黨暗殺於薩坡賽路寓所身死。陳英士美秀而文，有肝膽有魄力有計畫能文章，為民黨中勇敢實行革命家。民黨在上海一切活動事件，皆由英士受孫總理主持之。英士死，總理失聲痛哭，蓋失去一臂也。陳英士為滬軍都督時，蔣介石、黃膺白等皆為其部屬，陳英士實為民黨傑出人才。但陳為滬軍都督時，好微服冶遊，出入花叢，流連忘返，實為大醇中小疵。自古英雄多好色，英士何能自免？號為風流都督，我無間言，若惡謚為楊梅都督，當然過分。

第四年三期（一九四四年九月）

星社溯往

天命

一、動機

二十年前，上海的出版界呈著蓬勃的氣象，小說定期刊物多至十數種，寫作者有許多是蘇州的文人，由於文字的應求，就常有琴樽的雅集。其間有一個小小的團契，稱為「星社」。起始只有范君博、范煙橋、范菊高、顧明道、趙眠雲、鄭逸梅、姚蘇鳳、屠守拙八人，在民國十年的七夕，集會於蘇州留園擁翠山莊。因為當時在又一村合攝一影，要題幾個字以留紀念，就由范煙橋題了「星社雅集」，他的取義是這天正是雙星渡河之夕。並且星的象徵，是微小而發著燦爛的光芒，正和他們「不賢識小」的襟懷相合。想不到後來星斗滿天，蔚成東南一個文藝的集團。

范君博、趙眠雲、鄭逸梅、顧明道、屠守拙原來住在蘇州的，范煙橋、范菊高卻是剛從吳江的同里鎮移家到蘇州的，菊高和蘇鳳是工專的同學，年紀都比其餘的幾個人輕得多，但是已經很愛好文藝了，所以這一個偶然的結合，雖然只是友情的契投，實際也有著心靈的吸引力。這種力成了以後擴大的推動，到了戰事爆發，消滅了這種力，就風流雲散了。

蘇州的留園，好像一個工筆山水的長卷，在那裡吃茶談天，是很相宜的，並且深藏在卷心里的擁翠山莊，更是幽靜得像深山蕭寺，他們這一回的集合，有意無意間留下了文藝交流的種子，也算得佳話了。

在當時他們並沒有準備把這個星社如何具體地組織起來，因此像水面的萍草一般，給微風吹了攏來，也就給微風吹了開去。更像天上的星，有時光采爛然，有時卻給浮雲遮蔽得黯淡無光了。

二、茶話

蘇州人是喜歡吃茶的，並不是認真吃茶，不過借此作為不期而會，因此物以類聚，各就其事業性情的相合，而分成許多的小群，散布在城市裡幾家茶坊裡。到了四五點鐘的時候，從各方面走來，三三兩兩團坐著一個桌子，上自國家大事，下至米鹽瑣屑，遠至五洲萬邦，近至飲食男女，無所不談，無所不話。破鈔有限，而樂趣無窮。說得壞一點，群居終日，言不及義。說得好一點，竟是鄉校之遺風，村社之戀態。城中的吳苑深處，比較最為高尚，士大夫階級都到那裡去消磨半日，有時地方興革也會在茗邊煙角得到商兌的。在吳苑深處的東角話雨樓的前面有一方空地，上面蓋著蘆席棚，下面放著七八個桌子，這愛好文藝的一群就常在那裡開著極端自由的座談會。費了一個銅子，可以看一份上海的報紙，從報紙的副刊上得到文藝的消息，就成了座談的題材。今天來了一位上海某報的主筆，明天來了一位某雜誌的編輯。神交已久，相見恨晚。由於甲的介紹，認識了常寫小說的乙。由於丙的說起，約了擅長小品文的丁，如此攀引，一見如故，這集團就逐漸增大。為了友情的熱絡，約定了一個日期，到某人的家裡去盡一日之歡，擾了一頓茶點，便得答謝，第二回就到另一家去。彼此相邀，周而復始，這種車輪轉的茶話，不斷地舉行了半年多。

他們都是世居蘇州的，多數有著幾間很寬敞的屋宇，有的還有著明窗淨几的廳堂，空庭中幾拳太湖石，足以憩坐，幾樹花木，足以徘徊其下，所以消磨半天，還覺得餘興未盡。並且蘇州人家的主婦，大半能夠做些點心的，鹽的甜的，乾的濕的，各盡所長，各擅其美。那就比在茶坊裡有上下床之別了。

這種蕭閒如六朝人的生活，無論那一個文藝團體望塵莫及的。而最奇怪的，自始至終，沒有定過一個社約，只要經過若干人的介紹，大家認為吾道中人，就引為社友。不過也有一個例外，要是這個人，多方證明，不宜相交的，當時並不拒絕，到了下一次的茶會，不去邀他，給他一個心照不宣就算了。

三、酒集

無論什麼事，總是踵事增華的，茶話到了後來，所費超過了一席酒的價值，因此就有人主張索性改為酒集，每月一次，照聚餐辦法，要奢要儉，定於公議。蘇州有著不少的園林，可以假座，如獅子林、汪義莊、鶴園、網師園、怡園、拙政園、程公祠，凡是有林泉亭榭之勝的，都到過。中間次數最多的是鶴園，因為地點適中，主人又屬素稔，傭僮伺應也周到，有賓至如歸之樂。

還有兩次是船集，一次坐著蘇州的畫舫到天平山去，一次到黃天蕩去，上海的文友，也來參與，因了這個因緣，星社也滲入了上海分子了。戰前蘇州的物價比上海低得多，尤其是飲食，這麼鬧了一整天，有吃有玩，每人不過派上十幾塊錢，因此上海的文友，最喜歡到蘇州來，而星社的社友也樂於盡地主之誼。某年包天笑、江紅焦、范煙橋、黃轉陶到無錫去主持蘇民報，就在無錫公園多壽樓舉行一次雅樂，這是一個可紀念的舉動，好像當時一般學術團體的年會。

星社的主幹是由口頭推舉的，總是趙眠雲和范煙橋應選，因為這兩個人最富友情，又是最肯負責。自從范煙橋到了上海，就事明星公司，星社在蘇州的雅集，便停頓了。可是在上海卻逐步發展，半淞園、豫園、冠生園以及其他酒肆的雅集，一年中舉行了六七次。每次都有新社友加入。正誼社的夜飲，可說是全盛時代，可是盛極必衰，以後也就煙消雲滅了。當時有人提議，星社不比別的團體，社員多多益善，應當求道義的淬勵，不尚聲氣的標榜，以一百八人合打梁山天罡地煞之數而止。這個提議頗得同情，因此相約不再介紹新友，所以記錄於社友錄的，一百五人。

二十六年二月二十一日，社友蔣吟秋在所主的江蘇省立圖書館舉行吳中文獻展覽會，折柬相邀，星社就趁此機會在滄浪亭舉行雅集，這是結束了星社在蘇州的文酒之會。

四、刊物

星社的結集前七天，趙眠雲、范煙橋已在蘇州刊行一種小型報名《星》，因是週刊，所以題這個名字，到三十五期而止。上面說范煙橋因了七夕而題星社之名，固然是有理由的，可是先星社而生的星報，未嘗不是後來作為社名的一個張本。這裡應該加以補充的。

蘇州雖然是人文淵藪，可是多數到外地去發展，留著幾個抱殘守缺者，間或尋章摘句，卻沒有人挺身而出，作文藝的鼓吹的。因此當時蘇州的報紙十分落後，那些副刊，更是充滿著低級趣味。《星》的內容雖不算得精湛，卻已戛戛獨造了。但是為了上海離開蘇州特近，上海的文藝刊物朝發夕至，執筆者又是僅有的幾個，自然難以博得多量的讀者，所以不久就知難而退了。

十五年六月，他們又死灰復燃了，由趙眠雲、范煙橋、黃轉陶、吳聞天合輯三日刊，仍名《星報》，這時候組織較為完密，內容相當充實，一切都取法於上海的晶報，並且委託晶報在上海分銷，每期銷一千餘份，到七十期而止。

在這時期，有一件值得記載的事，蘇州的報紙，從來沒有向郵局「立券」過，星報為了外埠銷數較多，便進行「立券」，經過許多手續以後，得到郵務管理局的認可。可是蘇州的郵局還沒有「立券」的特定郵戳，又過了許多日子，方始頒發下來，而開印大吉，第一次印在報紙上的「立券」郵戳，卻是《星報》。經管這立券事宜的，是設在觀前醋坊橋的郵政支局，不久就裁撤的。這是蘇州文化史料上有趣的一個小記錄。

此外趙眠雲、范煙橋還編印過兩冊《星光》，是星社社友的小說集。趙眠雲為某書局編印《小說家言》；鄭逸梅為某書局編印《羅星集》。

星社並沒有像其他文藝團體的大張旗鼓，可是每一次雅集，總有社友記錄下來，在報紙上發表，因此知道有這麼一個文藝團體的很多。而主編上海報紙副刊、雜誌、小型報的，更多星社社友，在聲應氣求的原則上，星社社友的作品自然占著文藝界相當的地位。起初以小說作者為多，後來書畫金石電影戲劇一切從事於文藝工作的，都有參加，從此這發動於八顆小星的星社，形成了無所不包的集團了。

五、感逝

二十二年來，世局劇變，星社社友，真成了星散，有的天涯海角，消息不通，有的分道揚鑣，不相為謀。在中間有幾個已經物故了。蓋棺論定，不妨在此談談。

一個是七十衰翁的孫企淵，做得一手好詞章，是南菁書院的高材生，在民初主編《新申報》，後來一度到濟南去辦《新魯日報》。他在星社，和包天笑同年而坐著第二把交椅，比他年高的只有許月旦。可是他老有童心，一點沒有龍鍾之態，有時說起笑話來，搭著標準的蘇白，是最軟熟沒有了。並且他有一種好處，對朋友，總是十二分熱情的，盡是後輩，提攜獎掖，惟恐不及。可惜有了一點嗜好，早把朝氣挫盡，又是命途多舛，到死還是兩袖清風。他在報界資望極深，掌故羅胸，曾經寫過許多「報海回瀾錄」，足以供給「報史」作者取材。

一個是滑稽之雄的程瞻廬，一向住在蘇州，難得出國門一步，他不僅寫滑稽小說，常使讀者絕倒，就是他談言微中，亦足以拊掌絕纓。戰後到上海掌教某中學，表示非「春回大地」，不再握筆寫小說。課後聽聽書，吃吃酒，很能自得其樂。但是去年回到蘇州以後，環境惡劣，竟在今年的正月裡去世了。他的一部《唐祝文周四傑傳》，可以比諸《儒林外史》，而對於《三笑》彈詞詆譏唐伯虎的地方多所糾正，極有價值。此外刊佈在申報的《眾醉獨醒》，更是近代的《儒林外史》，據說這些材料都是從茶坊書場中得來的。在《紅雜誌》裡，更多他的作品，真是嬉笑怒罵，皆成文章。因為論起文學根柢來，他是最有深造的。不過他一貫的書生本色，並且淡泊自守，始終沒有得意過。在承平時代，筆耕硯耨，足以生活，在這多難時代，兩子又遠入內地，這一付家庭重擔如何肩得起，就不免抑鬱以終了。

一個是畫家兼雕塑家江小鶼，他是文學家江建霞的兒子，少年時風度翩翩，在蘇州草橋中學被稱為美男子的。讀書不求甚解，可是於藝術卻有專好，前年客死滇池。記得在正誼社雅集那夜，他捧了一頭黑貓，一同攝影，他說這是藝術的商標。那時他留著一撮羊角鬚，已非張緒當年了。

六、餘緒

文社的結合，以明末為最盛，幾復兩社的文章氣節，足使史乘生色不少。因此流風遺韻，三百年後，還影響到士林。清末的南社，固然彪炳一時，其他社團，多不勝舉，星社真是渺乎其小。可是十餘年來文酒往還，各以道義相尚，始終無間，也是難能可貴了。凡是一個社團，能夠久延其生命，一定有幾個中堅人物在主持著，而這些人物，必須具有坦白真率的胸襟，懇摯圓熟的手腕，和一種富有吸引的熱情。星社的所以逐漸發展和後來的衰歇樞機就在這裡。

在星社產生後若干時，上海有一個小說作者的集團名「青社」，論起分子來比星社健全，一切組織規模都比星社完備，參加者也比較嚴格，星社社友列名青社的只有寥寥數人，可是只舉行了幾次聚餐，和刊行了幾期《青報》就無形消滅了。所以有兒次星社雅集，有人提議定社約及入社書，交社費印社友錄等，終於不願意成為合法的團體而否決。可是就因了這一種只重情感不重形式的精神，從來沒有發生過糾紛。

在孫企淵到濟南去辦《新魯日報》的時候，有幾個星社社友隨著去的，因為南方的革命空氣非常濃厚，兩方面志趣不同，蘇州有幾個星社社友恐怕涉及政治問題，曾經登報聲明脫離星社。但是孫企淵等南歸以後，大家仍舊吻合無間了。所以，戰後社的主幹主張冬眠，連雅集都沒有舉行過，不是我今天提起，大家快要淡忘了。

第三年二期（一九四三年八月）

哀顧明道

徐碧波

吳門顧明道社兄，年十四，即失怙，無恆產，有弱妹三，全賴阿母針黹所入，以事生活。君性穎悟且純孝，初就讀於美人所辦之英華學校，攻研勤奮，成績冠群曹。卒業後，以限於經濟，權任母校教員，即將薪給供糊口，以節母勞。稍暇，更試作文稿，投寄海上報章雜誌，獲潤筆，亦以奉母補不足。數年後，成《啼鵑錄》一書，風行全國，名遂鵲起。是時忽患重症，洎疾瘳而右足竟跛。海上書賈因震君名，相率向渠特約撰著長篇。君初以哀感頑豔之筆調賺人眼淚，旋忽自懺，作風丕變。鑒於己之病廢，遂擷取民族武俠之精警題材，演為說部，俾資激勵同胞，用贖前愆。頻年稿酬所入，略有餘儲，乃為遣三弱妹消耗幾盡。戚鄰僉以男子三十，宜有家室之說進。君答謂：以我不祥身，寧忍重玷好女子。藹然仁者之言，為同里田氏所聞，願以長女妻之，於是在君三十一歲時，與希孟女士結合焉。婚後之次年，僅存一足，又患關節炎，亦廢，自是杖而能行者，更須扶之掖之矣！一二八之役，曾由家鄉遷眷至滬上，住八仙橋某里，局促於人煙稠密之區，苦難備嘗，幸只半年許，事即敉平歸返鄉邦，仍事文化工作。在此前後數年中，成長篇甚多，尤以《荒江女俠》為最膾炙人口。連續六大集，都數百萬言。其他如《海外爭霸記》、《惜分飛》、《奈何天》，亦皆係皇皇巨著。以上諸作，經電影公司之徵請，先後製成影片。惟君不習市廛風尚，所以只略予取酬，並不保留版權，是故在實際上，獲益殊戔戔也。

迨此次戰事將作之時，吳門風聲鶴唳，一夕數驚，君又於千辛萬苦中，由其妹倩劉廷枚君，伴君全眷，於八一二最後一次列車抵滬，車擠甚，行又紆緩，君體既弱，行止又弗便，兒女啼饑號渴於旁，君處此環境，幾至窒息！抵滬後，仍寓八仙橋舊址。逾年以戰事未能即止，遂遷居於同孚新村，設帳授徒，兼為各書報執筆。爾時生活指數猶平，出入尚堪相抵。前年因所寓屋，忽生問題，君係弱者，無處不低首讓人，只索四處相覓。因君既不能樓居，又須顧及門人交通便利，卒於鄰近現寓之威海衛路，萱椿里六號樓下，權稅兩室，屋小面東，空氣非佳，君長日伏蟄其中，口授筆耕，消磨其精神腦力者又三載；同時柴米瑣屑，咸充陳於周圍，而生活之箭，亦高飛乎雲天，出入相差至遠；平素又復狷介自持，即遇知好，亦不輕求人憐，而積鬱所在，亦因不良於行，未能借遊散以事宣洩。坐是種種，乃促其生命不少。終於去秋，因不能再行掙扎，始輟筆停教。君又素重責任，使弟子半途而廢，心已不安，故雖在萬分窘急之鄉，又復籌措款項，按照比例，退歸諸生學費，門人等無不感動，均一致不肯接受，甚有泣下者，如此風義，能不使人景佩！

惟斯際肺部疾患益劇，雖醫藥無間，卒鮮效力；重已經濟來源，頓告斷絕，憂傷偃蹇，更增隱痛。至好知其如此，於扼腕之餘，委婉進言，先盡棉薄，請納人助。君猶力拒，因以人類應有互助互惠之情相陳，並勸勿以是介介於懷，君始頷首勉予承受。然察其內心，猶無時不在愧恧中也。迄於今年春季，病勢益趨嚴重，遂由獨鶴兄商准新聞報館，送君至紅十字會醫院療治，一切費用，悉由館方擔負。居月有三日，自覺沉疴難起，徒耗人資，心更不安，遂復返舊居。君體尪羸，至是益形銷骨立，以臥床日久，臀部僅存肌膚，亦摩擦破裂，雙股本蜷曲，而膝頭關節炎又復發，仰臥既不可，側睡亦感痛楚，熱度入晚升至一百〇二度，煩躁尤甚，君不堪忍受此種痛苦，常聲言願早日升天，俾脫諸苦厄。又謂戚友存恤，銘心刻骨，本欲撰文以志永感，奈口授已強，詎能手草，此恩此德，當圖報於來世，語之淒惋，令人悲哽。而七四衰親，依依於側，前塵影事，既多悲切，目睹現狀，又復若此，忍住老淚，加以慰藉，哀痛情緒，交織一室，常人處此，已將難堪，況昊天不弔，竟以百罹集其身乎。迨彌留之前一天，鶴兄因稔君對於老母妻室，以及弱息，身然百端，不能去懷。因往作徹底之慰藉，經懇切譬解以後，始稍寧靜。旋於五月十四日下午三時謝世，易簀之時，叩母別妻諭子，各有遺言，言慘切，不忍記述。

君享年四十有八，有丈夫子一，名德驥，行年十五，聰俊肖其父，將來跨灶可期，惟體質亦孱弱，現正在初中肄業。女二，其一名粟官，方八齡。又其一，正在襁褓，忽於乃翁入殮之晨，竟亦夭殤。君宗族不繁，除從叔志誠先生外，竟無伯叔兄弟，所以身後百端，全側重於劉君廷枚之身。關於經濟方面，幸蒙社會熱心人士，同情於君者，紛紛解囊，與叔氏之助，於以成殮。君之身後，雖然蕭條，君之氣節，當永存於天地間也。十六日四時，假大眾殯儀館入殮，是日風狂雨驟，積潦沒脛，一似彼蒼蒼者，亦在憑弔此淒慘一世之可憐文人！是日遵遺言，用宗教儀式，由謝頌三牧師領導行禮，劉君報告行述，鶴兄致誄詞，對於文人清苦，闡發至詳，聲調哽咽，大有既悲逝者，行自念也之慨！乃叔致謝詞後，再度唱輓歌，來賓盡起立，瞑目追思三分鐘，相率魚貫沿靈柩周行一匝，向君遺體永別，始禮成蓋棺，至為莊嚴肅穆。嗚呼！君一生清苦，未親樂趣，而秉性溫厚，操持純潔，待人以誠，律己以嚴，斯人斯疾，天道寧論？

君畢生著述，不下千萬言，泰半已經印成書籍。後死諸友，設不能為其纂輯年譜，至少亦宜搜羅篇名，訂為書目，以垂不朽，而慰其靈。君歷年皆有日記，若未便公開，亦可由劉君檢出其有關者，以備參考也。

第三年十二期（一九四四年六月）

漫談大觀園

吳伯蕭

《紅樓夢》中的大觀園地址問題，最初是袁子才的《隨園詩話》說大觀園即隨園。後來胡適之先生的《紅樓夢考證》甚是相信此說（《文存》卷三頁八四九），不過胡先生的意思，以為這隨園是江南甄府即曹家當日的園林，並不就是「長安」都中賈府裡的大觀園（同書頁八五四），但這層（地址問題）在胡先生的考證中，並未怎樣予以十分的注意。

顧頡剛先生否認袁子才《隨園詩話》以及胡適之《紅樓夢考證》之說（《紅樓夢辨》中卷頁七四），他是說他相信大觀園不在南京，而在北京。俞平伯先生對於那些以為大觀園便是北京的什剎海，黛玉葬花塚在陶然亭旁的一派混說，除了痛斥一番，他說：「問題只在南與北，是在南京或北京。」又說：「以書中主要明顯的本文，曹氏一家的蹤跡，雪芹底生平推斷，應當判定《紅樓夢》一書敘的是北京底事。」（《紅樓夢辨》中卷頁七七）但他又不敢完全相信他自己的「判決書」，卻聲明著得保留將來的「撤銷原判」的權利。

《隨園詩話》而後，還有清代周春松的《紅樓夢隨筆》（未刊，壽鵬飛《紅樓夢本事辨證》頁五所引），其說是敘金陵一等侯張謙的家事，壽氏已指其非，可不深論。至於其餘大概都以為《紅樓夢》的地址是在北京。這裡，本無贅言煩論之必要了。可是，《紅樓夢》的著者，在位址這一點上，確有令人恍惚迷離的地方，於是趁便也想表示一下我個人對於這些矛盾的見解。例如第二回中：

雨村道：「去歲我到金陵，因欲遊覽六朝遺跡，那日進了石頭城，從他老宅門前過，街東是寧國府，街西是榮國府，竟將大半條街占了！大門外冷落無人，隔著圍牆一望，裡面廳殿樓閣也都崢嶸軒峻，就是後邊一座花園裡，樹木山石也都還有蒼蔚潤溫之氣，那裡像個衰敗之家！」

這裡明明說榮寧二府是在石頭城，是在剩有六朝遺跡的金陵。不能說這石頭城非在金陵（魯迅先生《中國小說史略》頁二五八主此說）。這是作者有意無意的自己落了實，因為曹家的極盛時期在金陵，所以敦敏送雪芹的詩有「秦淮殘夢憶繁華」之句。很明白的，紅樓夢一書是曹雪芹假北京的景物追寫烘托曹家當曰在江寧（南京．金陵．石頭堤）的榮華富貴的盛況。故甄（真）府在南京，賈（假）府在北京，這北京的賈府就是當日曹雪芹落魄在西郊寫《石頭記》時那枝禿筆下的假府，因此他有時把南京和北京或長安都中（第十七回妙玉入園時林之孝的話）幾個地址，糾纏不清。那青梗峰下的一塊石頭，雖說是寶玉的前身，但也可說就是這石頭城「石頭」的假借。古今名著之費人思索，在可解與不可解之間，往往如此。

俞平伯先生提出書中不合北方景物的幾條，如蒼苔，翠竹，薔薇，荼蘼，舊年雨水，紅梅，木樨，都非北方所宜有，以是為《紅樓夢》地址似乎不在北京之證。唯據我想這些東西即使北京城壓根兒就沒有，也不足以推翻賈府不在北京的。一幅淡墨畫上，難道絕對不許畫家隨意染上幾筆彩色麼？《西廂記》的地址是在蒲州（山西）普救寺，而王實甫何以有「玉簪搔往荼蘼架」，「點蒼苔白露冷冷」，「竹梢風擺」之句？這裡，除了顧頡剛先生列舉的幾條外，我也提出兩條，可以作為《紅樓夢》位址是在北京的解釋。第十六回中蓋造大觀園，採辦梨香院的十二花官時：

賈薔又近（賈璉）前面說：「下姑蘇請聘教習，採買女孩子，置辦樂器行頭等事，大爺派了侄兒帶領著來管家兩個兒子……一同前往，所以命我來見叔叔。」

當時從蘇州揚州採辦童伶到北京的情形，現在我倒還可以在兩部乾嘉間的梨院史料裡看出。《燕京雜記》說：「優童大半為蘇揚間之小民，其從糧船至天津，老優買之。」《品花寶鑒》第二回子玉與聘才的對話，聘才道：「京裡有四大名班，請了一個教師，又到蘇州去買十個小孩子，都不過十四五歲，也有十二三歲的，用兩隻太平船，從水道進京，乘運河糧船，行四個多月。」這兩段記載都可作賈薔的話的注腳。同回：

賈璉因問這項銀子（到南方採辦費）動那處的？賈薔道：「剛才也議到這裡，賴太爺道，竟不用從京裡帶銀子去，江南甄家還收著我們五萬銀子。」

此處所謂京裡，當然是指北京。只此兩條，已可決定賈府必在北京無疑。此外書中所用語言，純是一套極有選擇的美麗而大方的北京話，至於南方話中如「事體」，「二哥哥」讀作「愛哥哥」

之類，用的極少。

《紅樓夢》是曹雪芹假北京景物來寫曹家當日在南京鼎盛的「舊夢」，大概是不成問題的了。那麼，大觀園這樣一座雅麗的園林，假如沒有當年最高的園林設計作骨子，其絕不能平白地構成如此一座空中樓閣，歷歷映人眼目的。什麼大觀園即隨園，大觀園便是什剎海，大觀園遺址即北京西城塔氏之園的種種無根之說，皆好事者信口之言耳。清代私家園林，無論南北，是不會有這樣規模的。何由見得？請聽我慢慢道來。

中國園林的發達自有兩個系統：一是苑囿式，一是庭園式。苑囿起於秦漢，庭園則遲至趙宋，漸取苑囿而代之。前漢的上林苑，後漢的畢圭苑，隋之西苑，面積都極廣大，《三輔黃圖》（卷四）記上林苑廣袤三百里，天子秋冬射獵，苑中有昆明鎬池等大湖。私家則有茂陵富民袁廣漢的園林，東西四里，南北五里，可謂亦為苑囿的系統。以至唐代的神都苑，私家園林如王維的輞川，裴度的午橋，都不能認為庭園的系統，所以中國北部的名園，規模豁達雄大為其特色。

南北朝之末，尤以南朝宋齊梁陳以來，遂漸分化為另一系統。趙宋而後，南方已形成了一種獨立風格，便是儘量攬挹大自然之風物，儘量縮之成一小天地，重在閒寂幽深，所謂「曲徑通幽」，「別有天地」，這是南方庭園系統的特色。至於這種特色必利用錯綜的疊石為重要的因素，然後可於小小的面積中見出幽深曲折之致。宋李格非《洛陽名園記》謂：「洛陽園池多因隋唐之舊，獨富鄭公之園如紫筠堂蔭樾堂，皆甚幽邃。」這當是受南方庭園的影響，上說南方庭園的結構主要的是疊石，石以江蘇安徽兩省的為有名，如靈璧石，太湖石，慈溪石，但其趣不宜苑囿系統的園林。史稱宋徽宗醉心奇花異石（《宋史紀事本末》卷五十花石綱條），故石為庭園之點綴至宋而始重，謝肇淛《五雜俎》（卷三）載：「然石初不甚擇，至宋宣和時，朱勔童貫以花石娛人主意，如靈璧一石，高至二十餘丈，周圍稱是，千夫舁之不動。艮嶽二石高四十餘丈，封為盤固侯，石自此重矣。」明人計成《園冶》一書，全為南方系統之庭園而作，尤重掇石。當時燕京西郊，名園林立，如米萬鐘勺園，李偉清華園；而以勺園最為當時文士所稱。《春明夢餘錄》（卷六十五）說：「海淀米太僕勺園，園僅百畝，一望盡水，長堤大橋，幽亭曲榭。」今觀洪煨蓮先生《勺園圖錄考》中「勺園修禊園」，水石亭臺，兼而有之。《夢餘錄》（同卷）又說：「海淀李戚畹園（即清華園）園中水程十數里，嶼石百座。靈璧，太湖，錦川，百計；喬木千計；竹萬計；花億萬計。」是自明代以來，燕京園林，已充分採取江南庭園之風趣，而其廣大又不脫北方苑囿的系統。這自然是受了地理或地形之限制的。

清初，海內未安，三藩平定後，康熙兩度南巡，樂江南湖山之美，乃因清華園而築暢春園。雍正以後，復大治圓明園諸園。乾隆南巡，更仿江南名園，大起園苑，於是西郊一帶，御苑林立。據《日下舊聞考》（卷八十二以下諸卷）及《養吉齋叢錄》（卷十八）諸書所記，御園之仿江南名園者，如安瀾園仿海寧陳氏偶園，長春園之如園仿江寧藩署澹園，獅子林仿蘇州黃氏涉園，小有天仿杭州汪氏園，惠山園仿無錫惠山秦氏寄暢園。而江南名石，如揚州九峰園之二峰，杭州宗陽宮之芙蓉石，乾隆間皆輦至長春園。現在北平所存乾隆朝廷園遺跡，如故宮，玉泉，南海之瀛台，及其西春藕齋大圓鏡諸地，其疊石之妙，令人如置身千岩萬壑間。

綜上所述，可知北京園林的發達，至康熙乾隆間而極盛。這個時期，北方苑囿系統的園林，大部分被庭園系統的因素浸潤了。《紅樓夢》大觀園的規模就是在這個歷史的根據之下而產生的，它是融合苑囿與庭園兩種系統而成的一個私家園林。

現在我們再來看大觀園的布置，建築，設備及其他事物之與康乾間北京御園有著多少關係，便可知道大觀園絕不是空中樓閣，它必是依著它的時代和環境而產生的，它與當時北京最高的園林設計極有關係。明白點說，它受著當時皇家園林之城內如三海（中海南海北海），城外西郊如暢春園圓明園長春園諸御苑的影響極大，我們可說就是這些皇家園林做了大觀園的底本。但我的話卻不能就助長了蔡孑民先生的《石頭記索隱》和壽鵬飛的《紅樓夢本事辨證》以及王夢阮的《紅樓夢索隱》之以為紅樓是一部含有政治意味的小說之說的。這裡，我對於書中人事的活的方面，決不敢妄贊一辭，隨意附牽。我的本意只在辨明大觀園之所以為大觀園的客觀性，如果有人認為我必有奢望的話，那亦只在想使讀者不致再任意瞎猜它就是誰家的園林罷了。

大觀園的範圍，第十六回中賈蓉說：「起自西北，丈量了一共三里半大。」這面積已不算小了，私家園林之在當時恐怕很少有這般大的。二十三年北京城裡拆了的清初建造的定王府，較與其他城裡王府為大。但看去周圍也不及三里半呢。賈府雖是一等侯世襲，論起來不當比定王府更大。這規模除了三海和西郊一帶御苑而外，似乎已是沒有可比擬的了。可知大觀園的規制是近於北方苑囿的系統，它的結構，必受著當時皇家園林的暗示無疑的。所以第三回的題目是〈賈寶玉神遊太虛境，警幻仙曲演紅樓夢〉，著者明明指點出紅樓夢是天上人間的境界（太虛境）；而第十七回寶玉題對額的時候，見園中省親別墅的一座玉石牌坊，「心中忽有所動，倒像那兒見過一般」，其實這就是在太虛幻境見過的那座玉石牌坊。可見大觀園這個景界，決不是尋常人家乃至王公大臣所能有的。

大觀園的全部設計，第十六回中說：「全虧一個胡老名公山子野，一一籌畫起造。」這山子野胡公，當是專門造園疊石的名手。清初如華亭張漣（字南垣）父子皆以疊山世其業，故世稱「山子張」。亦猶康熙以來主持清室建築圖樣的雷氏，稱為「樣式雷」俗呼「樣子雷」，同一意義。張氏之疊石，當時馳名南北，江南如李氏橫雲，盧氏預園，王氏東郊，錢氏拂水，吳氏竹亭諸名園，北都如南海瀛台，靜明園，暢春園，王氏怡園，馮氏萬柳堂等，是皆出於南垣父子之手。同時名公如黃宗羲，吳偉業嘗為張氏作傳（謝國楨先生有《疊石名家張南垣父子事輯》一文，載《北平圖書館館刊》五卷六號）。梅村更謂其兼通山水，畫法雲林，遂以其意疊石，可見精於疊石者，大抵具有南宗畫派的意境。大觀園中「曲徑通幽，一帶山石，白石崚嶒，或如鬼怪，或似猛獸，縱橫拱立，上面苔蘚斑駁，或藤蘿掩映，其中微露羊腸小徑」。近蘅蕪院時，「忽迎面突出插天的大玲瓏山石來，四面群繞各式石塊，竟把裡面所有房屋悉皆遮住」。怡紅院「院中點襯幾塊山石，一邊種幾本大芭蕉，那一邊是一株西府海棠」。瀟湘館「有千百竿翠竹遮映，……階下石子漫成甬道……牆下得泉一派，開溝僅尺許，灌入牆內，繞階緣屋至前院，盤旋竹下而出」（以上第十七回）。這三座都是大觀園主要的院落，而是屬於南方庭園的系統。瀟湘館的竹，怡紅院的芭蕉（故寶玉自稱蕉下客，大觀園中又有芭蕉塢），這些之在江南都非名貴之物，但在北方卻因稀少而往往以此名園的，如西苑（今三海公園）之賓竹室，舊雨軒；綺春園之竹林院（見《養吉齋叢錄》卷十八）；中海之蕉園（見《金鼇退食筆記》上）等都因此二物而得名。此外如西苑有沁香亭，大觀園有沁芳亭；圓明園有稻香亭，大觀園則有稻香村；靜明園有嘉蔭軒，大觀園亦有嘉蔭堂等等。這些題額也許是偶然的巧合，但大觀園三十多處的名稱，富貴中寓有高雅之趣，我們如果翻閱《日下舊聞考》、《養吉齋叢錄》諸書所載之當時諸御苑題額，其意趣與大觀園者異曲同工之相合，則我們似乎不能認為沒有重大之亦關係的。

最奇怪的是大觀園稻香村這個格局，是私家園亦絕不能應有的。第十七回中說：「轉過山隈中隱隱露出一帶黃泥牆，牆上皆稻莖掩護……裡面數楹茅屋，外面卻是桑榆槿柘，各色樹枝新條，隨其曲折，編就兩溜青籬，籬外白坡之下，有一土井，旁有桔槔轆轤之屬，下面分畦列畝，佳蔬菜花，一望無際。」土井桔槔轆轤，都是北方農田常有設備。此種格局乃御苑中為天子觀稼親農而設，私家園林何得有此？高士奇《金鼇退食筆記》上說：「瀛台舊為南臺……南有村舍水田，於此閱稼。」《養吉齋叢錄》（卷十八）說：「御園（圓明園）弄田，多雍正乾隆年間闢治，如耕雲堂，豐樂軒，多稼軒，隴香館是。嘉慶復治田一區，其屋額題曰省耕別墅，為幾暇課農之所。」稻香村這個格局，分明要是沒有圓明園和瀛台的弄田做底本，則算虧得《紅樓夢》的著者想的這樣周到。然而曹雪芹是絕頂的文學家，他原不是園林設計者，所以這就很是奇怪了。

大觀園中還有一個非常的格局，也決非私家園林所宜有，便是尼姑和女道的安排，而在當時御園中卻有同樣的事。第十七回中林之孝說：「已訪聘買得十二個小尼姑小道姑。……外又有一個帶發修行的，本是蘇州人，祖上也是讀書仕宦之家……今年十八歲，取名妙玉。」妙玉是王夫人下請帖接來的。第二十三回中又說：「這些女尼道姑都分住園中玉皇廟和達摩庵，妙玉住了櫳翠庵。」為什麼一個好好王侯公府的人家，偏有這樣非常的局面？我們不能不想到當時皇家園林中建置寺院的一格了。如西海子（今北海公園）有大西天佛寺，宏仁寺，萬佛樓（《金鼇退食筆記》）；靜明園有妙高寺；宜靜園有香山寺（《養吉齋叢錄》）。御園中闢治寺院，也許還有別的意義，但從園林設計上看來，與大觀園的佛寺丹房在繁華景象中點綴一二清淡的去處，卻具同樣的意義。若是沒有一個底子，也虧得曹雪芹先生想得這樣周到了，確是奇跡。

大觀園中山石亭臺之外，又有水浦風荷之勝，如花漵、沁芳橋、翠煙橋、荇葉渚、紫菱洲、藕香榭、蘆雪亭、凹晶館等處，皆近水樓臺，自花漵起分水陸兩路，水中可以行船，水面自不算小。假如我們已決定紅樓夢的地址是在北京的話，那麼，北京城內除了三海，城外除了玉泉西郊一帶，是沒有這麼大的水面的。大觀園的水源於第十六回中說：「本是從北牆角下引一股活水，由沁芳閘而入。」說也湊巧，北京城和西郊一帶但凡流水都是來自西山，所以水源大概都在西北角，城內三海的水閘今猶如此。《春明夢餘錄》（卷十九）說：「西海子（今北海公園）者，即古燕京積水潭也。其源出自西山……前人謂積水為海，且在西內，故至今沿稱西海。都城之水悉匯於此。」《金鼇退食筆記》上謂：「其中萍荇蒲藻，夏青而綠，野禽沙鳥，翔泳山色水光間。盛夏菱荷覆水，望如錦繡，上常有賜詞臣泛舟採蓮垂釣之樂。」這些景象大觀園中都可一一指數，不必煩舉。西郊御苑，今已成為廢墟，但那水潭灣港，猶依稀可辨。大觀園的布置景物與當時皇家園林的關係，這層似乎可作進一步的瞭解的。

大觀園的建築，書中雖沒有告訴我們多少資料，但只是我們所知的也就很為可貴了。第十七回寫賈政初進大觀園察看工程時：「只見正門五間，上面銅瓦泥鰍骨，裡面門欄窗槅俱是細雕時新花樣，並無朱粉塗飾，一色水磨，磚牆下面白石臺階，鑿成西番花樣。」這裡所可注意的是銅瓦泥鰍骨，白石臺階和西番花樣三事。銅瓦當是黃琉璃瓦的變稱，這黃琉璃瓦和泥鰍骨的屋蓋，按諸清制是非敕建不得應用的；白石即俗所謂漢白玉者，以河北房山縣出產最多，也為帝室之所專用，雖王侯公府亦不得僭越，這是普通大都知道的。元妃省親之事，為太上皇敕命宮中嬪妃才人的椒房眷屬有重院別宇者，內庭鑾輿可入其私第者，這是一般的待遇，並無敕命賜建大觀園之旨。至於白石鑿成的西番花樣，蓋指西洋雕刻而言。西洋的雕刻和建築，最為乾隆帝所賞好，如圓明園的水木明瑟、長春園的諸奇趣，萬花陣、海源堂、遠音觀等處，都是白石雕刻的西洋建築，今海源堂猶存白石門坊石柱，上刻葡萄花樣。當時參預這項工程的，相傳有耶蘇會士王致誠（Attiret）、郎士寧（Castiglione）、步謝爾（S.W.Bushell）等。《中國藝術》（第三章頁五三）說：

> 圓明園的一群西洋宮殿是耶蘇會士王致誠與郎士寧的設計，如水法，屏風，石柱，欄杆上的甲骨及各式花紋的雕繪裝飾等，都是道地的義大利風格。

郎士寧奉敕命參預圓明園西洋建築雕繪的設計，是在乾隆十二年左右，石田幹之助氏所作郎士寧傳略（《美術研究》第十號）言之甚詳。步謝爾氏之說，當亦出於《傳教通訊錄》（Lettres Edifiantes）。故大觀園白石雕刻的西番花樣，是當時內庭供奉所特有的，由此可知，大觀園之受皇家園苑的影響之重大了。

大觀園中有許多設備，很是富麗堂皇，自為王侯公府之家所不稀罕，可是有許多西洋事物，當時稱為「入貢品」的，何以賈府得有這許多呢？書中寫賈府的豪華處，是每每拿了西洋製造品來做襯托的。

即如第六回中劉姥姥在鳳姐房裡看見的掛鐘。第十六回中鳳姐說：「那時我們（王家）爺爺專管進貢朝賀的事，凡有外國人來，都是我們家裡養活。粵閩滇浙的洋船貨物，都是我們家的。」第十七回中賈政說怡紅院女兒棠是外國之種。第四十一回劉姥姥在寶玉房中看見的油畫女像（當時官書稱皮畫）及大鏡面板壁的西洋機括（大約即現在的把手）。第四十五回寶玉向懷裡掏出核桃大的金表。第五十二回寶玉給晴雯治頭疼的鼻煙壺，一個玻璃小扁盒，裡面是西洋琺瑯的黃髮赤身女子，兩肋有肉翅；又有貼頭痛的西洋膏子藥，叫做「伊弗那」；又賈母說的俄羅斯國的孔雀裘和寶玉說的俄羅斯國的裁縫；又寶琴說她跟著父親到西海遇著的女孩子和西洋畫上的美人一樣。第五十三回的荷葉柄乃是西洋琺瑯活信，可以扭轉向外，將燈影逼住照著看燈，分外真切。第五十七回寶玉看見十錦槅子上陳設的一隻西洋自行船。第七十二回鳳姐將一個自鳴鐘賣了五百六十兩銀子。第一百零五回錦衣軍查抄寧國府所登記的物件中，有銀盤二十個，三鑲金象牙筯二把，洋呢三十度，嗶嘰二十三度，姑絨十二度，天鵝絨一卷，氆氌三十卷等。

以上十三條所舉的全是西洋貨。考明清之際，西洋文物輸入中國，大概始於明之萬曆中葉，盛於清之康熙間，至乾隆中而絕。其時中外交通較繁的，以荷蘭人與佛朗機（即法蘭西）人為多。茲據《清一統志》（卷四二三之四）所載康熙九年佛朗機人入貢物有：

天鵝絨，哆羅呢，象牙，花露，花幔，花氈，大玻璃鏡，蘇合油，金剛石等；

雍正三年的貢入物有：

綠玻璃鳳壺，里阿嘶波羅杯，蜜蠟杯，琺瑯小圓牌，銀累絲四輪船，小銅日規，水晶滿堂紅燈，咖石嗆鼻煙罐，各色玻璃鼻煙壺，各寶鼻煙壺，連座銀累絲船，線花畫，皮畫（按此當是劉姥姥入寶玉房中看見的那種油畫），巴爾薩馬油，鍍金皮規矩，鑲牙片鼻煙盒，銀花素鼻煙盒，鑲銀花沙漏，咖石嗆綠石鼻煙盒，阿葛達片，番銀筆，咖石嗆帶頭片，瑪瑙鼻煙盒，花紙盤，顯微鏡，石頭火漆印把，大字鏡，火漆，大紅羽緞，照字鏡等。

雍正五年的入貢物有：

金琺瑯盒，玻璃瓶貯各品藥露，金絲緞，洋緞，金花緞，大紅哆羅呢，洋製銀柄武器，自來火長槍，手槍，洋刀，上品鼻煙，石巴伊瓦油，聖多默巴爾撒木油，各色衣香，璧露巴爾撒木油，伯肋西理巴爾撒木油，巴斯第理，葡萄紅露酒，白葡萄酒，各色琺瑯料，織成各色遠視畫等。

乾隆十八年的入貢品有：

自來火長鳥槍，自來火手把鳥槍，琺瑯洋刀，螺鈿文具，織人物花氈，洋糖果等。

《皇朝文獻通考》卷三十九所載西洋貨物，除與上列重複者外，尚有：

荷蘭國貢：珊瑚鏡，哆羅呢，嗶嘰緞，自鳴鐘，冰片，鳥槍，火石等等。

這些東西之在當時，大概是五年一貢的，唯至乾隆三十年以後，據說就都「免貢」了。

《紅樓夢》中的西洋事物，如寶玉房中的油畫（皮畫），以及大鏡面板壁的西洋機括之類，絕非當時的通商貨品，大觀園何得有此？即從以上種種看來，我之所說「大觀園是以當時皇家園林做的骨子」，或許不致有被「憑空杜撰」之譏吧？

後記：前月在冷攤上以極廉之價購得一部《紅樓夢》，於是在這暑長晝永的日子裡，幾乎手未釋卷。回想十多歲時，初讀此書，暗中也學了些「精緻的淘氣」；二十餘歲，又讀此書，則懂得些「大人家風範」；後來又讀此書，曾寫過一篇《紅樓夢源流辨》（載二十四年大公報文藝版）；現在，再讀此書，簡直已把它當作一種資料了！這樣，「人」也就漸漸地變成「牛」了。

第三年五期（一九四三年十一月）

清宮的畫家——郎世寧

槎農

大概愛好列朝書畫作品的考據家，都知道清初在四王、吳、惲之外，有一位獨樹一幟的院體派畫家郎世寧，不但在畫譜上載著他的大名，到現在還有許多骨董商靠他的作品吃飯，大家知道這位畫家是西洋人，見聞博一點的還知道他是康熙、雍正、乾隆三朝的內廷供奉，可是沒有幾位知道他原是義大利籍的天主教耶穌會裡的一位來華傳教的助理修士。他在少年英俊的時候來到中國，從此居留了下來，一住就住了五十多年（西元一七一五——一七六六）。在這半世紀中，他在宮庭裡度著單調乏味的生活，把他為本國藝林所推崇的藝術，貢獻給一位外國君主；憑他的天賦英才，無雙絕技，再加上他謙卑忍耐的德性，和淡泊寧靜的態度，歷事三朝，備蒙宸眷。我在這裡想介紹一些關於這位名畫家在清廷供職五十多年，做了畢世為藝術犧牲的史跡。

郎世寧西文原名Joseph Castighio，西元一六八八年七月十九日生於義大利的密良府，兒童時代已有藝術天才，入學後又得名師傳授，終於造就成了一位傑出的藝術家。在當時蜚聲於這藝術之邦的義大利，還年未弱冠；到了二十歲，忽然勘破紅塵，便毅然棄家，於一七〇七年一月加入天主教耶穌會當一名助理會士。過了八年，即一七一五年十二月二十二日，他奉派來華入宮供職。

郎世寧抵華的時候，恰當康熙的全盛時代；法國史家梅勒蒲Mirabeace描寫凡爾賽宮的繁華富麗時曾說「路易十四是最富有東方色彩的西方元首；他的同時代人物康熙也很可以說是最富有西方色彩的東方君主。」有一次康熙忽害了一場危險的瘧疾，國醫束手，百藥失效。那時恰好有一位耶穌教士洪若翰帶來了治瘧的特效藥「奎寧粉」——當時稱金雞納霜，便把它進呈皇上，一服即治癒了，當然很使他信仰這般西方來的傳教士。所以萬幾餘暇，便從教士們攻讀西洋科學，如幾何、物理、天文、醫藥，以及人體解剖學等，都孜孜不倦地學習。那種好學精神，顯示了他的英明。

康熙不但喜歡研究科學，也很愛好藝術，所以在宮裡挑選了全國第一流的藝術家——書畫家、金石家、雕刻家，以及各行工師大匠，特建各種工廠畫館，如奉宸苑，如意館等，命他們入值供奉。有時還把外國饋贈的美術傑作，和藩屬入貢的精品製作，教這般藝術家臨摹仿造。

當時內廷供奉中有不少中國畫家，盛行的是中國水彩畫。郎世寧原是憑西洋畫師的資格，應召入宮的。他是個早經造就的藝術家，擅長的卻是西洋油畫，因此他初來時就受到占著優勢的中國畫家的作弄。主管人員教他依照中國畫法，畫些山水、風景、花卉、生物，說：「中國人欣賞的，正是這樣的畫藝，皇上喜歡的，也就是這種玩意。」他就只得放棄了自己固有的藝術天才，犧牲了藝術家應有的好尚，拋卻了自己得意的作風，從藝術大師的身分降落到初出茅廬的藝徒地位，再學一個適合中國人趣味的新花樣。好在郎世寧稟性溫良，待人和易，就這樣受盡委屈，始終未遭斥逐。

郎世寧一年三百六十五日，天天手不停揮的在宮裡工作，但忙裡偷閒，仍替當時北京耶穌會教堂繪就二幅巨像：一幅是羅馬大帝君士坦丁正將戰勝的情狀，另一幅是戰勝後的情景。這二幅畫像，是郎世寧的代表作，也是他一生的傑構。

一七二三年康熙死後，雍正繼立，他給雍正也繪就了許多畫軸。雍正滿心歡喜，賞賚極隆。但雍正只做了十三年，就突然駕崩了。嗣君乾隆於一七三六年登極。

乾隆很愛書畫，自己也喜歡東塗西抹，在東宮時便時常到畫館中看郎世寧作畫，並且很器重他，對他的作品非常愛好；接位後，差不多仍天天駕臨如意館，看郎世寧揮毫，消遣餘暇；南巡時，令郎世寧作乾隆帝南巡圖細密像真，更讚不絕口；所以時常差太監賚賜御膳肴饌，表示優異。假使郎世寧給他造像，他就肅容端坐，讓他飽看御容，仔細摹繪，在專制時代，這樣的待遇應該算是異數了。

一天乾隆在郎世寧所繪的油畫上發現了噴水泉，便叩問他的方法，以及京裡是否有人會仿造？郎世寧奏稱：「須去問在京的耶穌教士，也許能知道。」乾隆便傳諭選取一人，入宮供奉。

那時有一位法籍耶穌教士錢明德（P.Amlot）記載此事說：「太監傳來這樣的諭旨，似乎將在北京的西洋人當作百曉了！有一項不懂就不行。彷彿在北京的耶穌教士們既然統稱西洋人「就該完全明瞭西洋的一切事物。」在這樣的情形中，在理沒法推辭，於是公推蔣友仁擔任其事。

蔣友仁當時是憑算學家的資格應召入京的，他也擅長天文和物理學；但他在歐洲攻讀水力學的時候，總也夢想不到將來要應中國皇帝的徵召，去給他建設噴水泉吧。

乾隆一見御園中群蛟鬥水的奇觀，當然心花怒放，讚歎不絕。因為這在中國，還是空前的技巧；所以教主們的聲譽因著種種聰明絕技，更比從前隆重了。於是乾隆又在宮城裡大興土木，命郎世寧拋卻館中繪事，主持建築工程，先行擬就圖樣，然後督工監造，在適當的地方，更配置了許多噴水泉。蔣友仁為了需求大量的水供給應用，就設計建造了一座水塔，貯藏水源。如今清宮中所有的種種偉大工程，都是郎世寧在內廷畫館中摹繪歐洲王宮風景時開的端。

一七五八年，郎世寧已享年七十歲。「人生七十古來稀！」何況郎世寧是深得宸眷的藝術家，於是萬歲令下，給郎先生稱觴祝嘏。在那時候，專制君主給一個臣下祝壽，實在是一件非同小可的事情，這也是乾隆報答他歷事三朝，數十年來辛勤服務的勞績。當時乾隆除親書匾額一方，贈給郎世寧之外，又另賜彩緞六疋，官服一襲，此外還有許多的珍物，以褒獎這位西洋壽翁。

一七六六年（乾隆二十九年），郎世寧才因病逝世。乾隆特頒上諭云：「西洋人郎世寧，自康熙年間入值內廷，頗著勤慎，曾賞給三品頂戴，今患病逝世，念其行走年久，齒近八旬，著照戴進賢之（耶穌教士）例，加恩給予侍郎銜，並賞內府銀三百兩，料理喪事，以示優恤。欽此！」這樣就結束了他的一生。綜觀郎世寧的畫，以花卉翎毛為最多，筆致很工細。而舉世皆知的——回疆美人香妃的畫像，也是出於這一位西洋藝術家的手筆。

第二年十一期（一九四三年五月）

壁塵小語

陳靈犀

樸學大師章太炎先生，生前曾遊東瀛。一日外出，忽忘其寓所，徘徊道左，不知所歸，乃往叩警士曰：「汝亦知我之居處否耶？」警士乃導之入警署，檢戶口冊，得其居處，護之歸，一時傳為趣話。

不謂我友錢塘唐雲，其趣事亦有同於大師者，有人叩其寓所，輒吶吶然不能出諸口，謂似是幾百幾十弄，又曰：其為某某里乎？唐雲設榻吉祥寺，不常歸去，年前將移家，卜宅憶定盤路，有詢其新居者，竟不能對。移寓之第一夕，乃不能勿歸，語若瓢曰：「僕歸去矣。」移時復返，若瓢疑其與夫人齟齬，故負氣復出也。雲操杭語答曰：「找弗到，讓他去歇。」唐雲精繪事，筆力新奇，不落前人窠臼，惟不善處理瑣事，性尤瀟灑，不脫書生本色。曾作畫，得若干幀，將持歸加款識，而越日已不知棄置何方，且忘其事矣。能飲，斗酒不醉，闔座談笑甚嘩，君獨默然不作一言。貌清奇，人如其貌，是亦振奇人也。

冀翁有門人，能畫像，曾為翁寫一半身小影，翁自題詩曰：「我戴我顱三十六年，不成一事最堪憐；桃紅柳綠春時景」，時翁方被酒，故此詩純以遊戲筆墨出之，結句苦不能得，即以盲詞續成之曰：「太夫人移步出堂前。」見者輒為絕倒。曩龔定庵居揚州時，有鹽商招之飲，定公居第二座，酒酣，鹽商附庸風雅，忽曰：「不有佳作，何伸雅懷？」倡為聯吟，自首座蟬聯而下。首座者即抗聲曰：「正是桃紅柳綠天。」次及定公，定公不假思索，一揮而就，擲筆復狂笑，舉座驚視，則為「太夫人移步出堂前」八字，其風趣固與糞翁同也。糞翁為藝壇怪傑，故其行事，亦多奇峰突出，迥異恒流：觀其署名，便知翁之狂放。世人題名，每致雷同，惟以糞為名者，則翁一人而已。有欲得翁書者，嫌其名勿雅，願倍其潤，乞署他名，翁怫然怒，揮其人於門外。翁作書，不署糞翁名者，其一為中山陵碑，以主事者之力請；其二為淨慈吉祥兩寺之匾額，不欲佛頭著糞耳。

廁簡樓，糞翁之所居也，懸沙門大明書軸一，句曰：「隨智隨情說，同條復異枝，聲前一著子，留待當家兒。」大明即弘一法師也，俗姓李，原名凡，字息霜，後易名息，字叔同，披剃後，名又數易。津人，善音樂，擅詩文，曾任杭州師範學堂教員，夏丏尊、豐子愷諸先生，皆出其門下。方外交印西、慧雲兩僧，亦其門弟子。民元，主滬太平洋報筆政，後入空門，操行卓然，致力經典，現居福建苦修，不問閒事。居俗之日，好臨 碑帖，為僧後，功力益遒，雋峭秀逸，如不食人間煙火者，糞翁亦極稱賞之。顧不肯輕為人書，有人輦百金求尺幅，卒拒之。晚年益不欲為俗家人揮毫，惟緇流能獲其楮墨。聞法師亦能畫，兼工金石，則見者益鮮矣。觀靜和尚居滬時，禪房中懸一聯，亦出法師手筆，余得其小影一幀，仙姿鶴髮，翛然脫塵俗，即觀靜所貽者。其詩文沖澹高曠，自饒清氣。胡樸安先生評其文，謂非常人所能及，茲錄其舊作春遊曲，以志景仰。詩曰：「春風吹面薄於紗，春人妝束淡於畫，遊春人在畫中行，萬花飛舞春人下。梨花淡白菜花黃，柳花委地芥花香，鶯啼陌上人歸去，花外疏鐘送夕陽。」

汪笑儂皖人，通文辭，風流自賞，夙善歌，遂隱於伶，以《哭祖廟》、《馬前潑水》、《張松獻地圖》諸劇名。曾自編《黨人碑》，尤有聲有色，為人所稱。其歌獨出機杼，自成一家，世稱汪派，與譚鑫培、孫菊仙輩分庭抗禮。民七八年間，曾來滬，出演於丹桂第一臺，余猶得見焉。汪原名孝農，曾入仕途，挾資走京華，納一妾，不知其為皇室女也，以是興獄，例當處死，有舊僕請為營救，汪苦笑曰：「恐難為力，是必有出任其罪者，或可免。」僕慨然曰：「苟能全主人命，蹈湯赴火非所辭。」乃納鉅資賄朝貴，坐僕買讞罪，而汪僅以失察黜職。至是，既喪資，復失官，抑鬱無俚，日與伶官為伍，後乃易名笑儂，登臺鬻藝，以作糊口計，惟終身不演〈穆成替死〉一劇，蓋深傷僕之以義喪其軀也。又自號伶隱，亦見其滿肚皮不合時宜矣。樊雲門賞其歌，嘗召宴之，與論文，亦能侃侃談。問亦能詩鐘否？曰：「素樂為之，第未能工耳。」樊即舉「八股」「東三省」分詠格以試之，汪停杯沈思，不數分鐘，即走筆書曰：「能使英雄皆入彀，可憐帝子已無家！」樊大賞之，許為佳作，今汪已死，身後至蕭條云。

萬象書屋中，懸有一聯，為泉塘鄭淑嬪書，鈐一章曰：「君我雙修盦。」意者亦一金閨國士也。聯語曰：「蝶銜花蕊蜂銜粉，犀辟塵埃玉辟寒。」適嵌予與靈犀之名於上。靈犀以此文貺我，未著題，因取聯中語，為代擬一名曰「辟塵小語」。——蝶衣識

第一年一期（一九四一年七月）

關於糞翁

叔紅

糞翁挾書刻絕藝，飲譽全國，垂三十年。上月間他在本市寧波同鄉會舉行了一次個展，盛況空前，出品四百點，不到三天就被愛好者訂購一空，後至者相率復定，以至復定的件數達六百點，反而超出原件的數目，這不能不說是近年來藝壇的一個奇跡。

糞翁姓鄧，原名鈍鐵，復更名鐵，亦曰老鐵，又號無恙，其後悉廢去，專署糞翁。但在最近一二年中，他間或在作品中署著「散木」或「無外」，因此人們不妨從他的署名中推斷他的作品的年代。

關於他的師承，據虞山蕭蛻闇先生說：「鈍鐵於書，寢饋甚深，行草書曆徑甚多，而歸於二王，副以顛素之豪邁，分隸初法汀州，余嘗告以歧途之誡，遂廢此，直赴兩漢，篆自嶧山碑入手，進而遍撫鐘鼎款識，胎息既厚，遂臻渾穆。」蕭先生也是當代的大書家，他長於糞翁二十歲，但他動輒稱糞翁為「畏友」，於以見推愛之深。至於治印一方面，據糞翁自己說，他早年是泥於趙撝叔、徐三庚的轉側取媚的一路，後來覺得範圍太狹，轉入鄧石如的放縱一路，又嫌它太野，中間又兼習西泠名家，並攻秦漢，旁及吳昌碩，旋經蕭蛻公作介，徑師虞山趙古泥先生，得其薪傳。但近年來，糞翁的治印已形成他自己的獨特的面目，陸淵雷先生說他：「前此皆恪守師法，今則努力之跡悉除，白文粹然有漢韻，朱文且上追七國古鉨矣」。大凡在任何藝術的領域，起初不能不著重摹仿，借前賢的業跡來鞭策自己，但到了後來，如果真要卓然成為「一家」的話，又不能不跳出師承的範疇，開創自己的基業。我們看了糞翁今日的成就，所應該向他學習的是他過去的數十年如一日的那種努力不懈的精神。他生平畸行甚多，但他的畸行一概發乎熾熱的情懷，而且在藝術的攻研上，他尤其有著絕對的虛心。李天行先生說他：「有所念，步十裡外訪其人不倦。雖兀傲自喜，而獲一善則拳拳服膺，磬折盡至。其行貌類如此，其於藝造詣甚深，蓋一自其真氣力真學問出之。」這是很適切的描寫。

最近，聽說糞翁在趕完了這次個展的復定的作品後，將停止收件，閉門小休。我們希望他的「小休」不是藝術上的奮鬥的終止，而是一種企圖把自己的作品推向更精純渾厚的境界的準備。我們深信他是不會辜負人們寄予他的殷切的期望的。

第三年十二期（一九四四年六月）

幽居小簡

丁玲

××先生：

我不特沒有忘記你，而且我可以說是熱切的想念你們，我想著一切我見不到的東西。我人是一動也沒有動，可是內心卻是一刻也沒停，盡向遠處飛，盡向高處飛。我什麼都不願意說，不希望向任何人解釋，只願時間快點過去，歷史證明我並非一個有罪的人就夠了。三年過去了，我隔絕著一切，我用力冷靜我自己，然而不知為什麼卻又忍不住給「文藝」寫了那一點小東西。而且還在預備寫下去，你不以為我寫得太早了或是太遲了嗎？

你的信真使我喜歡得跳了起來，我一夜也沒有睡好，我是晚上收到的。一點什麼東西來到了我心頭，我來回的想著一句話：「我一定要趕快寫一篇文章給他們。」你真沒有想到你們所給我的勇氣和鼓勵呵！只是我很難過，我怕我鏽亂了的筆尖寫一點生硬到可怕的東西；我最怕的，最使我難受的，就是我會使一些愛護我的朋友們失望，我不願以我的不努力來傷了什麼人的心。不過我總寫就得了，如果寫得不好，你就莫放進去，等下次有比較看得的再放在什麼地方好了。我很願意以後可以寫點好的才好！

見著什麼熟人，偶爾談到我的時候，你替我問候一聲。我不寫上一大堆名字了吧。

祝好！

冰之五月三日

來信可直寄南京中山門外苜蓿園四十四號蔣冰之收。文章准兩星期內寄上。

編者附志：這是丁玲女士被捕後幽居南京時覆某先生的一封信，從這裡可以看出她當時心情的一斑，茲特加借鈔，與田苗先生的〈憶丁玲〉一文同時刊出，以饗讀者，這或者也是一件很有意思的事情？

第三年六期（一九四三年十二月）

憶丁玲

田苗

我有時候是十分固執的。比如：自問是不信鬼神的，但是在漆黑的夜晚，也不免要感到一些空虛。

對於女人，也往往有這種固執的觀念。彷彿女人，歷史上缺乏偉大的政治家，偉大的藝術家……；從而對於女人，一般的總有一些特殊的感覺，雖則這種感覺並不一定是輕蔑的意思。

有人說：今日中國的女性（其實這指的是都會裡的女性）既無舊道德，又缺乏新道德。這種說法在某些場合也有他部分的理由。可是，近年來似乎又產生了一派「新女性」——這派新女性我也曾見過幾個，不外乎雄糾糾，氣昂昂，在在都想壓倒男性，甚至談吐，舉止，不願意生孩子等等，這也許是一種很好的現象。不過我對這種現象也固執著一貫的成見。

可是，一個人的觀念也像世界一樣隨時在變化中，我的觀念——應該說對於女人的觀念，也隨時在變化中。然而激起這個變化的力量是丁玲先生，是我遇見了丁玲先生以後的事。

沒有遇見丁玲先生以前，我對於她已經是很熟悉了：她是中國最享盛名的女作家，是一個文學家；我沒有把丁玲先生的外形想像得很出奇，可是見了她之後，偏偏又出乎我的想像之外，她並不是雄糾糾，氣昂昂的女人；見了生人她也與一部分中國女性一樣，她的臉上泛起一陣紅暈。

有一時期，我和她見面的機會比較多些，這倒並不是說，我們之間有很多工作上的聯繫。幾乎，每一次見面，我們的時間都化在閒談上，我和她往往一談就是幾小時，有時準備一些吃的，直可以談到深夜。如果，有三四個人在一起談話，她的興致也往往很濃，一旦有更多的人在一起時，她卻變得非常沉默，猶之她生來是一個不喜多話的人。從這裡我看出了丁玲先生是，兩個人在一起時最健談，人多了她的話就少了。比如：我和她兩個在一起時，她的話語在數量上是經常超過我的，我經常落得一個傾聽的地位。所以，她曾經對我說：「聊天是一種享受，和幾個談得來的朋友在一起談天，往往比娛樂還好些，許多種娛樂長久了就要討厭的，惟有聊天可以永遠聊下去。」

這種見解與我的也很合得來，所不同者是我願意多聽幾句，她願意多講幾句。

她的談話中，經常提到的人物是她的母親（關於這些讀者可以參看她的作品《母親》，良友版）。她也很愛她的兒子——韋護（可參看《韋護》）。

她自己也說：「一個兒子，一個女兒，我愛兒子的，也許比女兒多些。」

這一點她和一般做母親的人，也差不多，我從旁看來也確知她說的是老實話。

她的兒子經常和她鬧彆扭，不過也可以反過來說，她也愛和她的兒子鬧彆扭。

那一次，她的兒子要求她到某處去玩，她不去，她兒子硬要她去，她硬不去，她兒子掉頭自己去了，她向她兒子說：「你去，你就不要回來了。」

「不回來就不回來！」我看見她兒子在拭淚，一邊頭也不回的就往北面去了。

她往南走了幾步，覺得不妥：「硬不過他，這小鬼！」於是她邀我向她的兒子表示屈服。

這種情形幾乎每一次她和她兒子在一起時，我經常可以看到。然而，她總是說：「愛兒子也許比女兒多些。」

她的談話中間，也常常談到就近的一些朋友，或加以批評，或不滿，或讚美，我在這裡不想述及這些，因為我不能確定，那些朋友是不是願意接受她的批評，她的批評是不是完全正確，可是她對於我的批評，最後我是完全承認的。

第三次和她見面的時候，她突然對我說：「你有一個很大的缺點……」

這不禁使我暗吃一驚。

「什麼缺點？」我問她。

「你這人缺乏憎恨。」

我自問是一個頗好勝的人，我不願人家發現我的缺點，她說我缺乏憎恨，我不禁又暗暗高興，因為我不承認這是我的缺點。我以為天下很少不可原諒的事和人，我以為丁玲先生的朋友把她的一篇原稿遺失了，是出於不意，又是出於不得已，是可以原諒的，可是她的意見與我相反：「主要的責任是要他負的，」她對我說，「這原稿的遺失主要的是，他基本上不尊重這東西，如果他像作者愛護自己的作品那樣，是不會遺失的。」

是的，我也相信她的話有理，但是我總以為還有可原諒之處。於是她又第二次對我說：「你有一個最大的缺點，你沒有憎恨。」

「我是有憎恨的，」我向她辯解，「不過，我不願意把我的憎恨透露出來。」

「不透露出來的東西，等於零。」

我依然很高興，我認為她對我的批評，不一定正確。我有的是寬大，有的是博愛，我什麼事都可以原諒，什麼人都可以原諒，因此，我看來，世界上終究是好人比壞人多。

因此，在談論《紅樓夢》的那天，我和她的見解又一次不能融洽。《紅樓夢》中的人物我最愛的首推薛寶釵，薛寶釵是雍容華貴，何等大方，何等大量，什麼人都讚揚她，什麼人她都能原諒。

這就產生了第三次她對我說：「你還是那個最大的缺點，沒有憎恨。」

她認定我這個缺點，卻也和我說過相反的話：

「許多人都說你好，你的做人是成功的，但是你太苦於做人了。」

我對於：「許多人都說我好」是著實滿意的，我似乎生平最畏的就是人言，另一方面我也感到我的做人確乎太苦了。我不願意在任何場合對任何人有不好的批評；我不願意對任何人勉強，我不願意拆散任何一個聚會，彷彿這些都會對不起朋友的。

等到第四次她對我說：「我總以為你太沒有憎恨！」

這以後，我和她分離了，天南地北，各走前程，到現在多少年頭了，我們無法會面，甚至無法通信。

我對於丁玲先生沒有任何虧心事，只有一個莫大的遺憾，就是我還沒有向她當面承認過：「我沒有憎恨！」這個生平最大的缺點，她所指出的缺點。

在人生的行程中，一步步走過了綿長的道路，也一年年走向了經驗之堆積。十餘年來，我努力於我的為人之道，我要在人群中間做人，而且要做一個好人，為人稱道的人，這努力消耗了我多少心機和時間，我得到了一些什麼呢？我對人對事沒有憎恨的結果，至多是人家對我也沒有憎恨。人家對我沒有憎恨，這是什麼呢？這僅僅是人家對我漠不關心罷了。因此我感到失望，悲哀，空虛，我感到孤獨，我彷彿連一個知己的朋友都沒有。這是為什麼呢？

丁玲先生只對我說沒有憎恨，她沒有對我說：沒有憎恨的人反過來也沒有愛，沒有極度的憎恨，就不會有極度的愛。是的，十餘年來，我曾經極度的愛過什麼沒有？沒有！正像我的對事對物對人一樣。

不知是那一天我開始發生憎恨了，也可以說，長年儲藏著的憎恨，被壓制著的憎恨一旦爆發了。我頭一個憎恨的是我自己，我面紅耳赤幾乎不能生存，我憎恨每一次丁玲先生指出我缺點的時候我都坦然置之，我羞愧到無地自容，我懺悔了。

過去我是拿波特賴爾所說「我的心是冰包著的太陽」這句話形容我自己的，可是這以後，太陽的熱度突破了冰塊，我不再是一個感情的輪廓十分模糊的人了，我將把我的感情完全透露出來，我發現了一個「真」字。

我開始了對於薛寶釵的憎恨！

我開始詛咒許多我所憎恨的人！

另一方面，我也獲得了我的愛，我有了我所極度愛好的東西。

不久我從憎恨的狂熱衷冷靜下來，我發現我真正在人世間做人的光芒了。於是我感到了無限的慰藉。

同時，我也發現了從「沒有憎恨」轉變到憎恨，這一突然事故中我有許多過分的地方：我幾乎完全和人們隔離起來，我愛好完全的孤獨，彷彿一切人都是我的仇人，一切事情都是對我不利的。我需要更冷靜的思索，更理智的判別我的愛和憎，於是我從為人之苦中間解放出來了。我逍遙自在，獲得了人生的趣味。

我感謝丁玲先生所賜。同時丁玲先生也打破了我對女性的固執的成見。

我和丁玲先生相交一場，我對她不過是她的許多朋友中間的一個，然而她對我是不可忘懷的。

第三年六期（一九四三年十二月）

女彈詞家的佳話

張健帆

一、徐雪月吃癟

普餘社的翹楚徐雪月，已於五月七日，在蘇州出閣了。她在嫁前，特地到上海來邀客吃喜酒。預先還寫信來，開了腳寸，托我向鞋子店代她定製了一雙做新嫁娘穿的高跟皮鞋。可是她本人既沒有到上海，不知她究竟愛穿那一種顏色和式樣？又恐怕腳寸不對，不敢貿然代定，這正合著那句俗語：「鞋子勿著落個樣」了。及至雪月來滬，親自遍往各鞋肆購買，終因為腳寸奇小，除非定制，竟沒有現成的可穿。最後才被她購到一雙腳寸相配，人家定製尚未去取的高跟皮鞋，總算很湊巧了。當我們設筵替雪月洗塵的時候，談起了她的如意郎君畢公子，有人笑著打趣說：從結婚那天起，雪月就要吃癟了。起初雪月莫明其妙，還不覺得是什麼含意？可是被大家一笑，她再仔細一辨味（癟畢二字，讀音相似），便覺得一語雙關，不禁紅透雙頰，羞不自勝哩！

二、林娟芳贈馬

今春年檔，林娟芳隨她父親到上海獻藝。數年不見，出落得越發苗條了！當她在蘇錫一帶說唱的時候，常常和我們幾位老聽客通信，文字也很流利可誦。她哥哥林振民，克紹箕裘，已能獨放單檔；又善製弦馬，雕刻極精。此番娟芳到上海來，特地帶了她哥哥所製的弦馬，分贈老聽客，我也得到一隻，為之愛不忍釋。一時林娟芳贈馬的美談，竟傳遍書場了。

三、醉疑仙讀書

退隱已久的醉疑仙，仍舊和她的老母同居在一起。她的胞兄醉霓裳，帶了醉亦仙，卻在蘇錫鄉鎮奏唱。還有一位醉似仙，目前在上海，早已脫離弦索生涯了。醉疑仙家居無聊，每天到婦女補習學校，補習國文英文，已有年餘。我曾看到疑仙所作的文課，文筆清順，字體娟秀，成績極佳。疑仙服飾樸素，吐屬名雋，不愧是個典型的女學生。

四、謝小天逼嫁

謝小天天賦佳嗓，當年在上海說唱的時候，非常「吃香」。數年前，她看中了一位年輕聽客顧公子，前年顧公子的妻子病歿，小天就和他有嫁娶之約，並自國曆元旦起，輟唱待嫁。誰知道了正式訂婚的那天，小天發覺顧公子家道不豐，不治生產，突然留書悔婚，獨自溜到故鄉無錫去。隔了不久，重抱琵琶，再作馮婦，在各鄉鎮獨放單檔。顧公子如癡似醉的追蹤而往，一年來幾經談判，逼著小天，依然下嫁顧公子。如今消息傳來，小天已於徐雪月出閣前六天，在無錫正式遣嫁了。小天擅去白蛇傳中的小青青，和顧公子本有夙緣，有情人終成眷屬，倒也是書壇佳話。

五、汪梅韻畫梅

女彈詞家中能夠作畫的，只有汪梅韻。她的老師錢雲鶴，曾替她訂立畫梅潤格，刊在最近出版的《香雪留痕集》中。前年夏天，梅韻手不停揮的忙著繪扇，竟致雙目盡赤。及至醫治痊癒，她的眼眶兒好像小了一圈，略損其美，引為憾事。如今夏令又屆，梅韻說唱餘暇，又忙著繪畫梅花扇面了。一般常去聽書的畫家，都願意指點梅韻畫梅。梅韻周旋於名士隊裡，她的氣度和出言吐語，便越發顯得風雅了。

第一年一期（一九四一年七月）

生命的旅途

孫景璐

過去載走的光陰，是一重無法抵償的損失，也是我最不能忘懷的甜蜜的追憶。計算這幾年來的困鬥的生活，像自己跌入了一個不可攀爬的深淵。我愛憐童年時代在無聲無息中溜滑，天真的活潑的夢，而今只剩餘敗破的陳跡。我今年還只十九歲，然而我卻不明白為什麼要像龍鍾老人般，盡是為未來的日子擔憂？

我的本來名字叫肇新，原籍是上海，從小生長在北平，父母雙全，有一個哥哥，一個姊姊，一個弟弟，弟弟叫孫肇基，現在還在讀書，他比我小三歲，很聽話，因此我最歡喜他。

幼年時代，父親在鐵道部做事，我也就到他們附設的學校裡去讀書。畢業後，我考入漢口懿訓女子中學。

我在許多功課中最感頭痛的是地理，什麼河北，河南，廣東，廣西，什麼平綏鐵路，隴海鐵路，什麼天山山脈，橫斷山脈，總是攪不清楚；所以每次關於地理這一科目的考試，我要急出一身大汗來，自然成績是不會好的，六十三分，六十五分，最多也不過七十分，比較其他的功課，差得太遠了。每一學期報告單發下來的時候，我得痛哭一次，為了它——就是地理成績考得不像樣。雖然我的總平均分數總在八十分以上，品行也列入甲等，然而我不能滿意。我知道一個中國人而對於本國的地理隔膜得如此生疏，這是一個最大的羞恥。

喜歡抓權，喜歡做領袖，我從小就是這樣的一個野孩子。在學校裡的任何集會，我都參加活動，先生很歡喜我。——你要知道他們「歡喜我」的程度嗎？

有一次，我的哥哥的一位朋友有兩個姪女，要介紹到我們學校裡來，一個考三年級，一個考四年級，這兩級都沒有額子，校長卻異想天開地臨時把二級裡的兩個品行不好的學生開除了，而接受了我的請求。

上臺演講，這是我最感興趣的，我曾出席三次演講的競賽，都得了冠軍，第一次是在小學六年級，學校裡舉行四四兒童節慶祝，我的演講題目，便是「兒童節的意義」，演講稿子是我們的級任導師做的，那時我人是矮矮的，兩根小辮子一晃一晃，我不過把先生的話背了一遍，然而我也有手勢，也有表情。第二次是在懿訓女子中學，我講的題目是關於航空方面的，這篇講詞，由我自己執筆，經過先生修改的。第三次是武昌漢口漢陽三鎮的大中學生演講比賽，參加者共有五六百人，我以為不會得到勝利了，但是我仍鼓著勇氣參加，結果我搶得了第一名，許多評判員都說我有天才。我去把這好消息告訴母親，母親賞我一聽餅乾。

這時候，我也組織了一個兒童團體，我穿了白的襯衫，藍的工裝，手裡拿了棍子，到各個鄉村去演說。我的弟弟肇基也跟我一同走。我們同和藹年老的鄉農鄉婦接觸，告訴他們一些時事，幾千張小小的利嘴，終算為國家盡了一點義務。——這是我生命旅途的第一站。

正是我在懿訓中學畢業那年，神聖的全面抗戰爆發了，許多人舉起「正義」的火把，向著光明的自由的大道前進！跟著炮聲，我也便放棄了學校生活，走到藝術的圈子裡來了。

在一個偶然的機會下，我認識了中旅劇團裡的幾個演員，吳景平也是其中之一，那時他同我一樣頑皮，一樣的孩子氣，頭髮對分開，白襯衫，黃短褲，腳上是網球鞋，他在後臺管理佈景，每一次他看見我來，總是把黑眼烏珠直溜溜的盯著我，他大概是不懷好意吧？他要拉我的手，他說我的兩條小辮子很有趣，他說曾經看過我在學校裡演的戲，他說我有演戲的天才，他又勸我立刻加入中旅。我本來就熱戀於戲劇，經他這樣一慫恿，我的主意就打定了。回到家裡，便去同母親商量，因為她是最寶貝我的。

「新兒，你的志向，我很贊成。我知道，那些封建思想的人，他們總以為演戲是沒出息的，但母親卻沒有這個念頭。」

母親分明是答應我了！我暗暗地高興，我有演戲希望了！然而接下去她老人家的話又轉變了，她低聲地說：「只怕爸爸不會允許你演戲，你到外面去拋頭露面，他一定不高興，一定反對。」

像盆冷水澆在我的頭上，剛升起來的熱情之火，現在完全給淹滅了，我抓住母親的手，哭著說：「媽，你是最愛你的女兒的，你總要成全我的志願。」

母親說：「新兒，你放心，等你父親回來的時候，我同他說說看，也許能答應你去。」

於是我就盼望這「也許」了。

父親回家後，我特別殷勤地給他掛衣服，脫鞋子，又倒了杯熱茶放在他的面前，我說：「爸爸，你辛苦了。」

父親笑笑，他摸摸我的頭髮，似乎他一生的幸福，都寄託在我的身上。

後來，父親到了房裡，母親在同他談話了。我偷偷地聽著。起先，父親的口氣，像是已經答應我去演戲了，然而突然一變，又表示堅決反對，父親說：「我們家境雖然不怎樣好，但還不至於連飯都沒有吃。演戲不是一個女孩子的出路，我要給她讀書。」

母親沒有話可說，她走了出來，對我搖了搖頭說：「你不要灰心，慢慢兒再想辦法！」

之後的一個月內，我天天向母親囉　，哭也來，笑也來，用了許多的花樣，許多的方式，終於戰勝了我父親的意見，而獲得了他的允許。

在加入中旅劇團之前，唐槐秋先生和我的母親談了一次話。母親微笑著說：「唐先生，你是湖南人，我也是湖南人，我們說起來還是同鄉，我的孩子要請你多多照應。」

唐先生點點頭。

我踏進藝術的圈子裡來了。——這是我生命旅途的第二站。

加入「中旅」後，我改名孫璟璐，先在漢口演出，等合同期滿，我們就繞道廣州，到了香港，第一個戲是演《阿Q正傳》，接著又演《前夜》。那時鄭用之主持的大地影片公司，剛在香港成立，他特地到「中旅」來找我，要我加入他們的公司。我覺得拍電影不是一件容易的事，我覺得我還需要磨練，當時便推辭了。然而鄭先生屢次來勸說，屢次來鼓勵我，使我無法再逃避開去，只好作一次冒險的嘗試了，我向鄭先生說：「如果演得不好，你是不能怪我的。」

鄭先生說：「戲演得好壞，是一個問題，努力和不努力，又是一個問題。」

這樣，我便在《孤島天堂》裡擔任了一個舞女的角色。這個戲，沒有什麼成績可言，只是我很愛好，因為那是我第一次走上銀幕的作品，是值得紀念的一件事。

拍完《孤島天堂》，「中旅」因為內部發生波折，無形解散了。社員各奔東西，我也開始在歧途上徘徊。

「繼續去讀書嗎？」

「演舞臺劇嗎？」

「還是做個電影明星呢？」

許多問題困擾著我，使我不能安寧。我在鄭重的考慮之下，終於決定仍是演舞臺劇。

於是我單身來到上海。我要換一下新的生活，我把孫璟璐改為孫景路。但是現在報上的廣告是登的孫景璐。

這時，上海的話劇運動，正如火如荼的展開著。我由朋友的推薦，加入了上海劇藝社，在辣斐演出。我演過的戲，有《雷雨》、《日出》、《原野》、《欲魔》、《女人》、《兩個世界》、《天羅地網》、《梅蘿香》、《青紗帳裡》、《曙光》、《軍火商》、《大雷雨》等。

前年年底，唐先生召集「中旅」舊部，又來到了上海，於去年歲首，租得璇宮劇場，東山再起，我因為過去的許多關係，便脫離上海劇藝社，重投舊主，加入「中旅」的陣線。

當我再進「中旅」之前，新華公司也曾托人來說，邀我去拍電影，我婉言拒絕了。我的志願是為藝術而藝術，我不想出風頭，我也毋須什麼地位，我只知道跟著前輩藝人們走，他們引導我的路，我想大概是不會錯的。

但是，後來我終於上了銀幕。

《秦淮世家》、《紅杏出牆記》、《孤島春秋》這三部片子裡，我都客串過，我的演技是那麼幼稚，我真對不起大群的觀眾，尤其是辜負了那些愛護我的，時常寫信來鼓勵我的朋友。

「中旅」從璇宮到卡爾登，從卡爾登到天蟾，從天蟾到天宮，這裡面是經過一番艱苦的奮鬥的。每一個社員，都能愛護「中旅」，都能記住推進劇運的使命。——這是我生命旅途的第三站。

我的話似乎應該在這裡打住了，然而想起讀者們或許還要知道一點我和吳景平的友情的建築，以及其他關於後臺的零零碎碎的瑣事，那麼讓我再來寫一點。這可以歸納為我生命旅途的第四站。

我和景平在湖南菜館結婚那天，因為我們雙方的家長都不在上海，所以請唐槐秋先生主婚，費穆先生證婚。

新婚的第一夜，我便想起過去的夢來。

在漢口的時候，「中旅」的後臺是很熱鬧的，男的，女的，差不多都喜歡吵著玩，你打他一下，他罵你一句，大家都廝熟得像從小在一處長大的一樣。那時我的年紀比較小，他們都當我是小妹妹，也時常被他們開玩笑。

我和景平，沒有怎樣熱烈地談過戀愛，只是來上海後，才開始著一點似乎不像普通朋友的情愛，這情愛經過一些時間的栽植後，便茁長起來，我們的結合是建築在相互瞭解，相互信仰上。這幾年來，跑過不少碼頭，吃過不少苦，而他總是照顧著我的。他的性情，我的脾氣，雙方也都是摸熟了的。

譬如：寫情書，說肉麻話，這些是一個男人追求女人的例行手續，然而我們之間卻沒有這一套。我們互相愛護，用不著以情書及肉麻話來傳達意旨。

景平自己，他倒並不希望以演戲為職業，他現在正在幹進出口的工作，他預備在事業方面另謀發展。

我們已經生了一個女孩子，名字叫阿南。景平每天回家後，除了看書以外，便是抱著孩子逗她笑。他時常對孩子說：「你媽媽不歡喜你啊！你爸爸才歡喜你……」

其實，我又何嘗不歡喜我的孩子呢？我已分去給景平的愛，為了我的孩子。

說起我的後臺生活，也是很平凡的。

我在上臺之前，喜歡自己化裝，有時也讓景平代我畫眉毛，然而他的手法並不高明，所以總是自己動手的時候多。我的背劇本，不十分肯用功，在臺上，一面做動作，一面靜聽提示。團裡吃飯的時候，我喜歡將兩條腿跪在凳子上。對於菜我是愛搶著吃的，有幾次景平幫著我搶，團裡的人都笑了，說我們是「夫唱婦隨，一搭一擋」。而景平卻回答他們道：「目今文明世界，男女一律平等。」

不說上海話，是我和景平約法三章中之第一章，倘使說一句上海話，就要罰洋一角，以示儆戒。在我們的房間的抽屜內，置有撲滿一個，上面貼了張紙條兒，寫著道：

「誰說上海話一句，請尊重你的人格，自動擲下法幣一角。」

哈哈！上個月打開撲滿來看時，角票竟有四五十張之多，其中我犯規的次數較少，大概在朋友來的時候，或是招呼奶媽的時候，我一不留心，漏出了上海話來，被景平偷偷地紀錄起來的。

我沒有嗜好，不抽煙，不賭錢，不跑跳舞場，就是喜歡看電影，影片無分中外，也不別好壞，有一張，看一張，我願意學習人家的特長，所謂「取人之長，補己之短」，這就是我所抱的一個藝術信念。

第一年三期（一九四一年九月）

銀聯曲敘記

趙景深

銀聯曲社就是銀錢業聯誼會的崑曲組，我曾因鄒紹裔的約請，在該會作過「中國戲劇史」的十二次連續講演，其中也談到崑曲的起源和發展經過，以及崑曲所唱的腳本如元代雜劇、明清傳奇等。長期聽講的崑曲組會員有鄒紹裔和楊西諾。當時崑曲 組甚為寥落，每次只有三五個人拍曲，由陳鳳鳴教授；鳳鳴去世後，便由沈三明來代替，悉心指導，一直到現在。但這曲社因沈礎成等的經營，竟逐漸發達起來，在我寫這記錄時，已經有二十左右的會員了。

一、一月一日

這一天是銀聯曲社的第三次同期。我與漱六嫂同去時，鄒紹裔正在唱《夜奔》，慷慨高歌，淒涼悲壯，極為酣暢。接著是方潔和季霞的《琴挑》；她倆是老搭檔，唱得極為蘊藉。柳芸湄、周無礙等的《斷橋》也是極動聽。沈厚昭的《絮閣》嗓子甚好。我聽了柳、沈兩位的金嗓子，社員們要我和漱六合唱《佳期》，真有些不敢嘗試；好在是做搭頭，也就糊裡糊塗的上去了。這一天還聽了王介安和許文思的《醉妃》，周仲宣的《聞鈴》以及莊一拂和周文華的《望鄉》。我和漱六因事先去，季霞是漱六的朋友，周無礙則與我通信討論過崑曲的閉口音。而方潔又是季霞的好友，紹裔也是熟人，於是鄒、周、季、方四位仁兄一直送我們到大門口，並約定在我們的拍期到我們家裡來玩。這是後話，表過不提。

二、八月二十七日

趁著孔子聖誕和教師節的日子，銀聯又舉行了一次同期。因了季霞等的介紹，銀聯又多了胡沅，高平，鄭韞珍等幾位女社員。漱六嫂也加入了。開場是錢鼎鼐和鄭韞珍的《醉妃》。吳午樵的《掃松》，心平氣和，甚為安閒。胡沅的《拾畫》因係初上曲台，未能盡顯所長。柳芸湄和高平的《折陽》自然是好的。漱六獨唱《思凡》，應付裕如。許文思和來賓前北大教授劉三的太太唱《遊園》；這位老太太年紀雖大，嗓子卻像年輕人，真不容易。我的《玩箋》是不足齒數的。值得特提的是柳芸湄的兩個妹妹梅小姐和柏小姐的《驚夢》；尤其是柏小姐，天生一副老生的嗓子，習有《寄子》、《望鄉》、《議劍》等。女子唱老生的在我還是第一次聽見。方潔被稱為銀聯的標準小生，在《驚夢》中任柳夢梅一角，自是出色。她演《琴挑》的身段，瀟灑儒雅，扇子運用的靈活尤令我折服。因為我自己曾經試過這齣戲，一把扇子簡直成了我的對頭，總不肯聽我的使喚；但在方潔的手裡，竟是服服貼貼的，指揮如意。因為知道此中甘苦，所以才知道她的成功是不易的。但方潔並不喜歡演《琴挑》，據說要向陳妙常（季霞）賠禮，左一個揖，右一個揖，所以她不高興。季霞這一天雖不曾唱，但在漱六唱《思凡》時，卻跟著在旁邊做雙簧。我要她到曲台口來做，她笑

了。她的身段極活潑，自然，熟練。我最愛看一個轉身把腳跟一踢的動作的敏捷。《驚夢》以後是王巨川和王介安的《琴挑》，這

兩位是被社中女社員稱作「王伯伯」的。巨川雖已年近五旬，看來不過三十幾歲的樣子，接著是柳芸湄的《訪素》，周文華和管景倉的《望鄉》，金士方的《議劍》以及莫根定的《照鏡》。根定只學過幾次，上起曲台來居然不錯，大家都一致稱讚他的速成。

三、十月二十八日

我與內人希同，內嫂漱六同去時，剛剛開場，錢鼎鼐和許文思正唱著《定情賜盒》。王介安唱過《拾畫》以後，便是胡沅的《叫畫》。這一次有了驚人的進步，比《拾畫》要好得多，膽子大了，所以嗓子也放開了。大家在屋內唱曲，許文思卻在外面園內草地上獨自閒踱，極為沉靜，他唱旦角的確是相宜的。方潔和季霞又合作唱《亭會》。以下的節目是吳午樵的《酒樓》，鄭韞珍和管景倉的《醉妃》，莫根定的《照鏡》，以及高平和漱六的《琴挑》。漱六雖只第三次上曲台（第二次在噓社），卻已學會門檻，徐徐而起，逐漸放響，極為穩妥。我的《掃花》故意不攤鋪蓋（即不看曲本），不熟也來硬背；幸而還好，雖然吃了兩個螺螄，立刻補救，倒也不顯痕跡。（一向我是攤鋪蓋攤慣了的，經管際安的勸告，在賡春試背了一次《佳期》，這是第二次背書了。）《太平天國詩文鈔》的作者羅邕特地跑來聽我唱曲，我很感謝他的盛意。周文華沈厚昭的《寄子》堪稱珠聯璧合。後來是海關曲社來賓聲禪居士，姚遇華女士和陸景唐的《斷橋》，這三位的這齣戲已經排過

身段，不久我們也許可以看到他們的演出，一飽眼福。姚遇華的巾生戲《拆書》我曾聽過，唱得真好。每每曲將終時，聲音低降，忽然挑起，接筍得極為動聽；雖然工尺本來如此，但我也聽過別人的《拆書》，均未能於此等處下工夫，非姚女士天生的好嗓子，不克有此。接著是希同漱六和我的《佳期》。希同唱十二紅比平日的嗓音來得響，且能持久，我所不及。以後便是六位女社員方潔，季霞，胡沅，高平，蔡漱六以及李希同的《六遊園》，柳芸湄和沈厚昭接唱《驚夢》。這兩位是銀聯的臺柱，且均能吹笛拉二胡。再後便是王巨川和許文思的《折柳》，沈礎成的《掃秦》以及金士才的《卸甲》。因為時間不夠，《陽關》和《封王》都不曾唱。

晚餐時，季霞要王巨川伯伯和我權充小姐，坐在小姐們一桌；金士才醫士本來是坐在男社員一桌的，也要他「出診」，坐到我們這一桌來。席間談起荊石山民的《紅樓夢曲譜》，希同要大家自認角色，於是季霞自認賈母，希同自認元春，我自認賈政，王伯伯自認劉老老，金士才不曾看過紅樓夢，我說：「你就做了柳湘蓮吧。」恰好沈厚昭跑了過來，我便從他的傑作《刺虎》聯想到，要他做尤三姐。鄭韞珍生得小巧，自認為惜春；她斟了一杯酒敬老祖宗，季霞一本正經地說：「四姑娘，生受你了！」季霞又說：「今天許多兒孫來孝敬我，真不敢當。」大家都笑了。士才說：「柳湘蓮也來敬老祖宗一杯吧？」季霞忙說：「紅樓夢上老祖宗和柳湘蓮是從來不見面的。」大家又笑了。後來又一致公推胡沅為林黛玉，我又舉姚遇華做賈寶玉，恰好她倆坐在一起，於是大家又一同舉起酒杯來祝賀她倆。聽過王老伯伯介安的蘇州小調《孟姜女》以後，方才盡歡而散。

第一年五期（一九四一年十一月）

岫雲和尚

秋翁

無錫老名士廉南湖先生，字惠卿，名泉，生平急公好義，不事生產。他的文學，亦很有根柢，夫人吳芝瑛，是文學宗匠吳摯甫的姪女兒，字學瘦金體，詩亦清雋脫俗。民國初年時，滬西小萬柳堂座上，多一時名彥，如吳老老稚暉，孫叔方（寒厓）、顧忠琛（蓋忱）等，每天都在「帆影樓」上縱談天下事。當時我的年紀最幼，與政治無緣，嘗笑諸彥為秀才造反。廉夫人有肝膽，清末即以收殮秋瑾遺屍，建秋瑾墓於西子湖邊一事，俠聲播國中。惜晚年多病，不常見客，以抄經度餘年。寒厓書法與廉夫人相似，故當時求芝瑛筆墨者，悉由寒厓捉刀，文壇都知之。

南湖交遊頗廣，如徐樹錚、靳雲鵬、徐世昌、王廷楨、蔡元培等，都有往還。小萬柳堂初次出售後，曾由靳斜眼出貲贖還，復贈與南湖，士林賢之。南湖曾一度往北平西山檀柘寺出家為僧，取名「岫雲和尚」，又名「顯惠和尚」，嘗穿僧裝，手持一缽，攝影多幀，遍寄諸友。後又還俗，取一友邦如夫人，賢淑而頗能持家，生一子，今尚健在。南湖自出家以還，終年茹素，但雞蛋牛奶等並不禁食，即如蘿菔燒肉，盛於一盂，南湖食蘿菔而不食肉，見者頗引以為奇，南湖視為常事。嘗謂：「心中吃素，愈於口上吃素。」

小萬柳堂珍藏明清兩代書畫扇頁四五百幀之多，凡四王吳惲，悉為神品。中有泥金扇頁一幀，一面為翁方綱八十三歲所書之蠅頭小楷，一面乃董小宛之畫「清溪垂釣」圖，此幀最為名貴。予嘗見裝置鏡框中，懸於座頭。又一幀為六如居士畫梅，祝允明行書，亦甚佳妙。嘗聞南湖先生云：此項扇頁，原為連氏數世珍藏，其後連氏托孤於先生，即以此扇頁四箱贈與。南湖曾托文明書局用珂羅版精印數百冊，專贈友朋，予亦曾獲一冊，什襲珍藏，不幸今已毀於火。後聞先生曾攜至鄰邦展覽，不幸適逢地震，悉數遭劫，無一遺留。先生每一談及，輒歎息不置。

南湖先生風流灑脫，不拘形跡，雖經出家，有時亦喜徵花。當滬上交易所勃興時代，予與先生晨夕相共，同任江南交易所理事。他如葉漢丞、孫寒厓、顧忠琛、鈕鐵老、包志拯等，均屬同事。而錢慕尹先生當時曾為雇員，專司文牘。知足廬主人，每晚設席大雅樓，予等遂無夕不為座上客。南湖先生喜聽小喬紅家二媛之自彈琵琶唱大觀園開篇，歎為觀止。有人問先生，出家人亦得徵花麼？先生嘗云：「自笑禪心如枯木，花枝相伴亦無妨。」聞者為之解頤。

南湖於民國十一年，發起為滿臣良弼（賚臣）建祠於北平西山。西山檀柘方丈純悅上人，允將翊教寺東院改建。惟良弼當滿清時，身為懿親，任職協統，革命軍興，在紅羅廠被炸身死。故於民國似處對敵地位，無褒揚忠烈之必要。因此頗受當道反對。當建祠時，南湖曾請國父孫中山先生題楹，經孫先生拒絕。孫先生曾有私函致南湖，措辭絕妙，略謂：「……承以題楹相委，文未敢安承，在昔帝王顛倒英雄，常以表一姓之忠，為便利私圖之計，今則所爭者為人權，所戰者為公理，人權既貴，人權之敵應排，公理既明，公理之仇難恕。在先生情深故舊，不妨麥飯之思，而在文分味平生，豈敢雌黃之柰。況今帝毒未清，人心待正，未收聶政之骨，先表武庚之頑，則亦慮惶惑易生，是非滋亂也。看寶刀之血在，痛及先民，臨楮素而心傷，難忘我見……」。南湖碰此頂子，立祠之議遂罷。雖然，南湖先生之俠腸高義，亦有足多也。

南湖宿草已久，偶過滬西小萬柳堂，帆影依然，園花失色，不禁有黃壚腹痛之感。

一九四二年一月二十日於秋齋懷人軒南窗。

第一年八期（一九四二年二月）

小說叢話

鄭逸梅

李涵秋死於民國十二年之秋，各書局紛紛出版其遺作長篇說部，甚至未完篇者，亦倩人賡續，草草成書，而付梓以圖利。涵秋之弟鏡安，曾致書某報，謂「《怪現狀》一書，僅撰至三十七回止，是書以四十回結束，其餘三回，係他人所為而利用先兄名義者。又《新廣陵潮》，生前只撰成第一回，約八千字，便已逝世，此回以下，不但無片詞只語，且並目錄而無之，茲所刊印之單行本，亦係偽託」云云。據予所知，涵秋之《鏡中人影》，則由程瞻廬繼續而成，書中間有罅漏，瞻廬一一為之彌補，出版時涵秋瞻廬同列為著作者。《廣陵潮》與《鏡中人影》二書，為涵秋享譽之作。故涵秋作古，包天笑挽聯即嵌書名以為之曰：「廣陵潮已成廣陵散」，「鏡中影空幻鏡中花」。

林琴南不諳西文，假第二手譯歐美小說至一百二十三種之多，亦雲偉已。林於小說外，兼撰筆記，如《畏廬漫錄》、《畏廬瑣記》、《蠡叟叢談》、《畏廬雜錄》，均以桐城義法為之者，頗可誦也。

《茶花女遺事》，法國小仲馬作，我國譯本不下十種，然無如林畏廬之佳者。蘇曼殊生前曾發願重譯《茶花女遺事》，然因循未成事實，若果譯成，則曼殊之作，當壓倒畏廬矣。

蘇白入小說，以《九尾龜》為最著，不知《九尾龜》前，尚有韓子雲之《海上花列傳》。韓別署花也憐儂，嘗擔任申報撰述，與主筆錢欣伯、何桂笙相莫逆。書共六十四回，前清光緒二十年出版，書中趙樸齋以無賴得志，擁資巨萬，方墮落時，至鬻其妹於青樓中，韓嘗救濟之，迨其盛時，而韓僑居窘苦，向借百金，不可得，故憤而作此以譏之也。此書卒被趙揮巨金購而焚之。後人畏事，未敢翻刊，直至民國十年左右，始復印行無忌。書中人物，均有所指，如黎篆鴻為胡雪岩，高亞白為李芋仙，李鶴汀為盛杏蓀，史天然為李木齋，方蓬壺為袁翔甫，齊韻叟為沈仲馥，王蓮生為馬眉叔，小柳兒為楊猴子，李實夫為盛樸人，諸如此類，不勝枚舉也。

《廣陵潮》以揚州為背景，《歇浦潮》則以上海為背景，作者海上說夢人，即一度從事電影事業之朱瘦菊也。朱師事名宿武樗癭，故歇浦潮首五回，均由武加注。後因排版加注費事，完全將注語取消。

笑匠徐卓呆，某次在公共汽車上被竊皮夾，損失數十圓，甚為懊喪，乃為燭奸揭秘計，於新夜報撰《膚篋博士》小說，每天刊一節，種種偷法，愈寫愈奇，加之筆調滑稽，尤足引人入勝。讀者認為此種賊小說，的是生面別開。結果所獲稿酬，倍蓰於所失，卓呆因以「塞翁失馬焉知非福」自慰。

李涵秋不喜《野叟曝言》，嘗謂：「文素臣何人？凡為女子者，無不以一親其肌膚為幸，已堪噴飯。任湘靈之相思，與謝紅豆之繾綣，覺一讀之一度肉麻，此種去言情文字，奚啻萬裡，入後尤支離怪誕，不可逼視。」其言亦自有理。

木偶戲

應小鬘

木偶戲在中國，說起來倒也是「其源甚古」的。在漢高祖時，木偶這玩意兒，曾一度為大政治家陳平所利用，以為退兵之計。據《樂府雜錄》載：「漢高祖在平城，為冒頓所圍，其城一面即冒頓妻閼氏，兵強於三面。壘中絕食。陳平訪知閼氏妒忌，即造木偶人運機關舞於陴間。閼氏慮下其城，冒頓必納妓女，遂退軍。後樂家翻為戲具，即傀儡也。」

由於上面的一節記載，可知木偶在漢初即有，且曾在軍事方面發生妙用，這不能不說是木偶的一個奇跡；而後來木偶之一變而為娛樂工具，大概也是以此為濫觴。宋莊季裕《雞肋編》有一節云：「窟儡子亦云魁礨子，作偶人以戲嬉舞歌，本喪家樂也，漢末始用之於嘉會，齊後主高緯尤所好，高麗亦有之，今作傀儡。涪翁雜說謂象古魁礨之士，故名。」

由此我們可以約略地知道，木偶最初的被利用是在於陴陣間，後來一變而為喪樂，最後宴會中也用以娛賓，而正式的成為木偶戲，從它的演變計算起來，至少已有二千年以上的歷史，不能不說是相當悠久了。

木偶戲的演出方式可分兩種，一種是提線戲，過去在上海曾流行一時，它們專應喜慶堂會之召，所演的戲多仿自京劇。另一種則是江湖人士的啖飯工具之一，叫做「木人頭戲」，木偶的活動不以線而以手，大概讀者們在童年時代，都曾看見過。現在，這兩種玩意兒都被時代所淘汰，前者早已不復存在，後者亦漸趨於式微了。

到了最近，木偶戲忽然有了復興的趨勢；首先是猶太人高天倫領導的「木偶話劇」在上海出現，引起了好奇人士的注意；繼之是上海業餘木偶劇社的成立及「原始人」的演出。前者是舶來品，後者則是純中國化的木偶戲。

上海業餘木偶劇社的主持人是虞哲光先生，他是一位藝術家，擅長繪畫，對於木偶戲有深切的研究和豐富的經驗。早在民國二十四年間，當國際兒童聯歡會在青年會舉行時，虞先生編導的《岳飛》木偶戲，即在該會參加演出，而獲得了一致的讚美。之後，又曾在蘭心大戲院、浦東同鄉會上演過《文天祥》、《臥薪嚐膽》兩劇，都是富有意義的作品，不過因為沒有公開售票，所以外界知道的人並不多。

近數年來，虞先生致力於教育事業，對於木偶戲的工作才暫時放棄，不過木偶戲實在是一種良好的兒童教育工具，如果能夠好好地利用它，對於啟迪學齡兒童的知識是有很大的幫助的，因此虞先生也時時刻刻在等候「恢復」的機會的到來。及至高天倫領導的木偶話劇在猶太總會數次公演，經過了報紙的記載與揄揚以後，也就使虞先生「技養」起來，不久，他便糾合了幾位同志，組織了一個「上海業餘木偶劇社」，而第一劇《原始人》也緊接著和我們相見了。

《原始人》全劇共分四幕，包括火山爆發，龍獸搏鬥，原人出獵，虎象角逐，森林大火，溪畔情歌，洞口獲虎，月夜歌舞等八個節目，無論音響效果、燈光、佈景、服裝，都已臻於科學化、現代化，和早年的提線戲已大不相同。

因為《原始人》的演出成績很好，輿論也一致予以鼓勵，所以他們已決定大規模的從事於木偶戲復興運動，在虞哲光先生的擘劃下，現在正著手編製第二劇《天鵝》，劇情是根據安徒生童話改編的。此外在計畫中的尚有《未來世界》一劇，以誇耀新時代的物質文明為主旨，另輔以《大鬧天宮》、《王先生與小陳》等短劇，於教育之中仍不失娛樂的旨趣。他們的計畫是偉大的，宗旨也是很純正的。站在愛好東方藝術的立場上，對於純中國化木偶戲的復興，我們應該作有力的贊助與提倡，使它能夠成為兒童教育的一環。

第二年五期（一九四二年十一月）

地方色彩與作家

楊復冬

讀荷馬的史詩，你的眼睛似乎觸及幾千年前希臘的英雄與美人。讀羅曼羅蘭的《七月十四日》，你耳朵裡似乎充溢了法國大革命時公共場所囂雜咆哮的音響。文學不但是可以超越時間去欣賞歷史的畫面，同時，而且可以超越空間，使你「臥遊」一切，瀏覽景物，「採風問俗」。讀高爾基的小說，伏爾加河的景物如畫。讀梭羅珂夫的小說，靜靜的頓河等於搬到你的桌前。大城市如倫敦、巴黎、羅馬、柏林、紐約，也無一不能在各國的小說中看到。即使是僻鄉小鎮，一景一物之外，再加以一個完整的結構的故事，大有嘗到異地異味的感覺，而別於一般普通遊記，新聞記錄，這一種內容與形式，在文學中叫做「地方色彩」或是「鄉土藝術」。通俗的稱呼是「地方文學」，當然尤其是表現在小說中最顯著。

在中國的新文藝作家中，不乏在作品中帶有濃厚的「地方色彩」的。我現在憑一點薄弱的記憶，以中國的東南西北四個方向為單位，來「走馬看花」似的敘述一下，也是一樁頗有文學興味的事情吧！

先說北方，除了為我們最熟知，而最享盛名的「東北作家」如蕭紅、蕭軍、端木蕻良以擅寫黑山白水的景物見長外，寫北地風光的作家頗多，就中老舍可說是「中堅」分子。老舍是一個久居於北平濟南間的作家，他是留英大學生，以《老張的哲學》發表在《小說月報》上而出名，他的作品帶有一股北方人特有的「蠻勁」，行文是一派京腔，集北方俗諺口語之大成，爽辣鬆脆，響亮如聽京韻大鼓。老舍的作品中是如何豐富的蘊藏著北平大街胡同雜院市場的風光！在《趙子曰》、《離婚》、《駱駝祥子》中，寫北平的大學生、公務員、洋車夫，活龍活現，若有其人，若有其事。而更穿插了北平四時八節的景致，北平的一切又如何的使人神往啊！其次便得推老向了，老向的真名叫王向辰，似乎先是寫舊小說的，後來才換了道路。在北方的鄉村幹農村教育有年，因之寫北方的鄉村也是拿手好戲，像《黃土泥》一書，描繪鄉村裡的人物，習俗，出以輕鬆幽默的文筆，發噱得很。後來還寫了一部《全家村》，也風趣之至。北平因為是北國文化中心，又是特多教授作家的地方，所以寫北平的很不少。兩「老」固是其中的佼佼者，就是像李輝英也是一位擅寫北平的作家，李輝英的題材幾乎不出四四方方的北平城。採用口語方面不及兩「老」之動人，不過筆觸更是深入這古城的內層核心。王西彥在戰前曾連續寫過「古城景」的短篇小說，在上海的文藝刊物上發表，隨時報告了古城的風云。齊同也寫過一部完全以北平及其附近鄉村做背景的長篇小說——《新生代》，這裡面還留了一頁珍貴的歷史。其他若沈尹默、朱光潛等所謂「京派作家」，當然作品中不消說也是具有濃厚的地方色彩的。

上海在中國的東方，是文物薈集之區，中國的老作家中沒有一個不是在上海做過一番出版事業。因為物質條件的優越，不但多老作家，也多「洋場才子」。在作家中以表現上海的特殊景物著稱的，當然該數到矛盾了。矛盾的小說幾乎完全是以上海為「模特兒」，像厚厚的《子夜》，揭開第一章便介紹了浦江的風景線，之後我們看到舞場，交易所，盛大的宴會，洋場上各色的人物，如果是一個鄉屈，讀之恍如劉姥姥進大觀園了。其次，打著「第三種人」標幟的作家若施蟄存、葉靈鳳、戴望舒等，都是寫舞場風月的老手。夏丏尊、葉紹鈞、鄧伯奇、王統照、魯彥等，大都偏於寫上海職業階級的一面。戰後成了孤島的上海，表現上海最力的則是劇作家于伶（即尤兢），他搜羅了上海社會上各種的腳色，寫成〈花濺淚〉、〈女子公寓〉、〈夜上海〉等篇。其他，像青年作者越薪的〈投機家〉一篇，寫囤戶、銀行經理、小職員，那細密的組織，在文壇上也曾放擲了異樣的光芒。上海金融界是一種最凸出的特態，所以這核心是被多數作家把握到了。

在東方，除了上海似乎是個紅倌人常為作家所寵愛外，其餘表現各城市的地方色彩的作家並不多見。戰前，張天翼的小說不過隱隱的勾寫了南京公務人員的生活。姚穎女士《京話》的描摹南京的政界，不過是一種幽默的新聞記錄，報告小品，沒有特別的表現了南京的地方色彩。烘托出浙東的景物，怕還是魯迅的幾篇傑作像〈故鄉〉、〈朝華夕拾〉、〈孔乙己〉吧。至於寫其他的省份更不多見，這怕還是作家體驗狹隘的緣故。

沿長江往西，我們坐「輪船」的時候，不能忘記一位寫長江出色的作家，那是荒煤，他在戰前《文學》上發表了〈長江上〉一篇，抒寫了水手生活的陰暗，深帶著老江湖淒涼的感覺，該是地方色彩很濃厚的一篇。再往西去，我們便能看到羅黑芷、李青崖、丁玲、沈從文等人富有湖南湖北氣味的小說。丁玲的《母親》採用了不少湖南的俗諺，寫出了湘中封建的鄉村，後來丁玲出走到西北去，文章中更攝取了西北土窯的風光。沈從文是丘八出身，又是湘西人，文章有一股蠻氣，至今寫湘西瑤民生活的怕只有沈從文一人，那瑤族跳月的習俗，是多麼使人羨慕哩！再偏西，那麼便是四川了，寫四川的作家，沙汀是最為人熟知的一個。從前《光明》上，時常看到他寫關於四川旱災，商業生活的小說，集成《法律外的航線》、《土餅》數本，裡面的四川話，很耐人尋味。而現在最走紅的大作家巴金的《家》、《春》、《秋》，既是取材於四川故鄉的大家庭，文中若巫峽，過年的景物風俗也寫得若隱若現。所以「上江人」看了更覺夠味兒了。四川，現在薈集的作家很多，當然觸景生情應時而生的小說也不在少數。如果再略向西南，便是貴州，那裡有一位擅寫貴州的作家常年「駐」在那裡，名字叫做蹇先艾，他的寫作的態度很認真，他介紹了貴州青海鹽巴佬的生活。腳步移向雲南鄰近中緬的邊界，那裡有作家艾蕪在。艾蕪似乎是個流浪者，著有《南國之夜》等小說，寫出趕路夥計的生活，邊境人民的社會經濟狀況，那崎嶇的山嶺，那瀾滄江的河流，別有一種戀情。

向東再移到廣東，談到文壇上以表現廣東風態最顯著的作家，就該推歐陽山。歐陽山的作品有《七年忌》、《豬仔》等，作風非常晦澀，使人看不大懂，但地方色彩也因之特強了。至於福建，則楊騷、羊棗等似乎有以福建作襯景的劇本，而冰心所歌頌的海也是閩侯一帶地方，但色彩並不濃厚。

像蒙古新疆等地的塞外風光，這種地方色彩的作品，筆者沒有見到過，恐怕數量不多吧！

第二年六期（一九四二年十二月）

圍爐餘話

鄭逸梅

西班牙人尚鬥牛，都市中特闢鬥牛場，每逢鬥期，士女空巷來觀，有舉國若狂之勢。我國曩時卻尚鬥雞，如《左氏傳》：「季郈之雞鬥，季氏介其雞，郈氏為之金距。」《秦歲時記》：「寒食之節，城市各鬥雞走狗為戲。」《樂府雜曲歌辭》：「鄴故事曰：魏明帝大和中，築鬥雞台，趙王石虎亦以芥羽漆砂鬥雞於此。」而其風最盛於有唐明皇，「明皇在二藩邸時，樂民間清明節鬥雞戲。及即位，治雞坊於兩宮間，索長安雄雞千數養於雞坊，選六軍小兒五百人，使馴擾教飼之。有賈昌者，以鬥雞為玄宗所寵。」詳載於陳鴻所撰之《東城父老傳》。實則鬥牛鬥雞，均引無知之動物，俾自相殘殺以為笑樂，非仁者所取也。

夫與甫字通，男子之美稱也。然有不可解者，如車役馬奴掃垃圾者流，則稱之為車夫馬夫清道夫，豈勞工神聖，而有以尊之歟？彼消防隊員，以救災恤鄰為事者，卻呼之為救火鬼。築室規劃，俾人類得燕居安息者，又復呼之為打樣鬼。人而鬼之，其誣衊甚矣。至於攘攫偷竊，為害人群者，反不加以惡劣之稱謂，僅輕描淡寫曰剝豬玀。衣服被剝，而自居豬玀地位，抑又何耶？

古人所謂讀萬卷書，實則今書之一本，為古書之數卷。若以一本為三四卷，則萬卷書僅三四千本耳。然亦有反其道而以若干本為一卷者，如刊行之雜誌，月刊以十二本為一卷，旬刊以三十六本為一卷，週刊以四十八本為一卷，故創刊號，往往稱為第一卷第一期，其相歧有如此。

前賢之筆記，其題名什九皆隨筆、客話、脞談、札記等等，謹守繩墨，不敢恣肆。如袁簡齋之所作，稱曰《子不語》，在當時已極放誕之能事矣。不知尚有一書名《醉醒石》，題東魯古狂生編，記李微化虎事，文筆頗刻露簡練，則更新奇，較《子不語》為尤甚也。

聽松山人《書畫說鈴》云：「書畫不遇名手裝池，雖破爛不堪，且包好藏之匣中，不可壓以他物，不可性急而付拙工，性急而付拙工，是滅其跡也。拙工謂之殺畫劊子。」殺畫劊子四字新穎，前人從未道過也。

郭頻伽詩有云：「連朝小雨不成雪，一樹野梅初著花。」予極愛其意境之清逸，擬倩丹青家圖之，張諸小齋中，藉以玩賞也。

鎮洋盛大士撰有《溪山臥遊錄》，蓋談藝論畫之書也。大士亦擅六法，生平極推崇奚鐵生，見奚畫輒購蓄之，嘗云：「近時浙西山水，首推奚鐵生岡。鐵生新安人，杭之寓公也。筆意超絕，余於李虎觀司馬邦燮齋中見其仿董思翁頏仙廬圖，尤為神品。」又云：「近日名家畫流傳淮上者頗少，憶數年前，有攜鐵生設色山水一軸，並不知畫家為何許人也。因鐵生名奚岡，故於軸上貼簽云奚岡先生山水，余閱之不禁大笑，詭應之曰：此是近時人筆墨耳。還價甚少。賈人去，疑其必復來也。閱數日蹤跡之，已為人購去矣。至今悵怏。」得一知己，可以無憾，其鐵生之謂歟！

我友陳小蝶，近改稱蝶野，作畫撰文輒署用之。不知蝶野二字，為鐵生之別號，固早著藝林矣。

少時常患牙痛，發時百不舒適，引為苦事。茲幸多年不患矣。曾見曩時袁抱存手錄林屋山人牙痛奇效方：「馬勃，兒茶，雄黃，樟腦，薄荷，硼砂，硃砂，人中白，青黛，各五分，梅花冰片三分，共研極細末，密貯於瓷或玻璃之瓶，用時以指蘸之，塗患處，移時即止疼，有神效。」法尚簡易，錄存之以告同病者。

嘗見錢南園行書聯云：「梅含密蕊還經雪，竹放新梢便拂云。」覺逸氣拂拂楮素間，為之愛不忍釋。

徐家匯一帶居民，喜啖龜。日前赴徐匯中學授課，見塗旁有殺龜者，先以利刃剖去其腹甲，然後再運小鏟挖取其肉，肉已半離背甲，龜猶爬動不止，其殘忍狀態，為之毛骨悚然。因此益堅予茹素戒殺之決心。

自事變後，應運而起者，頗不乏人。距予家不遠，新開一質鋪，規模殊巨集，即所謂應運而起者斥資所設也。聞其人初固窶人子，曾以敝衣一襲，向某質鋪典貸二十金，以濟眉急；鋪中朝奉只肯付五金，其人乃大躊躇，正為難間，詎意有一夥，卻善相人術，以其人豐頤廣額，非貧賤者流，遂以私人名義給予二十金，曰：此戔戔之數，可持之去，衣為禦寒之所需，亦不必留貯敝處，惟將來騰達，幸毋相忘也。其人申謝而去。今者果時勢造英雄，一躍而躋縉紳之流，於是欲圖淮陰之報，特開一大質鋪，而聘當時之某夥主其事，禮數異等，待遇綦厚。末世而有此風，固亦足差強人意也。

暑日之有竹夫人，猶隆冬之有湯婆子也。予生也晚，聞竹夫人之名，而未見其遺制。據粵友談：粵地尚有竹夫人，緩日旋梓，擬攜一具以見貽，且出於名手者，鐫有款識。有何澹然者，歿世已三十年，其所制每具約值三四百金云。

灘簧中有所謂蕩湖船者，一飾船娘，一飾李君甫，極謔浪淫冶之能事。當時有林步青其人，尤為此中巨擘。蓋靈心四映，觸處成趣。予幼時猶得聆其妙藝，今則墓木已拱，鮮有能道其遺聞佚事者矣。頃檢郭頻伽《浮眉樓詞》，有〈蕩湖船調寄摸魚兒〉，同為蕩湖船，而一雅一俗，相去不啻天壤。詞云：「一篷兒花天酒地，消磨風月如許；吳娃生長吳船上，只共鴛鴦為侶；船六柱，從不識愁風愁水，天涯路輕橈容與；問兩寺東西，半塘前後，商略泊何處？江南好，不在中流簫鼓，牽人好夢無數；十年水驛風燈夜，負了畫船聽雨；臨別語，怕紙醉金迷，忘卻秋娘渡；重來記取，有澹澹窗紗，疏疏簾影，隱隱數聲櫓。」

諺云：「六月債，還得快。」我友沈禹鐘擅書法，朋好往往倩其寫扇，由夏而秋，揮毫不輟，直至祁寒時節，猶有促詢扇箑之書就與否者。禹鐘曰：「扇在六月中最為需要，是真所謂六月債也。」厥語雅雋，可入世說新語。

「十年一覺揚州夢」之杜牧之，世稱小杜，蓋別杜少陵之老杜而言也。我友杜穩齋自鐫一印曰：「蜀東小杜」，亦殊饒佳趣。

患嘔吐，難納湯藥，然有一法：湯藥以匙進，進湯藥一匙，滴薑汁少許於舌端，則嘔吐止而湯藥自然見效。小兒鶴患是症，試之果有效也。

繪百美圖者，據予所知，前有沈泊塵，後有胡亞光，當時所繪為時妝，今日視之，卻已不合時宜矣。故我當寄語丹青家，繪美人與其為時妝，毋寧古妝之有永久性而顛撲不破也。

吳湖帆有四歐堂。四歐者，珍庋率更帖原拓本四種也。胡亞光有四梅室，則其夫人名梅，長女曰小梅，次曰又梅，三曰三梅。而亞光近復喜繪鶴，於是又鐫一印曰「梅鶴伴晨昏」，致予札曾一用之。

遺少劉公魯曩遊蘇台，曾蒙下訪，適予外出，乃留一名刺，劉公魯三字作孩兒體，背注吟鴻眉史書。蓋公魯生前與吟鴻相繾綣，乃強之書名鑄版以留紀念也。予蓄已故師友名刺凡若干幀，如許指嚴、貢少芹、袁寒雲、王一亭、胡石予、王道民、張善子、張春帆、俞天憤、崔雲潛、蔡紫黻、郁葆青諸子，而劉公魯一刺，卻失之於亂離遷徙中。今日思之，深覺可惜也。

茶有名別木者，抑何其奇？曾見天笑前輩有《金閣寺》詩云：「金閣寺前細雨斜，夕佳（亭名）紅葉豔於花；老僧說法牟尼串，來吃松風別木茶。」猶憶某歲予往梨花裡，蔡觀邕餉予甜酒曰殊花，極馨逸可人，當時未問其出處，及命名之由。茲者觀邕已赴玉樓之召，雖欲探詢而無從矣。然殊花二字，大可與別木為對。

明朱穎云：「古人玩花，談賞為上，茶賞次之，酒賞又下。」語極耐人尋味。蓋談賞以花為主，若茶賞酒賞，則茶酒為主，花反為賓，轉有失真賞矣。

鶴啖蛇，其毒乃蘊之於頂，故鶴頂紅足以殺人。不知尚有孔雀膽，其毒尤甚於鶴頂紅，偶一舐之，即死無救。其毒何來？則不可究詰，還當質諸生物學家。

章孤桐以政治經濟文章，著名於世，不知其亦能為小說家言，所撰有《李蘋香》、《絳紗記》、《西冷異簡記》，筆墨極冷峭高逸，不同凡響。但小說之名，為政治經濟文章所掩耳。

雲間朱鴛雛，清才短命，人咸惜之。鴛雛生平，有知己凡四人：一平襟亞，鴛雛落拓不偶，襟亞招以佐筆墨事，如是者數年，殊相得也。一周瘦鵑，愛鴛雛之記事文，為之連續揭刊於《申報》附刊《自由談》。鴛雛死，且為彙刊其遺作曰《紅蠶繭集》。一袁寒雲，鴛雛逝世後，曾登一啟事於某報云：「松江朱鴛雛先生，少年多才，不幸蚤死，長吉嘔心，千古同悲。其夫人許蟾仙女士，一慟而殉，哀哉嘉耦，天竟摧折。文雖未識面，卻已聞聲，傷其遭際，謀以永之。瘦鵑古道，已輯其遺著。惟其言行，尚多可稱，望與先生有素者，錄其逸事以見告，或並及其詩文，愈多愈善，庶足成編，梓之梨棗，永其傳焉。寒雲啟。」深惜未成事實，否則說林添一佳話矣。」徐碧波，碧波極推崇鴛雛，曾著有《流水集》，仿其筆墨，極肖似也。凡鴛雛所作，見必剪存，頗多《紅蠶繭集》之遺珠。碧波在蘇，於其所輯波光旬刊上，特出朱鴛雛專號。予贈以鴛雛遺札一通，碧波以瑰寶視之，製版揭布焉。

第二年八期（一九四三年二月）

神・鬼・人——戲場偶拾

莊濡

一、關於土地

土穀祠在浙東的農村是一種權威的殿堂，它幾乎全部支配著所謂「愚夫愚婦」的心靈。按時燒香，逢節頂禮，謹願者一生受著凌虐，不但毫無怨尤，並且往往退而自譴，以為倘不是無意中曾獲罪戾，必定是前世作孽的報應，還得在土地神前獻出點點滴滴聚起來的血汗錢，去捐造門檻，購買琉璃燈油，表示虔心懺悔，以免除死後的災難。因為這正是人們死後所必經的第一關，根據傳說，無常拘了人們的靈魂，首先就得到土穀祠去受鞫的。所以我們鄉間的風俗，病人一斷氣，他（她）的家屬——大抵是「孝子」。「孝子」云者，並非二十四孝中人物，不過是死者的兒子的通稱，不知怎麼，老子一死，兒子就被通稱為「孝子」了。——就得哭哭啼啼地到土穀祠裡「燒廟頭紙」，實是代死人打招呼。

民間的疫癘，田產的豐歉，據說也全在土地神的許可權之內。遊魂入境，須先向土地註冊；老虎吃人，也得先請求批准。這一位「裡廟之神」，照職位看來，大約是冥府的地方長官之類吧；然而他不但執掌陰間的政情，還兼理陽世的人事，其受人敬畏，實在也無怪其然。

關於土地的法相，我小時候曾在故鄉的土穀祠裡瞻仰過，峨冠博帶，面如滿月，莊嚴而慈祥，真像一位公正廉明的老爺。旁邊還坐著土地娘娘，也是鳳冠霞帔，功架十足。然而奇怪，一上舞臺，他們卻完全走了樣。

在紹興戲——並非目前正在上海走運的所謂「越劇」，而是在當地稱為「亂彈班」的一種戲劇裡，觀眾所看見的土地，就完全是另一種面目。黃色的長袍和頭巾，額前掛著一個扁扁的假面具，一手拐杖，一手麈拂，一部毫不漂亮的白花髫子，更奇怪的是鼻子上塗著白粉，完全跟小丑一樣，猥瑣而可笑，跟廟裡塑著的，不可以道裡計。（在平劇中所見的，彷彿也是這樣。）而扮土地的演員，也大抵是生旦淨醜以外連名稱也沒有的「大櫓班長」之流。——紹興的亂彈班，每班都用一隻夜航船一樣的大船，載著全班戲子和用具，漫遊於村鎮之間，演戲前泛舟而來，演完戲放棹而去。船夫兩名，掌櫓兼司燒飯，開鑼以後，還得上臺幫忙，扮些無關重要的腳色。尊為「班長」，意存諷刺，正如「紙糊的花冠」之類，鄉下人有時也極懂紳士的幽默的。

那地位的低落，也簡直出人意表。據我的記憶，舞臺上以土地為主角或要角的戲，似乎半出也沒有。大抵是神道下凡，貴人登場的時候，這「大櫓班長」所扮的「里社之神」，這才以極不重要的配角身分出現。三句不離本行，開頭的引子，就是「風調雨順平安樂，家家戶戶保康寧」。冠冕堂皇，正如要人們下車伊始所發表的宣言。但所做的事，又大抵並不如此。只要是略有來歷的神道，對於土地，彷彿都有任意呼召的權利，望空喊一句：「土地哪裡？」他就會應聲而至，驅遣使喚，無不如命，而辦的也往往只是一些小差，如驅逐小鬼，看管犯人之類。好像是在《寶蓮燈》裡的吧？神仙自然是極其乾淨的，這戲裡卻有一位聖母娘娘，不能免俗，跟凡人發生了戀愛，還懷了孕；結果卻終於為她的令兄二郎神所膺懲，關在山洞裡受苦，石子充饑，山泉解渴，不許再見天日，以肅「仙紀」。當二郎神載唱載舞地宣布著這判決的時候，土地就在旁邊唯唯諾諾的答應。這一回他不再管「風調雨順」，只好做監獄裡的牢頭了。神仙畢竟比凡人聰明，類似以防空壕代集中營的辦法，他們是早已發明瞭的。

遇見一些落魄貴冑，失路王孫——自然以將來就要飛黃騰達的為限，土地就搖身一變而為保鑣，跟在後面，使他們「逢凶化吉，遇難成祥」。有時他們蒙了冤屈，當庭受審，要打屁股了，土地還得撅臀以承，被打得四面亂跳亂叫；而被打屁股的本人，則因為自己毫無被打的感覺，又不知道冥冥中還有土地在代受苦刑，瞪起眼睛，弄得莫明其妙。

看到這裡，臺下的看客們禁不住笑了，笑的是土地的狼狽。這也實在是令人「忍俊不禁」。——托權貴之蔭餘，仰強梁之鼻息，唯唯諾諾，志在苟全，剝脫了尊嚴和威勢，表現在戲劇裡，他不過是冥府的狗才！

但在戲臺以外，鄉下人對於土地，卻仍舊十分尊敬，供在廟堂，像尊敬所有的神明一樣。我想，這大概是因為鄉下人知道土地雖然渺小，對於老百姓，卻依然居高臨下，操著生殺予奪之權的緣故。

二、關於女吊

魯迅先生曾經介紹紹興戲裡所表現的女吊——翻成白話，也就是「女性的吊死鬼」。他以鋼鐵似的筆觸，勾勒出壯美的畫面，以為這是「一個帶復仇性的，比別的一切鬼魂更美，更強的鬼魂。」這自然是獨到而精確的見解。《女吊》的寫作，又正當杌隉之年，針對著「吸血吃肉或其幫閒們」的死之說教，有如閃電劃過暗空，朗然提供這麼個勇於復仇的鮮明的形象，作者的深心，我們自然更不難瞭解。但提到女吊，要說單純的印象，就我從小看戲的經驗，那麼它的峭拔淩厲，實在更動人心魄。

最刺目的，幾乎可以說是對於視覺的突擊的，是女吊的色彩。如果用繪畫，那麼全體構成的顏色只有三種：大紅、黑和白，作著強烈的反射。紅衫，白裙，黑背心。蓬鬆的披髮，僵白的臉，黑臉，朱唇，眼梢口角和鼻孔，都掛著鮮紅的血痕。這跟上海有些女性的摩登打扮，雖然可以找出許多共通點來——至少是情調的近似，可是，說句實話，那樣子實在不大高明，要使人失卻欣賞的勇氣的。

《目蓮》是鬼戲，所以可以看到在別的戲劇裡絕對沒有的男吊；女吊出場，也有特別緊張的排場和氣氛。但在普通的紹興戲裡，她也是一位跟觀眾極熟的常客，動作唱詞都差不多，就是唱詞沒有幫腔，不佐以喇叭聲，情形就鬆弛得多。——那是一種很奇特的喇叭，頸子細而長，吹奏起來，悲涼而激越，鄉下人都叫做「目蓮嗐頭」，似乎是專門號召鬼物的音樂，《目蓮》戲以外，就只有喪家做道場才用它，夜深人靜，遠遠的聽起來，令人毛骨悚然。

「目蓮嗐頭」吹完一曲「前奏曲」，接著是一陣焰火，女吊以手掩面，低著頭出現了。舊劇裡面，好像神佛出場，才用焰火，用以表示其身分的特殊，然而鬼中的女吊出場大抵用焰火；而神中的土地出場就未必有，這是兩種很有趣的例外。——她雙手下垂：一手微伸，一手向後，身體傾斜，就像一陣鬼頭風似的在臺上轉。我小時候膽很小，看到那裡，照例戰戰兢兢的閉起眼睛，不敢加以正視；直到後來大了一點，才有勇氣去面對：看她接著就在臺的中央站定了，一顆蓬鬆的頭，向左，向右，向中，接連猛力地顛三下，恰像「心」字裡面的三點，接下去的動作，就是像《女吊》裡所寫的：「她兩肩微聳，四顧，傾聽，似驚，似喜，似怒……」凡是看過紹興戲中的女吊的，我想誰也不能不佩服魯迅先生的藝術手腕之高，就是這簡單的幾筆，也已經勾出了那神情的全部。但在這同時，還有幾聲吱吱的尖銳的鬼叫聲，然後是唱詞——那彷彿是這樣的四句：

奴奴本是良家女，
從小做一個養媳婦，
公婆終日打罵奴，
懸樑自盡命嗚呼！
緊接著來了一聲寒侵肌骨的歎息，和石破天驚似的呼喊——
哎喲，苦呀，天哪！……

讓我在這裡補說一句，那神情實在是很令人驚心奪魄的。她冷峻，鋒厲，真所謂「如中風魔」，滿臉都是殺氣。然而從另一方面看，也因此顯得莊嚴和正大，不像世間的有些「人面東西」，一面孔正經，卻藏著一肚皮邪念；也決不像有些「詩人」似的猥瑣而狎昵，專門在背後喊喊喳喳，鬼鬼祟祟。

陰司對於橫死的鬼魂，好像是也要下地獄的。根據陽世「好人怎麼會犯罪呢」的邏輯，那理由自然也十分充足，可是女吊之類的厲鬼的行動，彷彿又很自由，她就像總是飄飄蕩蕩，乘風漫遊著，在找著復仇和「討替代」的機會。

自然，「討替代」是十足的利己主義，人們對女吊之所以望而生畏，也許正是這原因。不過作為一種戲劇上的角色來看，也仍然是一種性格強烈，生氣充沛的角色。被壓迫者群中，不是常有因為受著過多的凌虐，因而變得十分粗暴恣肆，對人世取了敵視的態度，無論親疏敵友，一例為仇的嗎？那麼女吊的「討替代」，累及無辜，也就很容易解釋了。人與人之間，如果有壓迫者與被壓迫者對立存在，其難望於「海晏河清」，也正是必然。看看某一類人的鬼氣森森，我想，恐怕還不如女吊似的凌厲峭拔，因為這畢竟更多些人性。——這裡隨手寫下了「人性」，我這才記起來，在「前進作家」的文例中，這是應當避忌的字眼，只要一提到它們，就有反動的嫌疑的。可是想來想去，還是覺得她人性比鬼氣多，沒有辦法，只好由它去吧。

有趣的是女吊好像也會開玩笑。記不清是什麼戲了，花花公子搶親，為一位懂法術的人所捉弄，竟請女吊代了庖，被當作新娘用花轎抬去，洞房之夜，把正在狂喜的公子嚇得不成人樣。那樣子就簡直有點嫵媚，即使是臺下的小孩子，也一點不覺得她可怕了。

三、關於拳教師

有皇帝，一定有太監；有權門，一定有奴才。奴才有好幾種，一種是專門趨炎附勢，幫兇助焰的腳色，唯命是聽，無惡不作；一種以忠僕自居，進諍言，舒悲憤，似乎剛直非凡，不越主奴界限，往往見忌於同輩，剩得牢騷滿腹；還有一種是絕頂的聰明人，以幫閒身分，據清客雅座，捧餘腿，湊時風，暗中獻計，背後搗鬼，卻不落絲毫痕跡，圓通而超脫。這最後一類，性格複雜，由優伶扮演，是要由二花臉——也就是魯迅先生在《二丑藝術》一文中所說的「二丑」擔任的。

最能夠代表二丑的特色，至於淋漓盡致的，是王爺府裡花花公子的拳教師之類。他們歪戴帽子，寬大海青，手裡還大抵有一把摺扇，十分的瀟灑豁達。他們不但專工拍馬，而且兼擅吹牛，所以在公子的眼裡，又是了不起的英雄，「天上的龍捉來當帶係，山上的虎撮來當貓嬉」，有著如此驚人的本領的。可是他自己一出場，可就嘻皮笑臉的跑到台口，向看客指著自己的粉鼻，公開祕密，送出了這樣的獨白：

我格師爺那景光？
長又長，大又大，
壯又壯，胖又胖，
嚇得退，像金剛，

嚇不退，像戎囊。
礱糠叉袋，紙糊金剛。
我做事體的溜光滑，
我的拳頭只好嚇嚇，
我打別人——像瞎雞啄麥；
別人打我——Kuan Tuan！一記敲煞！

「那景光」者，「怎麼樣」也。「格」字有「這」與「的」的意思，Kuan Tuan則是打人的聲音，狀其猛烈也。紙糊金剛，一戳即破，礱糠叉袋，大而無當：他承認自己是這麼徒有其表的傢伙。

接著是自敘經歷，從前怎樣的在少林寺裡拜師，又怎樣的因為性子暴躁，被師父趕了出來，流落江湖，在街坊上蕩蕩水碗，打打沙拳——這些都是走江湖的玩藝。後來又忽然怎樣的遇見「倒楣的公子」，賞識了他，留他進府，充當教席，夤緣附會，就此闊綽起來，「難是地裡爬到天裡帶哉」——

住的是高廳大屋，
吃的是大魚大肉，
穿的是非紅則綠，
坐的是藤棚椅褥，

困的眠床是紫檀紅木——裡雕西廂，外雕三國，
用的馬桶是水晶嵌白玉，
馬桶上雕的是「天官賜福」，
痾下去——Sin Lin Whuan Luan，好像羅通掃北，
四個丫頭走進走出，服侍我Lóh，
困到半夜裡燕窩煮粥，
…………
我實格樣子享福，
死帶下來，單少一副壽板棺木。

（Sin Lin Whuan Luan也還是形聲，「帶」者「了」也，「我Lóh」者就是「我」，別無意義。）

這真是得意忘形，躊躇滿志。然而他決不忘記靠山隨時可倒，自己的地位也隨時有動搖的危險，所以對於靠山，決不出死力效忠，例如公子看中了人家的小姐，家丁主張搶，教師卻總是獻計去騙，躲在背後，不肯出面的。他八面玲瓏，不但在主子面前最得寵倖；在臺下的看客的眼裡，也最容易邀原諒，因為他不但無忠僕之可憐，無家奴之可惡，而且善於插科打諢，自道來歷，毫不隱諱，又彷彿極其坦白的緣故。

這坦白是替他自己留下的退步，一旦靠山倒頹，或者發現別有更大的靠山的時候，他可以另投生路，不必提防懸空。

而插科打諢則是他鑽謀爬撞的最好法門。

正如紹興的墮民一樣，他們是「走千家，吃千年」的，在現實生活中，我們只要看看無論什麼場合，都能適合融洽，無論什麼朝代，總是春風得意的先生們，就大抵是這二丑所扮的腳色。

第二年八期（一九四三年二月）

衛道者的小說觀

葉德均

通俗小說是歷來被人輕視的，其地位還遠不及戲曲多多，原因不外是：小說是「市井」賤民的技藝。及至小說由下層的賤民中漸漸地侵入上層社會以後（明中葉），它雖然還是普遍的被人輕視，但解釋卻和以前不同了。這便是把那社會的原因消除，而作政治的或道德的解說，其理由總不外乎「誨盜」、「誨淫」、「有害世道人心」的一套說法。如歸玄恭《誅邪鬼》評金聖歎批《水滸》是「此倡亂之書」，「惑人心風俗，其罪不可勝誅矣」。毛豐臻《一亭雜記》（不分卷）也說金氏評書是「儇佻刻薄，導淫誨盜」。又毛氏同書論曹雪芹說：「蓋其誘壞身心性命者，業力甚大。」梁恭辰《勸戒四錄》（卷四）論《紅樓夢》及續書謂「啟人淫竇，導人邪機」，「諸刻特誨淫之謬種」。昭槤《嘯亭續錄》（卷二）更痛快地指小說為「淫邪庸鄙之書」。丁日昌查禁淫詞小說的令文說得更詳細：「淫詞小說，最易壞人心術」；「原其著述之始，大率少年浮薄，以綺膩為風流；鄉曲武豪，藉放縱為任俠」；「奸盜詐偽之書，一二人道之而立萌其禍，風俗與人心，相為表裡。近來兵戈浩劫，未嘗非此等逾閑蕩檢之說，默釀其殃」（見《小說考證・拾遺》引）。從這一類論調中，可以看出往日傳統文人共同的「小說觀」。

由於上述「導淫誨盜」的「小說觀」出發，因而生出種種不同對待小說的方法，而這些方法幾乎全都是危害小說和它的作者、評者的。

在許多對待小說的方法中，最主要，最有力的是以政治力量來禁黜。如清代由順治至同治的百餘年間，就先後禁止九次之多（見《瑣譚》一）。雖然小說因查禁要大受影響，但不會因此就絕跡於世，這顯示出政治力量是有一定的限度。當時不僅政府要查禁小說，就是官吏或私人也自行禁黜或慫恿官方去做。如昭槤《嘯亭雜錄》（卷十）論《承運傳》等小說謂：「不知作俑者始自何人？任使流傳後世，不加禁止，亦有司之過也。」梁恭辰《勸戒四錄》（卷四）引玉研農自述云：「我做安徽學政時曾經出示嚴禁，而力量不能及遠，徒喚奈何！有庠一士頗擅才筆，私撰《紅樓夢節要》一書，已付書坊剞劂，經我訪出，曾褫其衿，焚其版，一時觀聽，頗為肅然；惜他處無有仿而行之者。那繹堂先生亦極言《紅樓夢》一書為邪說詖行之尤，無非糟蹋旗人，實堪痛恨；我擬奏請通行禁絕，又恐立言不得體，是以隱忍未行，則與我有同心矣。」所謂「力量不能及遠，徒喚奈何」，「隱忍未行」，活繪出那時衛道者無可奈何的苦狀！

其次是全憑私人的財力購集焚毀。劉廷璣《在園雜誌》（卷二）敘《金瓶梅》毀板云：「（張竹坡）歿後將刊板抵償夙逋於汪蒼孚，舉火焚之，故海內傳者甚少。」又《勸戒四錄》（卷四）云：「某既死，有儒士捐金買版《金瓶梅》，始就毀於吳中。」《一亭雜記》敘《紅樓夢》云：「然若狂者今亦少衰矣。更得潘順之，補之昆仲，汪杏春嶺梅叔侄等，捐貲收毀，請示永禁，功德不小。」又如石韞玉一再焚毀淫詞小說及雜著幾及萬卷（見陳康祺《郎潛紀聞》），更是著名的事。用政治力量還不能把小說完全禁絕，僅憑私人來焚毀，其效果當然更小。何況焚毀先要購買，而私人財力又有限，所以除掉「聊以快意」外，不會更有什麼結果。

也許往日的衛道者已經看出上述兩項積極方法效果有限，或是自己無力禁黜與焚毀，因而又有另一種輕而易舉的消極對待方法。那便是從小說的作者、評者本身製造一些因果故事來滿足自己在現實中所不能滿足的願望及警戒他人。

這些因果故事，偶然也有以事實做根據的，像《祈禹傳》作者茅鏕未曾得第，陳尚古《簪雲樓雜說》（《小說考證》卷三引）便說：「而鏕屢質棘闈，曾不能博一第，或以為口過所致云。」這或人未必真有其人，大約便是陳氏自己吧？又如金聖歎是被殺而死，《勸戒四錄》（卷四）就說《卒陷大辟》是由於評刻誨淫、誨盜的戲曲小說所致。曹雪芹無後確是事實，而《勸戒四錄》（卷四）便就更有所藉口，謂：「惟屬筆之曹雪芹實有其人，然以老貢生槁死牖下，徒抱伯道之憂嗟，身後蕭條，更無人稍微矜恤，則未必豐編造淫書之顯報矣！」梁恭辰之流，本是喜歡製造因果故事的人，其議論可笑也不足怪。然而可惜的是這類有事實可以發揮的事太少，因而他們有時便不得不從其他方面著手。

其次是有意或無意用別人的事實來遷就附會。如金聖歎有個名雍字釋弓的兒子（《魚庭聞貫》有雍所撰序），而梁恭辰卻硬派他「並無子孫」作為評刻小說所應得的果報。又如嘉慶間天理教林清叛變案，內有曹綸被正法的事，許多筆記中都說曹綸是曹雪芹之後，更附會其說為作小說所得的報應。陳其元《庸閒齋筆記》謂：「至嘉慶年間，其曾孫曹勳，以貧故，入林清天理教，林為逆，勳被誅，覆其宗，世以為撰是書之果報焉。」毛豐臻《一亭雜記》謂：「嘉慶癸酉，以林清逆案，牽都司曹某，凌遲覆族，乃漢軍雪芹家也。余始驚其叛逆隱情，乃天報以陰律耳。傷風教者，罪安逃哉！」又近人《寄蝸殘贅》（《小說考證》引）云：「嘉慶年間，逆犯曹綸，即其孫也。滅族之禍，實基於此。」關於這事，胡適《紅樓夢考證》（文存二四七——二四九面）業已辨明與曹雪芹無關，而鄧之誠《骨董瑣記》也認為是「讆言」，又說：「綸與子福昌同磔，以廷奎故，得免族誅。」則所說滅族也非事實。但鄧氏以為這訛傳的原因是「世或因『寅』『瑛』相近而混耳」，而胡氏又以為是《嘯亭雜錄》（卷六）的「瑛」字一本作「寅」所致，都是認為無意的錯誤。然而從「世以為撰是書之果報焉」、「天報以陰律」、「滅族之禍，實基於此」等因果話看來，未必完全是訛傳，而是有意或無意的附會一下。即使他們明知兩事無關，也非牽在一起不可，否則那套因果故事便沒有著落了。但編造的故事經人指摘以後，便和事實分離，所剩的只是空白和一些失去物件的空歎息而已。

可是附會也得有一些材料才行，否則就無法牽合，於是又有一類完全杜撰的故事。如田汝成《西湖遊覽志餘》（卷二十五）云：「而《水滸》敘宋江等事，脫騙機械甚詳。然變詐百端，壞人心術，其子孫三代皆啞，天道好還之報如此。」（王圻《續文獻通考》一一七卷，說與此同）周亮工《因樹書屋書影》（卷一）謂：「《續文獻通考》載羅貫中為《水滸傳》，三世子弟皆啞。此書未大傷元氣，尚受報如此，今人為種種宣淫導欲之書者，當更何如？可畏哉！」又有把羅貫中三代皆啞的事轉贈給施耐庵的，如盛此公《休庵影語》總批《水滸傳》：「羅鶴林謂：施耐庵作《水滸傳》，三代皆啞。豈有如此之天道耶？」《勸戒四錄》謂：「汪棣香曰：施耐庵成《水滸傳》，奸盜之事，描寫如畫，子孫三世皆啞。」這如果不是遺傳，便是說來快意的吧？而說者聽者都樂此不倦，荒謬的故事，居然也有不少的信仰者！另一種說法更是巧妙得死無對證，如《一亭雜記》說金聖歎「而陰譴之重，尚不止此。」又說曹雪芹是：「然入陰界者，每傳地獄治雪芹甚苦，人亦不恤，蓋其誘壞身心性命者，業力甚大，與佛經之升堂，正作反對。」這便和志異書中所說元奸巨惡在冥世受報的故事相同，所差者只是還沒有墮入畜生道，否則志異書中又多一項「文人化豬」的故事。幸而《金瓶梅》作者沒有留真姓名於世，不然不知又要被捏造出什麼故事來。

因果故事並不以小說的作者，評者為限，有時也會波及到印賣者的。《勸戒四錄》（卷四）便有一正一反的兩則故事，大略是：蘇揚兩郡書店均有《金瓶梅》版。蘇郡店主因毀板而疾得愈，目生子；揚郡店主不肯毀板，而食種種惡果。因為有這類故事流傳於世，所以沈德符不肯刊印《金瓶梅》，沈氏《野獲編》（卷二十五）云：「吳友馮猶龍見之，驚喜，慫恿書坊以重價購刻；馬仲良時榷吳關，亦勸予應梓人之求，可以療饑。予曰：此等書必遂有人板行，但一刻則家傳戶誦，壞人心術，他日閻羅究詰始禍，何辭置對？吾豈以刀錐博泥犁哉！」這也可以說明後來為什麼要把《金瓶梅》作者硬加在王世貞身上，刊刻者為什麼要把苦孝說載在書前，無非是用這些煙幕來掩護而已。

有許多小說的確含有若干毒素，在實際上也曾有過惡影響，被人所指摘是事所難免。但是指摘者的議論又那樣的迂闊、卑劣，於是小說在固有的毒素外，又加上一層新的毒素。其中若干說法，是荒謬無稽，不能也不足一一去辯駁。然而從這些無稽讕言中也可看出前人的「小說觀」，而這些「小說觀」對於小說又曾生過不少的影響。雖然上述各項對待小說的方法不同，但對於小說的危害卻是彼此一樣的。

第二年十期（一九四三年四月）

文化幽靈座談會

浮生

「生為文化人，死為文化鬼。」

文化小丑，窮餓死後，身歷幽府，經過文化枉死城，適逢文化幽靈，濟濟蹌蹌聚在一處開「文化座談會」，因得參預其盛，備聞偉論。

當下文化小丑踱進會場，瞥見歷朝不同裝束的文化鬼，老的少的，瘦的胖的，團坐在一張圓桌子上，討論什麼似的，神氣非常肅穆。小丑生前忝為文化人，照例也得挨坐一席。停不多時，主席宣言開始討論。只見座中站起一位三四十歲的漢子，頭戴頂嵌玉瓜皮帽，身穿一件醬色團龍袍，沒衫沒領，顯出十分滑稽的神態來，向在座各位恭一恭手，然後抱著拳頭，自我介紹道：本席原姓弓長張，後來改姓了金，別署聖歎，今日得與在座諸位，相聚一堂，是很榮幸的。但本席為什麼要來參加這盛會呢？只因近幾年來，給一班無恥文人，把古人的小說，不顧道德的弄糟了，若不急起整頓，將來難以收拾。回想早年，聖歎欲令子弟們做得好文章，把《左傳》、杜詩、《史記》、《西廂》、《水滸》，用心批給他們閱讀，待他們認識清楚這些都是絕世妙文，不落前人窠舊的才子作品，數千百年來，只可有一，不可有二的。誰知道現在的學者，偏生不理會我嘔心瀝血的批評，反而罵我誨淫誨盜，因此受到殺頭的果報，你們得想我可氣不可氣？就像西廂記一書，錦心繡口，絕對不是後人做得來的。所以我為了關漢卿的續《西廂》，就把他罵得一團糟，萬不料今人的膽子更大，竟把它改為白話，稱作《白話西廂記》。又有人把它改為演義，稱它做《西廂記演義》。那真咬人矢橛，不是好狗。諸位，得想這《西廂》一記是天造地設的妙文，可容人加減得一字一句嗎？所以我認為，鬼醜矣，這比鬼還醜；屎臭矣，這比屎還臭。諸位，認為這一班無恥文人，該懲誡不該懲誡？聖歎說畢，坐了下去。只聞全座一片掌聲，像春雷似的響了起來。

接著有一位古裝的人站起來說話，座中竊竊私議道：「這就是寫殺人魔鬼李逵的施耐庵。」施耐庵昂然的說道：「依照小子的意思，第一項便須和陽世一般似是而非的小說商宣戰，他們掛羊頭賣狗肉的藉著小說家的頭銜做幌子，不惜糟蹋前人的作品。畫蛇添足似的，什麼《續水滸》，《後水滸》，《新水滸》，《水滸新傳》，《水滸廣傳》，胡亂地弄了一大堆，把來哄騙讀者，出版撈錢，真不知人間有羞恥事。尤其是《蕩寇志》一書，筆力平庸，口口聲聲的要蕩平梁山巨寇，似乎充滿著正義感，可是弄到後來，狐狸尾巴，仍不免現出原形。他寫的陳希真同樣的落草做了強盜，受了招安，這不是該打嘴巴嗎？最可笑的，作者在那裡拾人牙慧，找梁山泊有個什麼人，他就揑造出一個什麼人來對付。果然寫得好，卻也罷了，偏生沒一個人寫得有勁，俺就不信活神仙似的智多星吳用，卻被一個平平常常的女諸葛捆綁住了，真是唐突英雄。內中還更有不堪的，因為《水滸傳》中的大刀關勝，生得儒將風流，有些像關羽，他就硬生生的把個『關』字，改為『冠』字，這樣人連些小節目都打不通，還要做什麼翻案文章說什麼匡救世人，這不是蜉蝣撼樹嗎？兄弟實在被他罵得不服氣，所以提出一些意見來，聽候公眾表決查辦。」

在座一位羅貫中接著說道：「兄弟和施君的主張一般，世人把我們的作品任意糟蹋也糟蹋得夠了。假是鄙人的作品裡面，不知何年何月，卻有人不惜費辭地在文句中間夾七夾八的添上些什麼『後人歎曰』，『後人贊曰』的屁詩。在知者呢，省得是後人的蛇足，不知者還道是鄙人的獻醜。像這種詩，不僅鄙人作品裡有，聊齋裡面，每篇都有一首，真臭不可聞。依兄弟愚見，應該把它掃個乾淨，以清積穢才是。」

羅君說畢，座中一片鼓掌，大家贊成他的主張，提付表決。

這時忽有一個十三四歲的孩子，經人扶他站起，發表意見道：「本人雖盲於目，不盲於心。目下人世間的色情小說，大為猖獗，這於世道人心，大有妨害。推厥原由，大抵受了《金瓶梅》、《紅樓夢》等書的影響。所以為世道人心著想，該把此類淫書燒個精光，至為痛快。目下所要提倡的，最好是倫理諷刺一類的小說，便如鄙人所批的《琵琶記》可以代表一切。」

這一番話，座中贊成與反對的，各占一半，於是，免不了嚕嘈起來。這位瞎子先生，便乘亂坐了下去。

首前站起反對的，便是金聖歎先生。他說：「色情小說，也得有個界限。如《金瓶梅》、《紅樓夢》兩書，算不得色情小說。《紅樓夢》完全為寫情之作，《金瓶梅》尤其是社會名著。我人批評作品，不可以詞害意，籠統說法，為了中間一段涉及男女嬿婉之私，便不惜抹煞了其他的好處。這是不平的話。便如剛才那位毛聲山先生說的只有《琵琶記》好，聖歎大大以為不然，南曲，北曲，我們且存而不論，試問人生世上，還是樂意喝厚味的酒呢，還是樂意嘗無味的水？若把兩樣東西一譬，那《琵琶記》的優劣立見了。《琵琶記》的詞句清淡如水，怎比得上《西廂記》萬分之一，而毛先生卻不惜費辭去批它，批了也就算了，又何必不自慚地稱為代表作呢。而且人家好端端的一部世情小說，你胡說亂道，硬指作者諷刺王四，害得姓蔡的代人受過，做了一生一世的罵架子，真冤枉透頂了。近來陽世一般無聊文人，作什麼《石頭記考證》，《聊齋發微》，硬派某某是誰，某某是誰，想也是學你的樣……」

金聖歎話未說完，早有一人帶些道學氣派，操著滿門京腔道：「金先生，照你的話，就把聖人的書都糟透了。聖人『窈窕淑女，君子好逑』兩句話，固然是言情，但安知不是明媒正娶呢？我們雖不曾親眼瞧見誰，未必周文王就待月西廂下哩。你先生批著《西廂記》，說是惟真才子真佳人，方有此事；我就不懂得很，譬如『逾東家牆而摟其處子』一句書，照先生的論斷，那就惟有真才子可以摟真佳人了。哈哈，這就蘇州人打字腔，不成話兒了啊。」

這時，金聖歎還沒有答話，忽地站起一人來，操著福建官腔，未說話時，先歎口長氣，然後又吟了兩句詩道：「放浪形骸容我輩，平章風月亦神仙。」接著說道：「剛才這位燕北閒人說的話兒，兄弟不敢贊同，也不能反對。但是，要像毛聲山先生說的，將言情小說燒毀，我就認為羯鼓三撻，不通不通又不通。何以呢，天生情種，端在我輩，陽春白雪，不遇解人，萬不得已而寄情於泉石，萬不得已而寄情於花月，你教他滿腹牢騷，要不做兩句文章，往那兒發洩去呢？就以敝作而論，韋癡珠之傲骨崚嶒，韓荷生之瀟灑出塵，不但現在士夫中不可尋，就是青衫隊裡，也還交代不出幾個來。然則把敝作供獻給後生小子讀了，畢竟能使他們於脂粉場中，風雅一點兒。」接著又朗朗的誦道：「世之碌碌者既不足以語之，而磊落奇偉之士，又不願聽此言，則信乎命之窮也！」歎兩口氣，坐了下去。

座中一位新文藝大師魯迅先生，搖頭歎息道：「呵！鴛鴦派，蝴蝶派，請免開尊口吧。」

那福建人重又站起來罵他道：「什麼叫做鴛鴦蝴蝶派？不通不通又不通。你是蜜蜂派，仗著尾巴上的一根刺刺痛人，對不對？」

當下主席見著在座各位文化人，漸漸不守秩序了，於是吩咐搖鈴散會。那一位文化小丑，後來為了命不該絕，經過閻王的核准，命他還陽。於是他將上項消息，洩漏到了人間來。他還發表著意見說：「陽間的文化人座談一無結果；誰想陰司裡的文化人座談也只是一片胡鬧。秀才造反不成事實；原來陰陽是一體的，我們也好不必責怪陽間的什麼文化人了。」

第二年十一期（一九四三年五月）

華寨村的來信

盧焚

你決想不到我現在的心情——我想什麼？我的感覺怎樣？說不出來，連我自己也說不出來。你也許還記得這樣一段記載，在前人的筆記中，據說有人發掘古墓，開棺見一老人，白髮三千丈，爪長繞身。毫不慚愧的說，好多天來一直攪擾我的就是這個。

你詫異我何以突然離開上海，住在這邊鄉下。我該怎樣向你解釋呵，糊塗人？你只知道從高樓上引領外望，決想不到小報上有一條消息，一個朋友恰巧給我剪了一份，且讓我抄在下面——

名作家蘆焚日前返里，臨行有以報章間讀其文字為言者，蘆初微蹙其額，繼徐言曰：「是亦猶沈約之有《韻書》，牛奇章之有《周秦行紀》也。」據云自本歲（一九四二年）起，彼從未有任何文字發表，今後當常住鄉間，養雞種豆，棄絕筆墨，直至戰爭結束。嗚呼！此君斗室一榻，枯處數載，如居餓夫墓中，日常過從者不過三四人，而三四者，固素知也。彼恒語其至友高君：「若我輩拙人，世之怪物，天下雖大，無以善活，惟有死於溝壑耳！」今且行矣。江南秋老，夫復何言！

請不要管開頭一句，先生，你應該想想我此刻多麼難受。不是不高興——憑心而論，我相信編輯先生的肯在我頭上加添三字乃純出好意；可惜他沒有跟我見過面，不知道我是一個小人物，一個平常人，「名」同「作家」全教我苦惱。隱身草是一件好東西。人家為了便於復仇行刺把它幻想出來，我不存這種妄想；我唯一的希望是將自己埋藏起來，或活或死，不讓外人知道。

完全是沒有出息人的見解！你說的不錯。小時候母親給我占卦，幾乎所有的瞎子全判定我是生成的苦命。怎麼是生成的呢？等到剩下自己一個人，這個問題便追上了我，我往往皺緊眉為它花老半天。有些事回想起來真是又甜蜜又痛苦。現在我不再作這種傻事，早已承認瞎子的話是真理了。從家鄉出來，我由北而南，自南而北，身上帶了一雙手——相當於你在馬路上看見的小工的手，肩上戴了一個頭——一個跟普通木匠相等的頭，遊息於萬眾之間，我是萬眾之一。於是乎我大歡喜，自以為埋頭做事，所處的地位十分安穩；自以為無人認識，我不必擔心成為別人的目標了。

然而且慢！你且慢慢為我放心歎氣。為了這個錯誤觀念，過去我付了多少代價，惹來多少煩惱，現在且放在一邊，不必去說他了。我想提出一件小事情，在去年——一九四二年的上海報紙上，也許還有別的刊物上，曾有「蘆焚」這個人的文章發表，我僅僅看見一篇，一個朋友給我剪下來的，就是論詩的那一篇。我承認他比我博，他提起一個德國什麼人的小說——看了這論詩的文章之後，你也許以為我平常把它奉為經典的，我卻從來沒有機會領教；他又提到一個音樂家，一個什麼司基，我卻根本不知道這個「司基」是俄國人或是波蘭人——這全可能，兩個都是出音樂家的國家——我從來沒有聽過他的「旋律」，也許我聽過我不知道；此外他似乎還提到「節奏」，我記不得了，說實話我必須自認淺薄，聽見這兩個字我就頭昏。但是牛奇章——就是前面消息上所說的牛奇章——尚且千古蒙冤，我輩小人物又有什麼辦法？即使「蘆焚」要進而論畫——據說他還有別的文章，我不曾見到，其實即使見到，我們又能怎樣？總而言之，還是再讓我來一個且慢罷！我說的太多了，為了太平起見，我們跳過一段。你必須承認我們錯了，作小人物作錯了，現在你不明白，等到將來，石頭有一天忽然落到你頭上，你便知道抱這樣思想的人有罪了。天地間從古至今有一條公理，人們永遠揀頂容易欺負的欺負。

我看出你要講話的。你要說：「天地間既然只有這樣一條公理，你幹麼不用點心去學學……」不必講下去了，我猜中了。但是容我講一句粗話——你擱住罷！你忘記了我們自身，我們身上背的無用的東西太多，我們擺脫不掉自己，我們自己永遠是我們的累墜！

現在你應該明白了我何以要離開上海——我承認我事事失敗，到處落伍。養雞種豆，自然是牢騷之言；而我以為能深深透一口氣，你又幻想著我正在過太平日子的，在這邊鄉下，每天一睜眼就是瘟疫、飢餓和兩腳獸！

「那麼」，或者你要問：「你為何一開頭便引來那段筆記？」

現在我要講的就是這個。他的想像是荒唐的；他以為人死如大睡，在棺材中不飲，不食，不呼吸空氣，成千成百年仍舊能生機不斷。這自然是一種晉唐人才有的妙想。我從不存將來成仙的心，服藥養氣全跟我無緣。可是又有什麼辦法？人世間有許多事並不完全由我們自己作主，現在我正尋覓——說直話我正尋覓那口長生不死的棺材，希望長長的來一場大睡。

請讓我再重複一遍：我看夠了，瘟疫，飢餓，兩腳獸，教人忍受夠了。你為何這樣性急呵，發墓人？假如你當真沒有事做，當真無聊的要死，你不妨去練習代數，再不然去看戲，縱然打拳也行，且勿來打攪我——你的信把我弄混亂了。再見了，先生！千萬記住這句話以後不要來信，最好根本將我忘記，從腦子裡把我挖出來。

一九四三年三月二日寄於華寨村
第三年一期（一九四三年七月）

愛儷園——海上的迷宮

凡鳥

一、這究竟是怎樣的所在？

愛儷園在上海靜安寺路，因為是已故猶太人歐司愛哈同的私產，所以普通又稱為哈同花園。園的創造到現在，大概還不滿四十年。我因為現在手頭沒有參考資料，所以不能正確地指出年代。園名愛儷兩個字，是從園主人夫婦名字中截取的。男主人的名字是歐司愛哈同，上面已經說過。女主人羅迦陵的外國名字，是儷穗哈同或儷甤哈同，因為是音譯，所以兩用的。擬定這愛儷園名稱的人，是宗仰和尚。

園的大門口匾額上「愛儷園」三字，是名書家仁和高邕之手筆。代價是一部藝術叢編。但這匾額是在民國五六年間換的；以前本來也有一方，是誰寫的，現在不很記得清楚了。或者是武進李日華。

朱漆的大門沉沉地關著，那裡面是一座風光旖旎的大花園，一座充滿著詭奇和神祕的迷宮。這是一個上海的特殊的存在，人們為它著迷，向它投射奇異的目光，馳騁不可究詰的想像……

它究竟是一個怎麼樣的所在？

在這裡我想就我所知道的寫一點，然而我並沒有滿足讀者好奇心的欲望。如果能夠，我要還給讀者一個真實。只要有一點實，對於這樣的一個題材，我覺得已經足夠了！

二、哈同——一個幸運的冒險家

哈同據說是土耳其倍克特城人。他怎麼到上海來，怎樣的擔任老沙遜新沙遜洋行的職務，怎樣榮任兩租界工部局的董事，又如何受過中國政府許多勳章勳位？這一切等等的「光榮」歷史，有他們的「年譜」、「壽言」、「榮哀錄」在，旁的人誰也不會明白這些事。——先生，你讀過《上海——冒險家的樂園》嗎？這對於那些不遠千里渡海而來的掘金者，差不多是一部可靠的史書。那麼對於這位哈同先生怎樣發跡的事蹟，我也還是留一點想像給讀者，讓你們自己去咀嚼吧。

也許因為哈同幼年生活的影響，所以他生性幾乎是「富而彌吝」。雖然他會費許多錢建築這樣大一個花園，但或者為了享樂的目的之外，在猶太人的「生意經絡」中，這正是對一種有計畫的企業的投資，絕對不是單純的消費。因為在以前一處曠無居人的滬西，建造一所花園，當然的，長時期需要很多工人，因此也需要供給工人生活的住屋和市場。這樣，哈同路和西摩路，以及這二條路中間的靜安寺路一段，並左近的地方，住屋，店鋪，小菜場……逐漸地繁榮起來。地價和屋租當然是比例地高漲，這位「冒險家」中的幸運兒——哈同的錢囊自然也逐漸彭亨起來。這種事情，在一方面固然是哈同個人投資計畫的成功；他方面也恰好證明帝國主義者在這殖民地上「開發」的業績。

哈同經營地產的初年，他經常自己帶了一個雇用的中國孩子，到處收房租。態度非常和藹，但誰要短他一個錢卻不行。有一處里弄口擺皮匠擔的人，每月付地租五元，他每次老是很快活的拍拍那皮匠的肩胛，對他講「發財，發財。」「發財」這兩個字，也就是哈同唯一常用恭維中國人的中國話。

哈同的「儉約」程度是極高的，雖然是極輕微的東西，他都不肯拋棄。園裡的樹枝長得橫在路上攔人，他也不加剪伐。他自己每天早晨在園裡散步的時候，寧可俯著頭在這樹枝下鑽過。有一時他們請了一個人布置園林，每天由羅迦陵同著指揮。等候哈同不在園的時候，羅迦陵才趁機會伐去這些礙路的樹枝。哈同對於他太太是很敬畏的（許多有趣的傳說，說是他極其迷信羅迦陵的「幫夫運」是他「發財」的主因，所以對他的太太，雖然在某一方面也採取絕對的放任主義，那自然又當別論了），而且也懂得恭敬高等華人。所以在發現這些樹枝被斬去痕跡時，問明瞭主使的人和緣由，也就沒話說。然而假使他看見一個僕人在園中折他一枝花，或者在草地上踐踏，他馬上會發怒，而且怒得非常厲害。

有一次，一個花兒匠去掉換陳設在草地上的花盆，因為途徑非經過草地不可。他正踏著進行，恰恰被哈同看見了，結果，哈同對他的責罰，是用一切洋人對付中國苦力的方法，踢了二腳。因為哈同不很會講中國話，同時他也知道這花兒匠不會懂得英語。那花兒匠請旁的人用英語對哈同說明瞭因為工作關係的原故，非經過這草地不可，他立刻明白了，從袋裡摸出一個銀幣來，向花兒匠「贖罪」。我們自然不妨相信，也許這時在他心中，真真感覺了自己的錯誤，懊悔和抱歉。假使當時那花兒匠拒絕接受這個銀幣，必須要踢還他二腳，或者他為了上帝的緣故，也肯忍受的。但是誰都不願意這樣辦罷了！

三、羅迦陵結過幾次婚？

這兒我們要說到羅迦陵了，她的「高貴」的身世，自然也只有他們的「年譜」等等才會有「可靠」的記載。我記得海寧王靜安先生給「羅母沈太夫人」撰的墓碣銘裡——這篇東西，在王先生雖然僅僅是應酬文字——說羅迦陵的父親名路易，是法國人。她的母親姓沈，原籍福建，這大約都是很真確的。更有人說，她母親以前曾和一個開糖果店的男人，在上海鄉下一個地方同住。他們的關係不很明白，或者親戚，或者同鄉人，或者……後來她與路易結合了，那個男人走了！路易和她仍在這個地方住著。羅迦陵是在上海出世的。在她幼年的時候，她父親回國去了，不久母親也逝世了，所以是由她的母舅負責撫養長大的。他們的生活是鄉下莊稼人的生活，因此她自幼沒有纏過腳，也不識字。

不過實際上撫養過羅迦陵的人，是一個姓趙——或者姓曹——的女人。羅迦陵稱她乾媽，園裡旁的人稱她趙家太太。羅迦陵「發財」之後，她對這個故人，她是曉得「知恩報德」的，她每個月給她乾媽一筆隆重的津貼——計大洋二元五角正。這時她的乾媽差不多八十多歲了，頭髮是又少又白，走路卻還不錯。她每個月總得到花園裡去一次，她有時還帶一些雞蛋或旁的土物去。她是為了二塊半錢，始終為了二塊半錢。雖然米價是由每石六塊錢漲到二十多塊錢，但她始終是二塊半。有人把她比做大觀園裡的劉姥姥，這卻不很對。她沒有劉姥姥那樣幸運。

在民國初年的時候，園內曾編印過一些書籍。照老例，中國的富人闊人，大都是很「風雅」的。羅迦陵不認識字，但也發表文章，署名是太隆羅詩氏，或者大綸羅詩氏。據說太隆或大綸是崇奉佛教的法名，羅詩是姓。以後卻常常用羅迦陵這個名字。在徐世昌做總統的時候，送過她一方「慈淑延祥」的匾額，因此她的筆名又自稱慈淑老人。至於那儷穗哈同，或儷蕤哈同這個名字，是專為對外國人用的。有時有法律關係的事件，也用這個名字。她的姓羅當然是羅詩的省略；但她姓羅詩的原由，卻不很明白。是否她認為父親的這個法國人路易姓羅詩，或者還有旁的原因，這就不得而知了。

她早年的歷史，聽說她曾對她一部分「家屬」詳細地講過。她自己是一無隱瞞，一無粉飾的講。但她的家屬沒有把這話傳出來。但也許就因為這一點，外面所流傳反而十分神祕和詭異。實際她自然只有一個平凡的歷史。——雖然她早年有一個時期，環境壓迫她很厲害，生活非常不安定，她也只和旁的婦人一樣，應付著這個惡劣的環境。不過她幼年曾和一個姓謝的人訂過婚，也有人說是結過婚的，這事在她自己是公開的。但是婚約因何解除，這卻不很明白。她與哈同同居之後，直到現在，他們仍然與謝家子侄維繫著親戚關係，而且相當密切。

哈同與羅迦陵的夫婦關係，據他們的「年譜」等等，說是舉行過結婚儀式的。他們也許有回教禮拜堂阿衡簽字的結婚證據。而且他們曾舉行過隆重的銀婚典禮，這樣的典禮，在他們是認為可以成為他們曾經舉行過婚儀的旁證。實際上這個結婚儀式，他們在法律上出入關係很重大。因為他們有財產沒兒女，所以自己也早已深深地感覺到的。

四、關於畫像的故事

羅迦陵不識字，講英國話也僅僅洋涇浜式的幾句。但她有她的特長，她對於各種花木，差不多都能辨認出來。有名的牡丹、菊花、杜鵑、薔薇，這都不算。連冷僻的草花，像魚兒牡丹，她也識得。但她不稱它魚兒牡丹或荷包牡丹，她稱它蹺角海棠。還有珍珠梅，她稱它小茉莉。顯然這樣稱謂是有師承而非杜撰的。他們建造偌大花園的動機，或者與她對於花的興趣這一層，也有關係。

以前有一個畫師，想替她畫一幅小像；又以為她的愛花只是天生的喜愛，預備「投其所好」，在像的空白處用各種各樣的花木作背景。這樣的作品假使成功，也許有點新奇。但後來有一個人對那畫師說：「先生，你假使用這樣的計畫作畫，在你是費去了很多精神和時間；但她或者會誤會你是有意打趣她。」對畫師講這話的人是羅迦陵幼年的鄰居，他說他在孩子時代，常常稱她為「外國阿姊」的。他沒有說出為什麼要「誤會」的原因，但那畫師領會了，取消了他的有趣的計畫。這件事也許會引起什麼關係「花」的浪漫的聯想，以為她對此有所忌諱。其實說穿了也不算祕密，更無傷於「外國阿姊」的體面的，人們也許會知道，這位「外國阿姊」曾經是一個賣花女。有人問他關於「外國阿姊」旁的事，他卻不願意講。他每次遇到了這樣的事，他都得聲明自己是遵守道德的人。

羅迦陵的母親死的時候，還不滿三十歲。羅迦陵這時或許是六七歲，或許僅僅三二歲。所以她對她母親的容貌，事實上是不會記憶得很清楚。依照那位老太太當時的境遇，畫像——甚至照相似乎都不可能，至少是沒有必要；而現在自然需要起來了，羅迦陵要替她母親畫一幅遺像，她自己又不會動筆——雖然有很多幅的畫，題著她作的名字，但這不相干。——她把盡有的模糊印象，告訴好幾個畫師，央他們依著她的話畫。畫師們都很用神的畫，但都不能使她滿意。園中大家為著這事，都感覺到非常煩躁。最後有一個不常畫人物的畫師，用蘸墨筆鉤了一個婦人面容的簡單輪廓，她卻認為很像，簡直再像沒有。這個畫師鉤輪廓的方法，是參照羅迦陵的容貌，畫得更年輕更美麗。所以她認為很像——確實地說，也許是她認為滿意——或者正在這一點關係上。

後來她為這事對旁的人曾發過疑問，她說：「某先生替我母親追摹遺像，何以竟會這樣正確？」旁的人編造了一些謊話，說「某先生在有一次的夢中，夢見這樣一個人請畫肖像。所以他看得非常真切。這是醒後追摹出來的，還是和夢中所見一樣。或者就是老太太在天之靈，體念太太的孝思，特地托夢給某先生的。」這樣，她和大眾都感覺到很妥帖很滿意了！後來她又把這話問過那位畫師，畫師當然不好否認。從此謊話更轉變成為事實。從這個簡單的輪廓，摹成采色的遺像和石刻。他們家屬對這位外祖太太，誰都確認是這麼個雍容華貴恰如她高貴身分的容貌。

五、舍利子和苦瓜

羅迦陵的信佛，也和旁的婦人一樣，單純是一種傳統的迷信。雖然他們刊印的佛經上，有別人替她代撰的文字，顯示出她對內典的如何精深，但在這個世界，表面和實際往往會差得很遠，這也是不用掩飾的事。但是她和那輩弄佛學的人糾纏得久了，也會記上一點關於佛學的名詞，和佛教的故事。她比他們園中在頻伽精舍養著的一輩「女修」或許更高明一點。

有一次，有一個做古玩買賣的人，拿來一個圓形的石子，據他說是什麼「舍利子」。這「舍利子」在旁的人看去是青灰色的。但羅迦陵說她看去是大紅色的。還有她的一位「如弟」姬覺彌說，他看去是粉紅色的。這事大眾覺著奇怪。研究認識論的哲學家答覆不出；研究色盲的生理學家病理學家也同樣答覆不出。最後，由一個研究佛學的人說明了！他說「舍利子」這東西，是由佛的遺體上發現的。這雖然也是一種物質，但實際是形而上的東西。所以它本質並沒有色彩，或者比水晶還透明。但是人用肉眼去觀察它，它會反映出一種幻覺的色彩來。這幻覺的差異，隨各人對於佛學的功夫深淺而定。換一句話說，它的反映是象徵著各人的佛性。假使有佛性極高的人看去，是統體光明，一無塵渣。其次是如月之明，如水之清。其次是如珠之圓，如玉之潤。其次是如火之焰，如茶之豔。但能夠看到這樣色采的，需要有成佛作祖的根基，才能反映著這樣的光輝。在這個世上的古德、高僧、上人、開士，最高的所見也不過是大紅色，其次是粉紅色，其次是橘黃色……最下是青灰色。我想羅迦陵和姬覺彌在沒見「舍利子」以前，也許曾聽過這一類的話。假定這話可信，那羅迦陵研究佛學的工夫，或者說她的佛性，在這個世界中，已是上乘了！姬覺彌也僅僅比她下了一等。普通的芸芸眾生，都是望塵莫及的。這倒是一件有趣的事！然而假使這話是不可靠，那麼，這事正是表現著他們目疾初步的狀態。因為羅迦陵是後來終於失明了！姬覺彌呢？眼睛沒有瞎，但目力也不很好。他請人替他代寫的小楷，他要用顯微鏡放大了，才能「審定」過。

同樣的一件故事，可以說和「舍利子」是一個模型造成的。有一種苦瓜，滋味是有點苦的。但苦的東西不一定壞，苦瓜的苦味正是這樣，是一種很好的苦味。不過好雖然很好，苦究竟還是苦的。在園裡他們家屬偶然吃苦瓜的時候，不知怎樣會談到這苦瓜的滋味上，也許是有一個人特特提出這問題的。他們同桌吃飯的家屬，每一個人都說是苦的。惟有羅迦陵和姬覺彌說是甜的，而且是很甜的。這是什麼意義呢？羅迦陵和姬覺彌當然明白，他們家屬也當然都明白。其中或者有一兩個比較老實的人，會聯想到自己的命苦，所以吃的瓜也會苦。

六、羅迦陵的胃口

他們日常吃的東西也極尋常，哈同是一個人吃西餐的，園裡有雇用的西菜廚子替他烹調。除了鐵排雞和咖喱雞飯，是特特精製的，其餘也和外面差不多。羅迦陵喜歡吃魚翅，但她捨不得天天吃。日常也不過吃點魚肉雞鴨之類，也吃一點蔬菜，而且燒法更尋常。羅迦陵非但不一定要吃好東西，而且喜歡吃一點極普通的東西。徽百葉，臭莧菜乾這一類東西，她最嗜好。還有臭的西瓜皮，這是她所特別發明——不，我想這裡用「發明」兩個字，還是用「傳授」比較更確切一點——的美味。方法是把吃過了的西瓜皮，削去外面青色的薄皮，內面近瓤的地方也削去。單留那淡綠色的中間一層，放在臭莧菜乾的汁鹵中，經過一日或一夜之後，蒸熟了，再加上一點麻油。這東西有點紹興風味，滋味是相當的好。

羅迦陵吃剪去尾巴的螺螄，本事很不差。她不用一個一個把手撮著嘲；她用湯匙滿滿的糙上一匙，用口唇很快的次第吃著。結果，湯匙內留下的都是空殼了！這是她自幼練成的，誰都不能及她。她看別人吃螺螄，用手一個一個撮著，手指上是沾滿著油醬。在嘲不出的時候，發著小鼠子般的叫聲，她看了是又氣又笑。

和羅迦陵一起吃飯的家屬，常常有一點困難。假使這菜是她喜歡吃的，旁的人吃了，她會發話，說「我喜歡吃的，你們都搶著吃，一點也不肯放鬆。」假使不去吃它，她又會說：「我喜歡吃的菜，你們卻故意都不要吃，隨便什麼事都要和我反脾氣。」真是「欲加之罪，何患無辭」，要做到恰好，不很容易，旁的事也是這樣。實際上他們家屬每天每天總得有一二個人挨罵，但罵並不打緊。而且那人愈被她罵得凶，反轉來她愈親信。她對園中的職員傭人也是這樣。一般上級職員，難得和她見面；偶然見了，她卻客氣得非常。但受她這樣非常客氣的人，在園中縱然不「餓死」，也決不會吃飽！

七、第三主角的登場

假使把園中的事比做是一本戲，那第三個應該「粉墨登場」的主角，是宗仰上人。宗仰在園裡的時期較早，關係卻最大。

宗仰和尚是常熟人，俗姓黃氏，別名是小隱、烏目山僧。不過在園的每一個人提起他，不說是宗仰而說是中央，我起先以為他們把音讀得轉變了；後來從章太炎的文集中，看到了他確是這中央兩個字。不過我這裡卻仍然用他自己常常用的宗仰，讀的人或者比較更熟悉一點。

宗仰自幼在金山定慧寺出家，他的本師藥龕大和尚，也有相當的學問，能夠傳授他，而且還曾經請了人教他讀佛教以外的書籍，所以宗仰學問也有點根基。佛經之外，他什麼都懂一點。但他的性情做和尚卻不大相宜，要他做一個苦修的頭陀更是不行。他不但會飲酒，吃肉，玩女人；他也會談種族革命。有一個時期，他和章太炎先生在上海合辦一個小報，因此過從得非常密切。但是終於在報上得罪了皇太后，他怕會被牽連了，所以也逋亡到日本。

宗仰和羅迦陵，名義上是「師徒」；但這和羅迦陵與姬覺彌的「師徒關係」一樣，實際上他們還是平等或者對等的。羅迦陵因為到金山去進香，宗仰當時是定慧寺的知客僧，這樣，他們認識了。當然是談得很投機，所以請他到上海來計畫建築花園。這三百畝大的一塊地，本來除了少數地方可以種植，其餘的多是墳墓。到現在還有名醫張聾膨的祖墳在園中。因為這小小一塊墳地，張聾膨始終為了祖宗的緣故，不肯出賣。所以他們雖然把它攔在園牆之內，但特地替他們辟一個門和築一條路，預備他們隨時祭掃出入。其餘的地都買定了，墳墓當然掘去，樹木卻留著。隨著地勢高下的相宜，造房子，堆假山，掘河浜。這事大部分都是宗仰一個人計畫和監造的，而且經營得很不錯。這還是在他沒到東洋以前做的。

宗仰從東洋回來，開始校刊《大藏經》。經的內容和版本，大概根據日本弘教書院小字本。雖然抽換過幾種，但沒多大關係。他們又根據日本鴨巢宗教大學編的《縮刷本藏經正誤錄》，和黎端甫的《釋藏丹鉛記》，校正了好些誤字。全藏自天地玄黃，至露結為霜為止，一總四十函，連總目四百十四冊。經一千九百十六種，都八千四百十六卷。這都和《弘教藏》一樣。但當時宗仰嫌《弘教藏》分的卷帙不勻，計畫把它分編四百八十冊，十冊一函，成為四十八函。所以發售預約的時候是這樣說的。後來覺察到卷帙的多寡不一，是因為經有繁簡，只能分別部類，不可強析篇第。所以終於仍依四十函裝訂。

關於印刷這事，也經過好一些周折。最初是中國圖書公司的唐孜權出來承攬，差不多成交了！商務印書館卻願意更低的價目承印。唐孜權本來沒有實力與商務競爭，但是又不甘心放棄。於是由他們公司裡的董事李平書、狄楚青二人來和宗仰講交情，終於由他們代表中國圖書公司和宗仰簽訂了合同。以後中國圖書公司為了更換股東，改組內部，遷移場所，耽擱了一些時間。到要開始印刷的時候，他們的排字工人因為都是基督教信徒，竟拒絕排印佛教書籍。公司當局雖然一再對他們解說：「這是生意經，與各人的宗教信仰沒關係。」結果卻沒有用！終於把全體工人都更換過。這樣，又耽擱了一些時間。以後唐孜權北方去了！萬選青繼任公司經理，才開始印刷。卻巧又遇著市況經濟恐慌，物價高漲。公司為避免破產，不肯履行契約。雙方磋商了好久，才決定全部印刷費，照市價計算，歸園中自行支付。繼續著是辛亥革命，公司出售，萬選青脫離公司，都使印經這事停頓起來。終於由萬選青從中斡旋，新公司繼續承印。在民國二年三月，告成了這空前的《頻伽藏》。

八、他在紅塵中歷了一次劫

為了校刊「藏經」一事，歷時四年有餘，用去資金十五萬元。因為種種關係，超出預算十分之五。開印以後，已經是勢成騎虎，上得下不得。羅迦陵與宗仰，為這事鬧過不知多少次數。雖然沒有半途而廢，但以前計畫增入的五六千卷，不得不作罷了！在宗仰的刊經記中，有「此經之成，歷事如是之艱，用款如是之鉅。主人固推誠相與，堅定不移。余亦綜核勾稽，因果自矢。」弦外之音，有點可以想像。這事實在使宗仰精神上夠痛苦的。

校訂藏經的地方名義上是頻伽精舍，實際卻是曼陀羅華室——後來改稱阿耨北舍。在藏經告成前後，宗仰還辦過一回華嚴大學，地點就在阿耨北舍的更北面，但這事所餘留的痕跡很少，沒有什麼可談。

宗仰為了建造園林，校刊藏經，舉辦僧校，已很費精神。還有園中一切的事，都須他管理，他完全代替了主人的地位，使主人哈同得「專心他的企業」。

一個殘酷的現實站在前面。他太「辛苦」了！他因為日夜辛苦而老了，老得非常快，至少是比羅迦陵老得更快。接著是姬覺彌的「大展鴻猷」，又代替了他的幾乎是主人一種的地位。他看出了自己眼前的黯澹，他似乎怕會因他而「阻塞賢路」，應該「功成身退」。終於他走了！他為要顯示他的光明磊落，把他自己的衣服，書籍，……一切的東西，都剩在園中，沒有帶走！

他以前雖沒把緇衣拋棄，現在是真實回到做和尚的路上了！他真真實實地在紅塵中歷了一回劫，那個夢那麼浪漫而荒唐。他回到金山，又遇到了一件意外的苦悶，僧眾和紳士嫌他犯了清規，不歡迎他。

為了表示懺悔，他想替寺中建一點功業，於是想到募化一點錢，替寺中蓋幾所屋宇。他首先想到的自然是羅迦陵，他自信憑過去那點關係還能使她出很大的一筆錢，所以他為這事又到過園中一次。可是他想錯了！羅迦陵的態度非常冷淡，他失敗了！再回到金山，這時土木已興，錢沒著落，怨憤再加上焦急。不久，我們愛儷園中的第三主角，就悄悄地死去了！

第三年一期（一九四三年七月）

槎溪說林

說齋

一、康有為藏書

吾鄉錢竹汀先生嘗論及藏書，引魏華父言：「藏書之盛，鮮有久而弗厄者。孫長孺自唐僖宗時，為榜書樓兩字，國朝之藏書者，莫先為。三百年來，再毀於火。江亢叔合江南吳越之藏，凡數萬卷。為藏僕竊去，市人裂以藉物。其入安陸張氏者，傳之未幾，一篋之富，僅充一炊。」自從隋人牛弘指說書有五厄以來，念及書籍散亡之痛，恨恨不已的人，不知有多少。像葉適、封演、洪邁、周密、胡元瑞這班人都是，這裡所說裂以藉物，用以供炊，正亦人情之常。竹汀先生還跟在魏華父後面唏噓不已，其情可憫。蓋除了像葉適、封演、洪邁、周密、胡元瑞這班人歎口氣了事以外，對於書厄還不是一樣地無補的嗎？

近來私家藏書散失的情形，雖然沒有詳細的記載可覆按，亦可從想像中得其大概，正在經歷一個大厄。而個人的見聞，亦足資證一二。葉靈鳳所藏版畫，五年前在辣斐德路地攤上，買得六七種，可見其書散出之早。曹聚仁蝸广藏書於去年陸續收有《莽原》半月刊，北京大學研究所國學門週刊、月刊，廣州中正大學語言歷史週刊，以及各種零星本子約有數十種。王國維、衛聚賢所藏亦稍有散出。昨日在卡德路又收萬木草堂所藏數種。有《天竺字原》、《悉曇字記》、《嘯亭雜錄》、《魏默深文集》、《秋蟪吟館詩鈔》等。都是康有為的遺物。其書之散逸，早在二年前，於善鐘路一西書肆中見康氏署名之關於埃及的書二厚冊。初不注意，以為見之偶然耳。今據書賈言，其佳藏，已於去年由康氏學生經手售於南京某氏。又曾以每本一元，分售於上海之各舊書店。今將汰存之書，以七百元一擔稱售，則所存能有幾何哉！曩以康梁齊稱，任公藏書遺命交國立北平圖書館保管，留為世用。康氏遺物終不免於厄，斯亦足為藏書家有所憬悟矣。

四月十五日

二、腋下生兒

孩子們在覺得自己是一個人的時候，往往想知道人是怎樣來的。他們就是看見過雞、鴨、羊、貓等動物的生養，也不會想像得出人的出生是怎樣的。於是就問父母。吾鄉的為父母者，碰到這個問題，往往答以從腋下生出來的嚇，完事了。也有說是石頭孔裡鑽出來，這在孩子們也會以為是誑話，不肯相信了。還是像上面一句話，可以使孩子們相信一時，因為他們本也知道人從體出生，但不知道在人體那一部出生耳。

這種說法，雖然有點違反科學，卻也並非無稽。向達譯斯坦因《西域考古記》插圖第九十六圖繡有佛之出生事蹟之絹幡，即有腋生圖像一幅。原書頁一五六有圖解一節云：「上面諸段寫的是佛降生故事，次序井然不亂，最上一段作摩耶夫人熟睡，夢喬答摩菩薩誕生之狀。下面一段作夫人乘輿往遊藍毗尼園之像，輿夫行動匆遽的姿態，用真正中國式的技術，表現得極為優美。再下一段太子從摩耶夫人右腋誕生，適合印度的傳說。不過用寬袖遮蔽這種動作的莊嚴柔和的方法，以及花園後面表現得很好的小山，卻顯然是中國風味。」這裡有二點值得提出說一說。其一，腋生之說源出印度，原來說的是佛生故事，我國唐代已流行，並已摻入了豐富的人間味，後來流變為人的故事了。其二，當時用寬袖遮蔽這種動作的莊嚴柔和的方法，已是中國風味，可知在印度並不如此，照上文的語氣看來，似應顯露一點。這裡做作文飾的心情，和現在的父母躉言腋生，正是一脈象通，但其間相差已十個世紀以上了。

四月十六日

三、印度曆法

法顯《佛國記》云：「法顯等欲觀行像，停三月日。其國中十四大僧伽藍，不數小者。從四月一日，城裡便掃灑道路，莊嚴巷陌。其城門上張大幃幕，事事嚴飭，王及夫人、采女皆住其中。瞿摩帝僧是大乘學，王所敬重，最先行像。離城三四裡，作四輪像車，高三丈餘。狀如行殿，七寶莊棱，懸繒幡蓋。像立車中，二菩薩侍，作諸天，侍從。皆金銀雕瑩，懸於虛空。像去門百步，王脫天冠，易著新衣，徒跣持華香，翼從出城迎像，頭面禮足，散華燒香。像入城時，門樓上夫人、采女遙散眾華，紛紛而下。如是莊嚴供具，車車各異。一僧伽藍則一日行像。白月一日為始，至十四日行像乃訖。行像訖，王及夫人乃還宮耳。」

這是法顯等到於闐所見的當地風習。於闐即今之和闐縣，玄奘《大唐西域記》卷十二之瞿薩旦那國，亦是一地異名。在印度文化影響下為時之久，可以概見，蓋法顯與玄奘之間已相距有三百多年了。上面說的行像，是佛國故事，所紀月日亦是印度曆法。內雲「白月一日為始，至十四日行像乃訖」即是。印度曆法，謂月之前半為黑月，後半為白月。黑月自月虧至晦，白月月盈至滿。《大唐西域記》卷二云：「月盈至滿，謂之白分；月虧至晦，謂之黑分。黑分或十四日，十五日，月有大小故也。黑前白後，合為一月。」故印度月曆，由中國月之十六日至翌月之十五日，上面引法顯在於闐所見的行像故事，由印度四月一日（即黑月一日）預為準備，由四月十六日（即白月一日）開始，訖於四月二十九日也。

四月十八日

四、會稽郡故事雜集

魯迅先生用「周作人編」名義刊行的《會稽郡故事雜集》，絕版已久，是一部難得的叢書了。金步瀛編《增訂叢書子目索引》頁三一一會字條，列其子目，共有七種：吳朱育撰《會稽土地記》，陳隋間夏侯曾先撰《會稽地志》，吳謝丞撰《會稽先賢傳》，賀氏撰《會稽先賢像贊》，鍾離岫撰《會稽後賢傳記》，晉虞預撰《會稽典錄》附存疑，晉賀循撰《會稽記》。金先生的這部索引，是為浙江省立圖書館編的，凡例三云：「凡此所列之叢書，悉為本館已有搜藏者。其見於各種叢書書目而為本館所未購者，概未列入。」工作態度鄭重如是，所列子目當信而有征。在周作人《瓜豆集》的〈關於魯迅〉一文裡，卻說：「歸國後他就開始抄書，在這幾年中不知共有若干種，只是記得的就有《穆天子傳》，《南方草木狀》，《北戶錄》，《桂海虞衡志》，程瑤田的《釋蟲小記》，郝懿行的《燕子春秋》，《蜂衙小記》與《記海錯》，還有從《說郛》抄出的多種。其次是輯書。清代輯錄古逸書的很不少，魯迅所最受影響的還是張介侯的二酉堂吧，如《涼州記》，段潁陰鏗的集，都是鄉邦文獻的輯集也。」

又說：「他一面翻古書抄唐以前小說逸文，一面又抄唐以前的越中史記書。這方面的成績第一是一部《會稽郡故事雜集》，其中有謝承《會稽先賢傳》，虞預《會稽典錄》，鍾離岫《會稽後賢傳記》，賀氏《會稽先賢像贊》，朱育《會稽土地記》，賀循《會稽記》，孔靈符《會稽記》，夏侯曾先《會稽志》，凡八種，各有小引，卷首有敘，題曰太歲在閼逢攝提格（民國三年甲寅）九月既望記，乙卯二月刊成，木刻一冊。」

這裡輯書的緣起和時期都說得很清楚，但是另外有一點值得提出的，增訂叢書子目索引裡共列七種，這裡說有八種，多出孔靈符《會稽記》一種，當以後說較前述更可靠也。〈關於魯迅〉中又引原敘曰：「書中賢俊之名，言行之跡，風土之美，多有方志所遺，舍此更不可見，用遺邦人，庶幾供其景行，不忘於故。」

輯書的意思，於此可見。在今日看來，豈不仍是一種極有價值之意思乎？

四月十五日

五、章太炎以大勳章作扇墜

魯迅《且介亭雜文末編》中〈關於太炎先生二三事〉云：「考其生平，以大勳章作扇墜，臨總統府之門，大詬袁世凱的包藏禍心者，並世無第二人；七被追捕，三入牢獄，而革命之志，終不屈撓者，並世亦無第二人；這才是先哲的精神，後生的楷範。」這裡說的七被追捕，三入牢獄，且按下不表。以勳章作扇墜，臨大總統府之門，這一重公案，恐怕也要失之年久，大家模糊了。對於這種狷狂的行動，在太炎先生身後倉皇製成的《同門錄》中的大弟子們，大約以為「有違古之儒氣，足以貽譏多士」，所以從來不見他們稱道。這也是先德不彰的原因之一罷？《遠生遺著》卷二頁一九二，民國三年一月十四日〈記太炎〉云：「以本月初三日起程赴津，堅約共和黨本部幹事張伯烈、張大昕、吳宗慈送往。張君等乃為公餞，酒酣以往，遂至誤車。及人到後而不能上車，太炎大憤，乃決不欲還本部，即遷入東單牌樓之華東飯店，以示決心。故一時喧傳太炎不知何往者以此。」此為太炎先生以共和黨人之邀請至北京，袁世凱派警兵監守，由檢察廳起訴後之事也。又云：「至初七日早十一時，乃駕車直赴總統府招待室，投名刺謁大總統。總統辭以會客不見。問會那一個，接待員答會熊總理。（熊氏每日以八時入府十一時始散）候之良久，則又問會誰，答稱會向瑞琨。太炎大怒，謂向瑞琨係一孩子尚可會，何以不會我？因指名會秘書張一麐，接待員答以已赴政治會議。乃稱無論何秘書皆可。而眾秘書互相推讓，不肯見之，乃由一秘書與敷衍數語即去，太炎因大鬧不行。」同卷頁一九四，民國三年一月十一日〈謁黎〉又云：「座客詢及章太炎近狀，請公設法保全者。公答必可無事，因大總統亦雅意保全之也。惟彼前日來府，穿大毛衣，執一羽扇，掛起勳章，見人就丟茶碗打人，如此難怕不鬧出事來。送往各處，各處皆不肯收，故暫送拱衛軍之教練處招待。」黎即副總統黎元洪，答客之詞，當為實情，至於謂大總統亦雅意保全之，以及故暫送拱衛軍之教練處招待云云，這當然是官腔了。

《遠生遺著》的作者黃遠庸，是當時的名記者，和張君勱同為《少年中國週刊》的主幹，為了黨嫌，被暗殺於三藩市，做了邵飄萍的前驅，也是一個不平凡的人。這在現在知道他的人也少了。在黃遠庸先生的記載中，對於魯迅先生所說的〈大詬袁世凱包藏禍心者〉終沒有說出來，大約這在當時是說不得的，看太炎先生的屢被「招待」等情，就可明白了。其實，就在今日再提這種話頭，也有點不大方便。好在我們對於先哲的遺范，著重在一個行字上面。那末，上面所記的一些，也足夠了。

四月二十二日

第三年二期（一九四三年八月）

京角兒們在上海

海生

一、京朝派角兒的抬頭

不知道根據什麼原理，也不知道是不是他們所謂的「祖師爺」給他們傳下來的？在梨園行中有了「京派」與「海派」之分！也許是地域上的區別，因為只要在北京唱戲的角兒們，就可以稱為「京派」或「京朝派」。「京朝」兩字，是多少含有自尊自貴的意思。北京是歷朝建都城的所在，並且是舊劇的發祥地，還有在宮中當差的「內廷供奉」，特別受遺老遺少們的崇仰，所以需要打起這京朝派的幌子，來表現他們的不平凡，和誇耀過去的光榮，不論這名稱是含有封建意識或已不合時代；他們既以「京朝派」自許，盲從和崇拜偶像的觀眾們，自然也就不敢不以「京朝派」目之。簡稱「京派」，是認為一個「京」字已足夠表現他們是皇皇京城裡的出產物了。

由於彩頭佈景戲日趨沒落，暴發戶的層出不窮，觀眾的好奇與崇拜偶像，新戲館如雨後春筍等等原因，「京角兒」是抬頭了！戲館老闆們都迷信著「京角兒」能夠賣錢，票價能比「海派」角兒賣大幾倍，所以新舊戲館都樂於邀聘「京角」，「京角」也就成為戲劇商人競購的貨品。況且「京角」究竟不多，有供不應求的趨勢，按「物以稀為貴」的例子，用在被認為是貨品的「京角」身上，也是適合的。他們就紛紛抬高包銀，願者上鉤，那一家出錢最多就跟誰去，戲劇商人在「貨賣當時」的原則下，也只能忍痛屈服，所以「京角兒」們就愈加趾高氣揚，不可一世了。

二、從京角兒的待遇說到他們的脾氣

「京角兒」們的待遇，是比「海派」角兒要優越許多：第一，他們的包銀是照聯鈔計算的；第二，他們接送吃住，都由戲館負責，就是戲班裡與邀角人談判條件所謂的「四管」，至於一般名角像譚富英、荀慧生、李萬春、馬連良、程硯秋等，除了「四管」以外，出入步行都用汽車接送，為了博他們的歡心，時常要饋贈禮物和十日一大宴，五日一小宴，那末，他們才會肯唱比較紮硬能夠叫座的戲。否則，像富英那樣，只要他不高興，開出什麼《南陽關》、《賣馬》、《御碑亭》等戲，那是準賣不了錢！所以戲館老闆對於富英的敷衍是特別周到，只要能夠使他滿足，在可能範圍內總替他辦到。有一個戲館老闆曾感慨地說：「如果我把待角兒們的一番好意去待自己父母，就成孝子了。」

角兒裡面脾氣不容易應付的除譚富英而外，男角有李萬春，女角有吳素秋。萬春的派頭最大，像前次到金城大戲院演唱的時候，他就非住國際飯店不可。而且他除賺應有的包銀以外，還有額外的需索，像要戲館當局替他做西裝買襯衫和送「小包銀」，譬如他唱一齣《十八羅漢收大鵬》，每次就要多拿二百至四百塊錢「小包銀」之外的「小包銀」，不給他就不唱。戲館老闆為了他的這齣戲能叫座賣錢，也只好忍痛耐氣的照付。記得一次他在××舞臺演唱時，因為前臺沒有將他需要匯到北平去的款子匯出，當晚他和藍月春初次合演《兩威將軍》，賣座的成績好極，戲館門前早將鐵柵拉起，他在八點鐘左右差「催戲」的到前臺去說：「小老闆今兒個晚上有病告假！」這句話，使前臺老闆由著忙而變成憤怒，甚至於意氣地想一方面退票回戲，一方面找醫生替萬春驗病，如果冒稱有病，準備告他妨害營業，要求賠償一切損失；可是他看到了場子裡面擠滿得水泄不通的觀眾，鐵柵門前掛著的一塊給反光燈照耀著顯得更惹人注目的「客滿牌」，他的氣漸漸地平了，怒火也漸漸地消滅，這時他反而感到更加著忙，就派人向萬春要求銷假，答應他的一切要求，這才了掉這段公案。萬春的不易對付，於斯可見。

吳素秋初次到上海來，是和趙金蓉、梁韻秋、李婉雲三坤伶同時南下為更新舞臺開幕剪綵，本來沒沒無聞，自唱《紡棉花》走紅以後，這才有她這麼一號。不過她除了《紡》以外，也很少有戲能夠賣錢。戲館老闆當然要求她多「紡」幾次棉花，可是她卻「端」了起來，要她唱一次《紡棉花》，就得送她幾件旗袍料，並且限定只唱幾次，超過這數額就得另談條件。素秋的母親吳溫如，徐娘半老，風韻猶存，是個很來得的腳色，往往對於前臺的待遇和後臺的措置感到不滿時，不等素秋開口，她母親就會打起滿嘴山東白，提高著嗓子和前後臺的辦事人大辦交涉，就是極微細的地方，也不肯放鬆。所以前後臺辦事人甚至於老闆，見了她娘兒倆，都會感到頭疼腦脹！

說了一大篇關於「京角」兒脾氣之壞，那末，也許有人會問：「『京角兒』是不是都這樣難以應付呢？」

不，當然是不。「京角兒」裡也有許多性情很和藹，很可愛的。男角中有梅蘭芳、程硯秋、白家麟、姜妙香等；坤角有李硯秀、梁小鸞、白玉薇等。梅蘭芳雖然是中外聞名、地位崇高的國際藝人，但是他無論見了誰，都非常謙恭有禮，下後臺甚至於見了「龍套」都道辛苦，人緣極佳。他能有今天的地位，實非偶然。硯秋和蘭芳相伯仲，而且極保守演員道德。記得他前此在黃金演唱時，有一天遇到防空演習的交通管制，車輛都停止通行，他住在滄州飯店，離開黃金很遠，他為了不願誤場，不使觀眾失望，從滄州一直步行到黃金。他的這種精神，實在值得令人欽佩。白家麟也是一位忠實的演員，他到了臺上就賣足力氣，始終不稍鬆懈。一次，他在吃飯的當兒，發覺廚子送上來的飯已經發酵，他就打發自己的夥計到外面去買，這事給前臺辦事人知道以後，要對廚子加以嚴厲的責罰；可是他反而替他們說好話，他對辦事人說：「饒恕他們這一回吧，警戒他們下次不可就行了，況且也不便替我招冤家！」於是那廚子就非常感激他。姜妙香善書能繪，言語舉止，都帶有幾分書卷氣。對任何人都和藹可親，對任何事都肯吃虧，真所謂與人無忤，與世無爭，所以前後臺對於他的印象和情感是最好，並以伶界中的「聖人」目之。

照上面的一些例子看來，「京角」中的脾氣有好有壞，固然不能一概而論，不過，壞的究竟占多數，所以一般人把他們就同樣看法了。

三、京角兒的痛苦

京角兒到上海來，賺著極大的包銀，受著優越的待遇，是多麼使人豔羨，但是他們也有他們的痛苦和悲哀，現在再舉幾個例子：

他們到了上海以後，在登臺之前，先要向聞人、公館、票房、報館去拜客，起碼要走上這麼三四天，見了誰都得裝起笑臉，卑恭地說著許多請求他們捧場、幫忙、指教的話，最難受是到那些公館人家去，那些有錢人的面目是最猙獰醜惡的，尤其是一般暴發戶，他們會板起一張鐵青的臉，端起臭架子，甚至於用一種輕視的眼光去看他們心目中所謂的「戲子」，還有種種沒有禮貌的態度，可以使每個去拜客的「京角」感到侮辱和氣憤，但是他們也只能忍受！記得一次李萬春到一家所謂公館去拜客，在長沙發上躺著一個八字須含著雪茄的老頭兒，領導拜客的向他介紹了半天，並且說了不少好話，可是這個老頭兒竟像咽了氣似的，仍舊躺在那裡動也不動，瞪大了眼睛抽他的雪茄。這種冷酷不近人情的態度，使每個去拜客的人都感到奇窘，只好轉身出去。萬春究竟是唱武生的，多少有點武生的氣概，到了門外，他的臉都氣得發白，咬著牙說：「這老小子！我恨不得給他兩個嘴巴！」

上海的聞人，公館，票房，報館是那樣的多，拜客的日期又是那樣的短促，難免就會漏去一二家，這當然是領導拜客者的責任。可是這些沒有拜到的大人先生們卻都歸罪於「京角」們，認為他們看不起自己，而向他們謀報復。前幾個月，李少春曾因漏拜了一家公館，那主人就在天蟾買了大量戲票，準備在少春登臺以後，給他一個下不了臺，幸虧天蟾當局得到這消息較早，一方面陪少春到他那裡去補拜，負荊請罪，一方面請某聞人出面調停，這才將這場風波平靜下去。

自從這個事件發生以後，戲院當局都感到拜客的麻煩，就在同業聯誼會的常會中議決了停止拜客一案，不過為了定座，有幾家仍是陽奉陰違，他們的藉口是說：「難道『京角兒』連拜望自己朋友的自由都沒有了麼？」

其實，只要「京角兒」是有真實的藝術，不拜客還是能夠叫座的。像譚富英在更新就是一個例子。如果叫座力非建築在拜客上，那麼電影院場場客滿，也從來未見電影明星一家一家的登門拜客。況且從拜客叫來的座，最多定上三五天，決不會持久，那末，何必多此一舉呢？

還有，「京角兒」在上海固然受有錢闊老們的歡迎，但，有時卻也受盡奚落，尤以男角為尤甚。記得小生周維俊還沒有死的時候，曾到一家公館去唱堂會，恰巧他這天有些私事，辦完了趕去，卻晚了一些，這使公館的主人大大不高興，竟板起了臉將他大罵一場，維俊受了這樣的刺激，又因別的緣故就懨懨而病，以致不起。維俊的死，這件事可以說是導火線，類乎此的例子，不勝枚舉。

戲館當局對於賣錢的角兒，固然優待惟恐不周，但對於叫不起座的角兒，卻「另眼相看」，可以說當戲館老闆以及吃戲館飯的人都是社會最勢利的分子，譬如白雲生到上海來，他從前是弋陽腔班中的頭牌小生，曾紅極一時，後因崑腔日趨沒落，他為適合時宜，就拜已故老伶工程繼仙為師，改習皮簧，所以這次他也是應著皮簧小生南來。可是皮簧和崑腔不是一工，雖然他對於皮簧也下苦功研習，究竟半路出家，還沒有臻爐火純青之境，所以他和他的夫人李鳳雲卻是演崑腔戲的時候較多。他倆的崑腔戲，內行看了固然人人說好，外行卻看著莫明其妙，觀眾究竟是外行的多，於是雲生就有「曲高和寡，知音難求」之感！雲生的包銀要賺聯鈔三千一月，戲館當局覺得這個角兒邀來不上算，好在只付掉二十天包銀，唱滿了期，沒有叫他蟬聯下去，並且在第二天一大早，就送他上火車，這種「念完經打和尚」的舉動，也是司空見慣的。至於賓主間失和，戲館當局將角兒行李扣留，雙方各執一詞，真所謂「公說公有理，婆說婆有理」，這種事雖不常見，也是「京角」南來所憂慮和認為痛苦的一端。此外像行旅上的不方便，種種小處的麻煩，那是多不勝言了。

這次，譚富英到上海來，我曾去作一次訪問。他很感慨地說：「我們這一行，實在是抱著金飯碗要飯，人家看著我們好角兒，要賺多少多少包銀，其實這幾個大錢，豈是容易賺來的？幹這一行，真所謂是饑飽勞碌，沒有唱戲以前，不能夠多吃東西，雖然會覺得餓，也只好忍著；唱完以後，又不能不吃一個飽，不然就會乏力，到了臺上就得賣命。戲班裡有句話說：『死也要死到臺上去！』至於所賺的包銀，數目雖然不小，但支配下來，自己到手不了幾個。譬如自己雇用的場面、夥計，給他們的代價就不在少數。還有做行頭的價錢，一天漲似一天，一件行頭穿不得幾次就舊了，或者被汗滲透了，那就需要換新的，這筆錢就相當可觀！此外像扮戲的花粉、彩盒以及靴子等等零件，算起來支出與收入相抵，剩餘下來的錢，僅僅只能夠維持家用罷了！」

我聽了富英的一番牢騷語，使我有「富英尚且如此，何況他人」之感！

四、京角兒的私生活

藝人的生活是浪漫的，沒有拘束的，「京角兒」自然不能例外。可是往往因為私生活的太不檢點，以致身敗名裂，走上墮落、毀滅的路上去。

上海是個環境最惡劣的地方，也可以說是個毀人的大洪爐。金錢、女人種種的誘惑，到處都潛伏著。京角兒到上海來，如果品格沒有修養，沒有堅定的意志，那就很容易的掉了下去，不克自拔！像四小名旦之一的宋德珠，在半年中曾到上海來過兩次。第一次演出的成績，很是不壞，所以四個月後，他又被邀聘到上海來。可是，他在第一次演唱完畢的時候，因擺脫不了一個舞女的追求，鬧得滿城風雨，報章競載其事，況且他又是個有嗜好的，於是給觀眾們一個非常惡劣的印象。所以二次「捲土重來」，還是在舊曆的新年裡，他竟失去了號召力，失去了他的觀眾。私生活的糜爛，就成了他毀滅自己前途的致命傷！

還有一個應「裡子老生」的關德咸，在這行中，他是後起之秀。剛從北平到上海來的時候，胖胖的身材，氣度也不壞，並且有許多新的行頭。但，後來他竟時常到南市賭臺上去，除了演戲的時候在臺上以外，他日夜流連在那個張口吞人的魔窟裡。於是，每個月他所賺的包銀都送到這無底洞裡去，漸漸也把他的行頭和衣服變賣典質光了。並且借了許多債，人是一天消瘦一天，最後，穿著一件夾袍過的冬天，禁不住寒冷的侵襲，又生起病來。幸虧他有一班戲曲學校的同學在上海，大家都替他設法幫助，總算從死神的手裡將他拽了回來。

上面兩個例子，足以證明如果「京角兒」不整肅檢點自己的私生活，失敗和墮落就在前面等著他。可是仍舊在走宋關同一途徑的「京角兒」們還是不在少數，希望他們能夠及早回頭吧。

五、京角兒的管事

「京角兒」的管事，和電影明星的「代理人」一樣。像梅蘭芳有姚玉芙，譚富英有韓佩亭，李少春有陳椿齡等都是。這些管事們的職務，就是負責向前臺接洽和交涉公事，及管理劇團的一切事務。在北平，管事們有個專門的名稱叫「經理科」，可是因為角兒們一切都依賴著他們，差不多和自己的靈魂一樣，所以管事的權也就大於一切。

不過，這些管事們往往偷天換日，將角兒玩弄於股掌之上，什麼壞主意都想得出來。所以角兒和前臺有所磨擦，也可以說大半是他們造成的。往往角兒們在管事身上吃了虧，也只能忍著，這也是他們感到苦悶的一點。雖然角兒可以隨時將管事解雇，但，天下的烏鴉是一般黑的呵！

六、坤伶們一代不如一代

坤角更是「京角兒」裡面的「天之驕子」，她們受著更大量觀眾的歡迎，尤其是有錢的闊老們。自從吳素秋在上海唱紅了《紡棉花》，拜了許多「過房爺」，滿載而歸之後，似乎替坤角們在唱戲以外，另外闢了一條生財的新路，於是坤角們到上海來，「棉花」不得不「紡」，「過房爺」不得不拜，幾乎成了一種風氣。否則，就沒有人去捧她，她就不會走紅，怎麼從北平到上海來，還是怎麼回去。

不過，在坤角裡面，像梁小鸞、新豔秋、白玉薇等，還是比較知道自愛的。記得她們到上海來的時候，前臺派人陪她們去拜客，竟感觸得哭了起來。

坤角在上海是比較忙碌的，赴宴哩，剪綵哩，播音哩，都有她們的份。幾個闊老們或所謂「過房爺」們宴起客來，總少不得請幾個坤角或他們的「乾女兒」來作陪，因為在席面上有幾個異性，是比較有趣的多。其實，表面上是「請」，實際上和「叫條子」有什麼兩樣？而有錢闊老們把坤角們是當作什麼看待了呢？可是這些魔鬼在四周都張大著嘴等著噬人，如果坤角沒有堅定的意志，受著環境的包圍，物質和虛榮的引誘，那是必被吞噬無疑的。

記得一個戲館的職員，曾感慨地對我說：「現在的坤伶們是一代不如一代了！從前我們帶著她們出去拜客，個個都端莊文靜，沉默寡言，什麼話都是從我們嘴裡說出去的。現在的坤伶卻不同了，她們不但會說會笑，並且會動手動腳，請問我們站在旁邊成了什麼？」

人們都豔羨「京角兒」們表面上的生活，卻沒有注意到它的裡層怎樣，我想讀了這篇赤裸裸的文字後，多少覺得它是含有眼淚的滋味吧。

三十二・七・十・脫稿

第三年四期（一九四三年十月）

話劇應該商業化

樂山

話劇介紹到中國來雖然已有幾十年的歷史，但經常演出，還是近六七年的事。在上海頭幾年只有一二處戲院，並且連這一二處，腳地始終未站穩。比起舊劇與電影院的熱鬧景象，話劇便零落得可憐了。可是近二年來話劇突呈現出蓬勃的氣象。不論原因何在，這蓬勃的氣象對於話劇運動──說句漂亮話，總是有利的。不說別的，單從演出話劇的戲院數目看，就夠使人興奮。目前上海總有六七個戲院天天演著話劇吧，居然能與舊劇電影爭一席地，誰能說話劇沒有抬頭呢？

話雖如此，很有許多愛好話劇的人，看了目前的趨勢而引以為憂的。他們覺得話劇已離開了藝術的正路，為著迎合一般市民的心理，常常穿插許多與劇情無多大關係的噱頭，或製造著似緊張而實足空虛的場面。關於戲劇體裁方面，真正的喜劇愈來愈少見了；就是悲劇也只限於細小的傷感，能騙得觀眾的眼淚，就算是到架；最常見的是鬧劇或悲喜劇之流。以上種種自然都是低級趣味，讓人指摘的是這些，愛護話劇者所認為痛心的也是這些。秋海棠在商業方面是大成功，但一般人覺得《秋海棠》愈成功，話劇愈失敗，好像現在話劇的流行病都該由《秋海棠》負責似的。

從主持劇團的人方面說，也有他們的苦衷。現在從事戲劇的人，多少含有職業性。投資的股東是希望賺大錢的。換句話說，話劇是完全商業化了，最要緊的是賺錢，藝術不藝術，根本談不到。

又賺錢，又合乎藝術最好，樂得掛藝術的招牌。否則寧可除去藝術，生意決不能放鬆。

上海話劇之日趨於商業化、職業化是無容諱言的。本來各個時代的戲劇，有他們不同的風尚。目前上海是「萬般皆下品，惟有生意高」，那末話劇商業化，毫不足怪。個人以為問題不在商業化，若能真正商業化，真是我們過去所企求夢想的。戲劇到底是社會文化事業的一種，它與文明戲不同也就在此。凡一談文化就有些奉送宣揚的意味。今天的話劇，不但不奉送而且要觀眾出高價錢，這是話劇最足以自豪的地方。我們想自五四以來，話劇七零八落的時常有演出，但腳地站穩過嗎？可見得單是靠幾個人熱心，是支持不久的。戲劇既然含有社會性，只有靠大眾來支持。要想靠大眾來支援，最好是商業化，職業化。惟有商業化職業化話劇始能有永久的進展。

或者說話劇應該是賠本的生意。這話看過去像是抬高話劇的地位，其實是侮辱！不是侮辱話劇先天缺乏興味，就是侮辱觀眾低能。證之近來話劇生意的興隆，這話不攻自破。退一步說，就算應該賠本吧，誰來賠呢？文化事業常常是由官方或私人捐助的。但官營官氣十足，不但無補，反而有礙；私人捐助，牽制太多，往往夭折。過去許多實例，還不夠我們取法嗎？所以比較起來還是商業化對於話劇的發展，最為有利。

商業化不獨可以鞏固話劇的地位，還可以迫著它走上改進的路。因為既然商業化了，話劇就是商品，既然是商品就該使買主買了沒有冤枉花錢的感覺。同時因為同業激烈競爭，也不得不精益求精。所以商業化話劇應該有隨時進步的機會。近幾年來演技的方面比起十年前似乎進步不少。這自然得歸功於演員本身的努力，可是我們也不能忘記商業化下環境督促的功效。還有呢，從前有演話劇的演員，認為話劇沒有出路去演文明戲，現在居然有放棄文明戲改演話劇的戲院，你能說這不是話劇的勝利嗎？

我們不怕話劇商業化，我們怕的是商業化了不守商人的起碼道德——貨真價實。目前話劇中的一切惡劣趨勢，也許是過渡時期必有的現象。各個劇團卻在揣摹著摸索著如何可使話劇在商業上立定了腳跟，而同時不違背話劇內含的條件。這是需要相當時間的。我們希望經過相當時期的磨練洗濾後，有一個澄清的局面出現。

若有人認為只有惡劣的噱頭可以賣錢，觀眾永遠是盲目的，可以欺騙的，那末不要忘了，觀眾也正隨著時代進步著。那一天他們發覺了或厭倦了你那虛有其表的儀態，也就是你的末日。時間是殘酷的，誰也逃不過它的淘汰。商業化了的話劇的命運，當然握在觀眾的手裡。

不過我們也不希望話劇像伍子胥的鬍子一樣，隔一夜就換了個顏色。今天有人要噱頭，就加進噱頭，明天有人說缺乏文藝性，就加進文藝的語句。這便與商人在商品上塗顏色一般了。聽說霍華特（美國十九世紀下半一個成功的劇作者）有一次在藝人協會遇見一位當時出名的詩人，這詩人問他「你為什麼不在你戲裡放些put文學進去？」霍華特回答得很妙：「我因為太敬重我的藝術了，所以從來不把文學放進去。」一秋海棠臨死時喊出美麗的生命，像是放進去的。我還聽說有一個導演的名句是「這兒加些噱頭，那兒加些意識」。可見得不論噱頭，意識，文藝語句，要是放進去或加進去，就不免討人厭了。

話劇是應該商業化的，因為商業化，話劇的地位才能穩固。目前加噱頭加文藝語句，甚至於加意識，我們希望是暫時現象。我們所期待的是「貨真價實」的商品。

第三年四期（一九四三年十月）

未付郵——致曹禺書

成己

家寶：

這討厭人的秋雨又下了一整天了。

雨點打在玻璃窗上，點拖成了線，流，流下去積成小小的一個水灘，無聊賴地伏在窗沿上向外面望出去，一顆心都給紛亂的雨絲給纏住了，偶然地在水灘裡照見了自己十分憔悴的臉，記起那些日子在舊書堆裡翻出你的一張小照，照片上的顏色，像記憶一般的，也已慢慢的都要褪掉了。這還是你在天津演《財狂》時寄給我的一張劇照，說起來倒十年以外的事了。那時候，我們都還年輕，有的是夢想，也有的是熱情，為了朋友的一句話，可以跑出幾千幾百里地去辦一件現在想起來幾乎是可笑的小事，為了一個戲的演出可以連著三四星期整天整夜地不睡覺！

你該還記得我們在清華第一次演出的《娜拉》吧？事先雖然足足地排了一個月，可是演員裡面除了吳京和你以外全是從未上過臺的新手，在開幕的前幾分鐘裡，我的心跳動的幾乎要從口裡掉出來了，手在顫，腳底下也發軟，自己向自己重複地念你告訴我的那句話：「不要怕！只要記住了臺詞的第一句和最末一句就不會錯的了。」——可是，有什麼用呢；出臺的時候還不是懷著比赴死刑還難過的心情走上去的！到了臺上，你像小鳥般撲到我懷裡來的時候才看清你塗滿了油彩的臉上粘滿著從頭套上落下來的假髮，不禁地又笑了出來。我記得這樣清楚，因為那是我第一次也是我最後一次做演員的經驗，更因為你演了那次戲之後永遠再也沒有扮過「女角」了。

外面的雨愈下愈大了，沉沉的天色像鉛一般地壓在心上，連氣都透不過來你大約還記得？那該是個夏天罷，我有事情從北平趕到天津來，你和我談起說為寫下一個戲——《日出》——搜集材料，所以當地各等的妓女班子都想去看看，不知道是不是因了我的慫恿，才去找了黑三型的李×爺一同到一家著名的二等窯子裡去「開開眼」。進門之後，先等李×爺躺在煙鋪上抽足了福壽膏，房間裡才開始有了生氣。躲在一邊的我，看他們不住的「打情罵俏」，只不過覺得姑娘們的言語和舉動有些粗野直爽過分。不知怎樣一來，有人提議說天氣太熱了，一定要我們將上下衣服統統脫掉。在她們的手臂都粗過我們大腿的情勢下，抗議自然是無效的！在幾分鐘之內就被她們解決了，總算是給我們留下了貼身的背心和短褲，那種窘極的情形，每次想起來都還是要失笑的！

短短幾年的離別，我們四周一切的一切都起了大的變動，怎能不讓人有國破山河在，人事全非的感覺？就是當時常往來的朋友裡面，有的離散了，有的悄然的捨棄了這塵世。就是連靳以，整天咒罵著女人，也曾指天誓日地說決不再娶妻，聽說也終於美滿的結了婚，假使我得的消息正確的話，你也已經是兩個孩子的父親了。時間飛快的奔過，我們卻都一步步走入中年的暗影裡去。當這暗影襲來時，年輕人的幻夢一個個地被衝破了，以前的一切希望，理想，似乎也隨著年紀逐漸的會消滅下去。

你是說要知道一些話劇界的動態的，可是我能向你說點什麼呢？我只能告訴你，一切太混亂了，這種一日數變的情形，即使所謂「圈內人」者，也都覺著眼花撩亂，從這漆黑一團裡面抽出一個頭緒來，似乎也不是幾句話可以說得盡的。

真正關心話劇的人都會感覺到目前靠戲吃飯的人都比幹戲多了許多，也感到真正的話劇人才的貧乏，好的劇本的缺少。出錢辦劇團的老闆們拿演員當做他自己的囤貨，囤貨自然是為了賺幾個錢，於是戲沒有演出一個，只見演員們在市場上像貨物一樣被拋來拋去，於是幾個比較有天才有前途的演員為供求的關係就出了黑市！只要有錢，劇本荒更不成問題，幾位大編劇家書架上有的是陳年宿貨，隨時都可以拿出來應市，再不然花上三天兩夜的功夫也可以趕出一個新劇本來，好在有的是英文原本，管他媽的，將劇中人的原名換成張三李四，再一整理就成至尊偉構了。沒有導演有什麼關係，隨便找一個人來排上三四天就可以隆重上演的，又好在導演名字可以用集體，挨起罵來大家挨罵——也可以說沒有一個人挨罵。最可憐的還不是那些花錢來看戲的「忠實觀眾」，非等幕正式拉開以後才發現劇本是東抄西借，導演是莫知所為，裝置是七拼八湊，演員在臺上吃螺絲開玩笑，燈光效果又是忽明忽暗，若有若無，想想用掉的幾十元票錢，又不能不硬著頭皮看下去，真可以說是啼笑皆非。這樣下去，戲院生意自然不會好的，於是出錢的老闆發急，於是靠著老闆吃戲劇飯的人自然不得不掮出看家之寶的藝術至上的大纛旗來搖一搖，表示他們之「曲高和寡」，表示他們之不在生意眼！老闆者只好自認晦氣！至於剩下幾個真是幹戲的人，除了成功之後接受人家放過來的冷箭，和嫉視以外，也只有默默地歎口氣罷了！原是不想說的，說了出來倒又像是在替人家發勞騷，「天下烏鴉一般黑」，黑烏鴉也許你已經看得多了，我在這裡嘮叨是多餘的了。

外面這討厭人的秋雨還是下個不停，這封信不知道又要到什麼時候才能寄出了。
替我向穎如問好。

第三年四期（一九四三年十月）

我不能忘懷的一件事

白玉薇

人與人之間是用情感來聯繫的。天倫骨肉之愛是自然之表現；異性的愛是情欲之佔有，這種普遍而狹窄的愛任何人都曾經歷，都能施與或接受。但最可貴要算是人間之博愛，它純潔而廣大，它的出發點是基於愛人類的一顆仁慈的心！

我的寄父對於我的愛便屬於這一類。他雖是異國人，卻是個道地的中國通。他於西曆一八八一年來中國，因為熟悉中國的一切，喜愛北國的平靜的生活，對於他的祖國反而無所依戀，彷彿已入了中國籍。他曾經是李鴻章的顧問，繼之服務海關，後又任郵務長，老年時則以著作為娛，這是熟人所共知的他底略曆。寄父曾經領養不少中國兒童，將他們撫養長成，受到最良好的教育為止。這好像成了他的嗜好，也便是他最大的安慰了。他熱心地愛護領養的孩子，最難得最可珍貴的便是他那種超乎骨肉的至性感情的流露。我就是在這種愛撫下長成的，我出生六個月時，便寄養在他膝下了。

在他領養的許多孩童中最能得他喜愛的是T.K.Lin，一個最大的廣東男孩，現在內地；Helen，大眼而美的女孩。我是其中最幼小的一個，也是最得他寵愛的一個。在我記憶中，還有兩個廣東女孩，長大了，她們有了對象，寄父為她們舉辦婚禮，婚後遠走他方，資訊毫無。可是奇怪，寄父不但一無怨言，反而關心她們的生活。我的戇直使我忍不住，我說：「呵！寄父，她們是多麼無情！」

「虎兒，你錯了。」他撫了我的頭說：「這是我的義務，俗話說『施比受更為有福』，你懂嗎？」此後他更將愛憐灌注於我和T.K.。

每天我過的是幸福的日子，在法國聖心學校空餘的時間便學鋼琴。他最喜歡聽我彈琴，那幼稚的音樂從琴鍵上發出時，他便坐在沙發上噴著香煙靜靜的聽。一曲終了，他便高興的鼓著掌，有時竟用身段附和著唱起來。他常說不滿意他祖國的嫡親姪女，就是為了她彈一手極好的琴，而不肯彈給他聽。我微笑頷受著他的頌贊，同伴們的羨慕，日子便在歡笑中溜去。那時他是七十多歲，我是七八歲的模樣。

寄父雖極固執，卻仁慈得很。他時常為了我們不注意自己的健康而發脾氣，定出許多教條：早晨都要舉行深呼吸，練力，多吃青菜，吃飯時不要過快……可是他發過脾氣，不到三分鐘便恢復笑臉。他更注重道德，日常生活非常合於正軌。記得T.K.那時已是結過婚，三十多歲的人了，一次和他太太在夜間二時回家，恐被寄父知道，輕輕從院門經過，——他們住在後院——不巧被犬聲驚醒了他，一頓重責，此後T.K.便輕易不敢晚歸。寄父沒有結過婚，守著獨身主義，這也許就是他嚴峻得近於怪癖的緣故罷！

法國學校畢業以後，寄父又送我進美國學校，預備將來畢業，也和T.K.一樣送我出國。寄父要負起責任，要使我和T.K.一樣受到最好的教育。那時我卻厭倦了這種機械的學校生活，我的想望中別有天地，是在紅氍毹上成功。我有點虛榮地想：「成功一個藝人，多麼出風頭呵！」寄父奇怪我愛好的轉變，我不敢直說出的我心理。我在談話中提起舊劇時總愛大加渲染。一次，二次……我反覆慫恿寄父，要他說同意我獻身於藝術。那時頑固寄父剛好寫著完了一部關於中國舊劇的書，他的心被我搖動了，為了我的愛好，他不再堅持以前的主張。

我為了一時任性選擇了我自己的路，為了要堅定學戲的心，把握成功的信念，堅決的入了戲曲學校。六年的合同使我與寄父隔離了。六年來除去短短幾天封箱放假和有重病外，是不能請假回家的。我埋頭住在校中，以能受苦能磨練為樂，卻沒有想到這位可憐而孤獨的老人，只有一架打字機做了他六年伴侶。寫作，寫作，這就是他郵局告老後唯一的工作。他沒有任何的嗜好，只愛聽我奏琴，但我連這僅有的嗜好都不能使他滿足，他只有寂寞的望著那具鋼琴，默默的銜著煙斗。他沒有一句怨言，為了所愛的人的幸福。他能忍受個人的痛苦，他唯一的希望便是「虎兒能成名於戲劇界，梅蘭芳也是博士呢」！

「理想是崇高的，現實是醜惡的」。從我開始了戲劇生涯時便有這種感覺。每當我受到折磨及煩惱時，我不願在人前訴說，更不願寄父為我難受，總是儘量隱瞞著。可是他是最能體貼人的，何況他所愛憐的人有了不快，在眼角眉梢總可窺見一二，他常撫著我的頭說：「虎兒，我不讓你學戲，你的敏感僅用在這小小的角色中了。我一生僅悔恨兩樁事：一是自己不該脫離海關；二是不該答應你學戲，現在你又不能半途而廢……。虎兒，我見你受的痛苦，我的悔恨總是難禁。」

唉！生我者父母，知我者愛我者便是異國的寄父了。

在他的面前我不能忍受時，用痛哭表示我的憤怒，用淚水來表示我的悔恨。現在我縱有更大的悲憤，又向誰傾訴？我曾想以死來解脫我的痛苦，和懺悔以往。

不幸老年的寄父患肺炎了，咳嗽，怕冷，於是每年去香港過冬，以維這風燭殘年。誰想到前年冬季的避冷就成了永訣。那前他已是八十二歲的高齡，不幸又遭逢了香港的事變，於是資訊突然隔絕了。其間我曾隨李少春君到上海公演。雖然我不住的尋訪，終於沒有消息。

意外地我忽然得到香港法國醫院程太太來函，說寄父因病入院，只是衣物俱失，現由程家借濟。我驚喜若狂，寄父所用程太太的錢，我趕快如數償還給程太太北京的家中。我每星期都寫一封長信去慰問寄父，最後我告訴他將二次隨李少春君到上海演戲，演畢去香港尋他。到了上海，我又立刻發了一封信給他。我以為不久又可重逢我慈祥的寄父了，我要用一顆赤誠的心安慰他那顛沛的暮境，我願卸卻歌衫，陪伴他度著殘年，用那幼稚的琴聲報答他對我的愛憐……

我正在演戲期間——一月念五日，卻接到了程太太退回給我的最後兩封信，並述我寄父因思北國及女兒心切，已帶病隻身離港三星期了。我懷著驚恐疑懼喜憂交並的心探尋，第二天特地去找上海郵政局長——他的老友乍配林先生，卻得到意外的噩耗。他說寄父因回北京經過此地，體力不支，已病倒入醫院，於昨天——一月念五號晨，與世長辭。病中因為不知道我在滬，還有電報打到北京去。這消息有如一聲霹靂震撼了我。太遲了，我見到寄父是在萬國殯儀館中。

跪在寄父的靈前，淚水不足以表示我的悲哀，傷心的哭泣更不能彌補我的悔恨。咫尺天涯，彼此同在上海，懷著深切的遠念卻不能見面。我這遺憾是永久的！

漂流異國，客死他鄉，生時孤寂，死後蕭條。寄父，你默默的生，又默默的死。但你是不朽的。

花有萎謝的時候，人也有憔悴的一天，只有寄父賜給我的愛與遺下的教言：「施比受更為有福」——將傳遞著直到永遠！

第三年四期（一九四三年十月）

閒話作家書法

賈兆明

柯靈先生：

您畢竟是編輯老手，這六期《萬象》給我的印象真不壞。尤其合我的脾胃的，是每期必有一幅作家的手跡。我自己的字寫得並不好，可是對別人的字卻很喜歡欣賞玩味，無論是寫得好的和不好的。我在所謂「文化界」裡混這碗校對飯吃，屈指算來也有這麼十多年了。無論書局，報館，雜誌社，以及印刷所裡，我都有得耽過，少則幾個月，多則五六年以至七八年。因此作家的原稿見得比誰都要多些，我驕傲我的眼福實在不淺！您不信嗎？您先生的原稿，我也看得挺熟啦！您寫稿子老是用的鋼筆，毛筆好像沒有用過罷！您似乎不大臨什麼碑帖，所以字寫得並不成什麼體，只是圓滾滾的，很好玩兒。但一個個還算清楚，排字人拿到手准不喊頭痛。有人說，書為心畫，從每個人的書法裡，可以顯出他或她的做人之道。就您的筆跡看來，那您做人一定很圓融，我沒有和您見過面，不知這話說得可對？

我上面說，您的字排字人不喊頭痛，這不是說排字人很歡迎。「不喊頭痛」與「歡迎」，中間還有相當的距離。周作人，老舍，趙景深……，他們的稿子那才使排字人歡迎呢。老舍的字端正樸厚，大約平常臨的是顏碑。他文章和談話都很幽默，但他的字卻一些不幽默。林語堂的鋼筆小字，確乎有些幽默感，至少是我覺得。他的毛筆大字，像張裕釗體，又像鄭孝胥體，就沒有幽默可感到了。趙景深的字，喜用青蓮墨色書寫，搖曳多姿，似出閨秀之手。他是一個麵團團的大胖子，字和人極不相稱。李青崖、謝六逸、耿濟之，他們肥胖的程度都比趙氏甚，李氏的字瘦勁有力，也不像大胖子所書。謝氏肥滿，耿氏臃腫，他們倆的字才有些像自己的身體呢。矛盾的原稿雖則清楚，但字卻寫得並不好，而且筆劃常有不到家處，以致極易被排字人認錯，我們校對人實在不歡迎他的稿子。他的字瘦削瑣小，極像他的人體。

使排字人見了頭痛的稿子，對不起得很，我以為要算胡愈之和鄭振鐸了。他們的字寫得非常匆促，我猜想他們寫字的速率比平常人至少要加倍。請想在這樣快的時間內所寫的字，當然極草率，怎樣好給知識程度比較淺的排字人辨認呢！胡愈之的字形簡而小，筆劃省略極多。鄭振鐸的筆子極粗，字形極大，無論你格子怎樣大，他的字老是藏不進格子裡，有一半要鋪出在格子外。再加以添注塗改得極厲害，「滿紙塗鴉」，正好作他的稿子的考語。我們籀讀他的文章，可真費力，不要說排字人見了頭痛，就是我們校對人見了何嘗不頭痛啊！添注塗改，也有添注塗改的藝術：矛盾遇到寫錯的字句，必用筆細磨細琢地畫一個方方「網眼塊」蓋在上面；而豐子愷則索性用墨筆濃濃地把這一格或一行塗滿，無論所寫的是鋼筆字或毛筆字。這樣，就決不會給人家誤認，這方法是值得推薦去的。可是話得說回來，鄭振鐸的鋼筆字原稿，固然烏裡烏糟，人家見了喊頭痛，但他的毛筆字，說句上海話，寫得真嶄呢！不由得不叫人見了暗地裡喝一聲采。他的字，顏魯公體是底子，再加上寫經體，鐵畫銀鉤，左細右粗，雖不及疑古玄同的精美，但功力也不小。你如果在三馬路一帶舊書鋪子裡買一本《西諦所藏善本戲曲目錄》，就可看到他的筆跡了，聽說這本書從頭到底是他自己親筆繕寫了付木刻的。再有世界書局出版的一本《小說戲曲新考》（趙景深著），裡面也是他題的字，並且還署一個名字，你看了就可證明我的話決不假。

晉人寫經體，自然要推已故的疑古玄同寫得最好了，他替人家題的字很多，我們極容易見到。整篇的則有木刻章氏叢書續編裡的《新出魏三體石經考》，還有朱起鳳氏《辭通》的序文。他的字用筆凝煉，結體謹嚴，而且一絲不苟，可以說沒有一筆敗筆，娥媚妍麗，確是精品。辭通的序惜乎製版縮得太小了，不及三體石經考的美妙。疑古氏是音韻學家，他的學生，也是音韻學家的魏建功，也寫「寫經體」，但他的結構不及他老師的謹嚴，筆力也欠凝煉，比之鄭振鐸當然要好多了。

還有一位聲韻學家，並且和疑古氏同樣是五四啟蒙時期文學革命的健將劉半農（復），也寫得一手好字。他寫的是行書，似乎也脫胎於「寫經體」。筆力極渾厚，絕看不出他會在中年便會死亡的。他曾編過《初期白話詩稿》，一篇序目，是用他手寫的原稿景印的。這篇序目，寫得很可愛，雖是隨筆寫成，但行款勻稱，絕不有凌亂之感。在這本書裡，還景印了李大釗、陳獨秀、沈尹默、沈兼士、胡適、周作人、陳衡哲等人的詩稿。

李大釗的一頁極草率，但筆力殊潑辣；陳獨秀的則較為清秀：這兩位社會科學家的法書，都沈郁有力，和思想行為極相稱。沈尹默的這些原稿，並不怎樣可愛，但他的行楷是很了不起的，在書壇上是有相當地位的。行楷臨聖教序，又參東坡體，極秀美之至。楹帖大字，更兼魏碑意味，尤見工力。我曾在某一個展覽會裡，見過他的幾幀出品，那的確可愛得很。我站在它的面前，老是捨不得走開，如果我那時不是「阮囊羞澀」，這幾幀精品，早已懸諸座右了，雖則我居住的這間亭子間的牆壁沒有幾多餘隙。他的哥哥（？）兼士，字帶歐體，工力不及他老弟（？）。兼士是一位文字學家，文字學家大都是兼擅書法的。章太炎的小篆極古雅，行書也蒼老。王國維的行楷均端正嚴肅。羅振玉小篆參商卜文字之意，楷書摹化度寺碑。馬敘倫行楷拙樸，惜於行款欠考究。容庚亦善書，極逸宕可愛，惟他所創的那種簡體字，則未見佳妙，尤其是以之書寫文字學書。

夠了，我們不要再拉扯開去了，還是回到那本《初期白話詩稿》罷。在這本書裡各原稿中，我最不喜歡的是胡適，他的字太庸俗了，學的是東坡體，但乏東坡雄肆之筆力；雖尚挺拔，然一瀉無餘，毫無回味，非上品也。他的文章，明白曉暢，但乏文學意味，我覺得這正好和他的字相配合。或許他的為人也是這樣爽利，那我可不敢斷言了。

周作人的字秀澹閒雅，一如其文，好像不食人間煙火食者。魯迅和他雖則是親兄弟，可是他們倆的思想，文章，各不相同，就是書法也絕不有相似之處。他們寫稿都用毛筆和中國紙，而魯迅所用的又常為沒有格子的素箋。魯迅筆力雄渾，與周作人的清秀正相反背，也和他的文章相稱。他們的幼弟建人，是生物學家，寫稿也用毛筆，所書字端正質樸，和那兩位哥哥異趣。學魯迅書法，似乎還沒有，學周作人的，則初有魯彥，後有沈啟無。魯彥僅略得其貌，沈氏卻有些神似了。

在這本書裡，差不多全是用毛筆書寫的，惟有陳衡哲是例外，她卻用鋼筆書寫。我們一看就知道是出於女作家的手——纖細柔嫩。她的毛筆字似乎還要略為粗壯些。女作家中冰心和凌叔華所寫也差不多，不過冰心的最秀麗。且慢，我說得不對，豈止冰心和凌叔華，就是馮沅君，謝冰瑩，陳學昭，沉櫻，蘇雪林，袁昌英……，似乎所有的女作家，她們的手筆，都落在一個類型裡，都脫不掉女子的纖細的特徵！

白薇是一個最奇特的例外，她的字也許是所有的作家中最怪的一個。她寫字用鋼筆，每一筆的收筆處彷彿是一隻蝌蚪，不知她怎樣會寫成這樣的怪字！毛筆的構造和鋼筆異，如果她用毛筆寫，不知也會成蝌蚪嗎！或者不至於罷，那只有她自己知道了。

短命的廬隱女士，不大用鋼筆書寫，倒是毛筆用得多。她的字少女子氣息，但草率特甚，別字也相當多，而標點的亂用，更出人意外，似乎她根本不懂得標點的使川法的。她的不能永年，我們在她的書法裡可以看到一些端倪。

文章風格有男子氣的丁玲，她的書法可沒有男子氣，也跳不出那一個類型。有人說，她和胡也頻、沈從文三人的字，如出一人之手。粗看起來，也許很相像，但一經細辨，便知不然。他們所用的稿紙，都是十六開直格洋信紙，用的都是很尖銳的鋼筆，寫出來的字自然有些相類了。丁玲的，誰都可以看出是一個女子寫的。胡也頻的字跡粗得多，結構也較緊湊，究竟是男子寫的。沈從文則臨摹草書，極有成就，他的毛筆字極現飛舞之姿，得益於二王非淺。就是鋼筆字，也顯相當功力。

作家中擅寫草書的，殊不多見，除沈從文外，徐蔚南也是一個。沈氏多王意，徐氏則得力於孫過庭《書譜》為多。沈氏放縱，徐氏凝練。草書最難學，筆意一有不到，字便不易給人認識。所惜他們倆都有不到之筆，未免是美中不足。

章草經沈寐叟寫成名後，近年來很時髦，學寫的很多。他的弟子王蘧常（著有《沈寐叟年譜》、《嚴幾道年譜》等書）、陳柱都以章草名。聽人家說，王氏只會寫草書，不會寫行楷，如果需要川楷書的時候，只好叫別人代謄。這未免太過分了。又聽說數學家駱師曾，和他適相反，只會寫楷書，不會寫行草，無論是著作，寫信，甚而至於一個便條，都是一筆不苟的正楷。還有一點奇特的，他的正楷，筆力稚嫩，竟像未成年的小學生所書的。

說起正楷，我們就談正楷罷。我們常見的作家的原稿，多帶一些行草意味，真正的楷書難得見到，更說不到誰寫得好，誰不好。比較起來，要算俞平伯、葉紹鈞、王統照諸人最擅寫。俞氏的詩集《憶》，是他自己繕寫了景印的，有平原之剛，而復兼具鍾繇之麗，精美絕倫。與俞氏同以散文名於時，且為俞氏好友之朱自清，他的字拘謹樸素，一如其人。《憶》後之跋，也是他親筆手稿。他寫格子字，偏側在格的半邊，和鄭振鐸之鋪出格外正相反。還有一位王統照，他寫稿雖用方格子，但老不寫在格子內。比如說，一行有二十方格，他不寫二十一個字，便是十九個字，不是三格寫二個字，便是二格寫三個字。至於他的字體，遒勁挺拔，得力於蘭亭，復參以虞歐。曾見其所書扇面冊頁，精美不在俞氏之下。葉紹鈞楷書溫潤平正，深得率更三昧。開明書店有一部小學教科書，是請他書寫景印的，曾有聲於時。近在本刊第三年第一期見一小軸，似乎蒼老得多了。他又善小篆，曾見一楹帖，極似孫星衍洪亮吉之作。

葉紹鈞著書之合作者，又是兒女親家（見《文心》序）的夏丏尊，字極古雅，體近北魏諸碑，他嘗掌教江一師，一師校長經亨頤擅爨寶子體，同事李叔同（即後來的弘一法師）擅張猛龍體，夏氏深受他們的影響。他們的弟子豐子愷，當然更受他的師長們的影響，所以他的字也頗有北魏風度，只惜筆力猶欠遒勁耳。烏鴉主義的曹聚仁也是他們的學生，他的稿子，我們望下去，只見一團墨黑，真像一隻烏鴉！

我這樣聒下去，在您聽來，我也要像烏鴉了，還是早一些歇止罷！即使您不以我為烏鴉的話，也要待下一回了。

一個陌生的人　賈兆明敬上

第三年六期（一九四三年十二月）

記張一麐老人之喪

承周

蘅妹如晤：

關於仲伯逝世之訊，雖有函告，然語焉不詳，今日無事，特為妹縷述之。

本年八月二十六日，為珂（張氏女公子——編者按）夫婦將自城返鄉，約予與為鼎（張氏公子）夫婦往遊。此遊屢有成議，迄未果行，適聞仲伯欠豫，乃決往省。珂寓在北碚白廟子礦區，路非甚遙，惟登輪須在昧爽，往往擾人一夜無眠；抵埠後又須賃轎至車站，然後易小火車入礦區，栗落殊甚，故視為畏途。予等抵寓謁兩老，伯母視前豐腴，而仲伯則瘦損失神，乍見為之一驚，其時尚非甚病，而予陰覺非吉，事後詢之為鼎，亦有此感。予等留礦三日，肴饌豐盛，人各酣食，惟仲伯僅傍坐而已，謂此種狀態，已歷月餘，疑係礦水傷胃所致，乃決入城就醫。每餐予皆講笑話，闔坐噴飯，仲伯亦為解頤，呼予為小熱昏。某夕，老人與予等笑談，至十時猶未就寢，當予講「老大嫁作商人婦」一唐詩笑話，調侃為珂，老人為予等續述之，笑謂三十年前即談過云。伯母促其入寢，始起去，猶謂：「承周肚裡笑話倒不少，明天要考考你。」伯母謂：「自汝等來後，彼常有笑言，否則，幾終日不作一語也。」家庭歡聚，往往亦同蘭亭修禊，盛會不常，某夕之聚，今日回首，便成絕響。予戰後離家五年，在予個人固犧牲幸福，為吾母計，損失尤巨矣。二十九日晨，予與為鼎夫婦侍仲伯下山，老人雖不健步，亦尚不需扶持。午間抵滬，仍寓交行，先由黃幾道西醫主治，謂係肺病復發，且肝上有癌，極為可慮。嗣改延名中醫張簡齋，張向不應外診，由杜（月笙）氏簡邀始來，據彼語杜錢（新之）：「仲老之病不治矣。」交行主總務者請予轉達此意於彼家屬，盡速移住醫院，在行方多所不便云。予婉商姑緩若干日，復暫隱不告為璇姊弟，蓋璇日夕侍病，本已膽怯，告以不治，將益惶恐。鼎邇來公私交迫，心亂如麻，不忍再以絕望之言苦之。在九月十五左右，經中央醫院內科主任診治，迭經輸血，漸有起色，為璇姊弟勞倦之餘，復須間日輸血，健康亦覺可慮，予與爔培，以身求代，醫不之許，兩旬中醫藥所耗，已近五萬，蓋注射一次最昂之值，須千餘元，每日即賴補針代飲食也。

至九月下旬，益見危象，璇鼎亦微覺之，其時杜君為賃妥汪山清溪療養院，且允由彼出資，乃假紅會車遷往。到院後在床上可瞭望戶外山色，老人為之欣喜，自歎曰：「嗦末好哉！」竊喜其或能易地而見效也。十月一日突接秀雲電話，謂得為鼎電話，知老人病危。予於翌晨約萬華同入城，當日到山，見老人益消瘦，惟尚未瀕於危，今夕予與萬華代替為鼎為璇守夜。老人夢中時作譫語，確屬可怖，惟醒後尚識予等，足證神智尚清。予慰其每屆開會必病，茲會已畢，病將痊矣。彼曰：「汝言甚是，來歲予決辭去此職，然則家用又將安出？」予曰：「此區區者豈足愁乎！」彼曰：「有之尚覺不繼，無則將更不堪矣。」老人兩年來抑鬱滋甚，故雖已登大壽，其實猶未盡其天年，經濟實為之厲階。

十月十二日，為鼎送來十萬火急函一件，謂老人已在彌留，囑予當晚上山。時已曛黑。乃次晨往，到後視老人，已不省予為誰。是夜輪值坐候，老人屢強起小便，阻之不聽。睡時即時時以手掀其衾，又時以指抓面，皆屬敗兆。與之語，答非所問；問人言，皆不知何指。為鼎囚首槽面，予亦衷心戚戚，窗外風雨甚急，益增午夜之悲。五年前與姆ma死別之情，是夜不啻重溫一遍，身與心皆如在冰窖，無一毫溫暖也。十六日下午再赴汪山，為珂夫婦先我一日到，老人之病則由王雲五奔走改延孫劉二醫診治。兩醫診斷結果，於絕望中又來一線生機。次晨予偕秀雲下山，臨行見老人神智不清，見予立床傍，突然起坐，詢彼是否欲小便？曰：「我要送送你。」雖屬神經失常，潛意識中，對予仍存客氣心。默念老人數年來重我厚我，今將與之永別，不禁鼻酸。十月二十三日以後之情形，在予日記中有一專篇，記仲伯之喪摘錄如次：

「十月二十三日星期六，予公畢入城已晚，秀雲勸予勿上山，但予仍冒險往。山中夜行，徒步十餘里，未遇一人，膽怯者不敢也。抵院時彼等咸驚詫，蓋以為予決不去矣。而予何以必欲連夜趕往，若預知送別者然，事後回想，亦覺可異，當時則僅知感情驅予如此而已。老人之病，方在彌留狀態，不僅目失明，耳失聰，且呼吸亦呈異狀，兩手不斷掀被解衣，與二十七年七月十三夜姆ma之情形無異。予於是知遲至天明，必將仙逝。十二時予先寐，室外猶聞其痰聲雷鳴。四時起視，不復有痰，平靜僵臥，殆氣息僅屬矣。延至八時四十分祝頤赴樓下電告城內準備後事，予在鄰室突聞為鼎驚呼，亟入視則老人口吐穢物，為鼎面泣手顫，舉動失措。予亟抽白布代為拭之，逝者雙目突出，狀極怖人。予乃以事先準備之茶葉及真珠，傾入逝者口內。口原大張，闔之使閉。復以二銀鈴置之掌心，強之握拳。是時珂璇亦入，以反鏡試老人呼吸，證實老人已仙遊。昨夜微雨，至是有紅日臨照，而老人夢中謂曾見粱燕孫等來迓，樓下車馬甚盛，似有人宴客者然，於是家人咸信老人旅途有伴，不寂寞也。祝頤勉珂等暫勿舉哀，以紅綢覆老人，若入眠者然。候至下午四時，棺木壽衣始舁至，來吊者僅王雲五一人。此老在仲伯病中之兩個月，延醫籌費，熱心如屬家人，洵極可敬。下午杜君亦來，惟未登樓。四時入殮，壽器二萬一千元，壽衣一萬餘元，入殮時僅為珂姊妹，為鼎夫婦，祝頤及予與為鼎之同學張君，共計七人，如無吹鼓手點綴其間，實屬淒涼。蓋山高路遠，又值天雨，且係當日成殮，城內親友尚未及知也。老人入棺時之面容，潔白慈祥，酷肖一羅漢，不但不可怖，且復極莊嚴華美，殆可象徵其一生之清高出塵。蓋棺後送靈至醫院之冷房，值大雨，與易簣時之紅日一現，謂係最祥和之朕兆。是晚予等不及下山，仍留宿醫院。九時許，陪祝頤冒雨赴某氏寓商入葬事，某氏全眷寄居交行別業，門下客有□□□×××等，予入門見一女子，手擁熱水袋，對無線電唱皮簧。時方暮秋，室中已燃火爐，□在習大字，另一華服遺老在吟詩，在此一室中，有紅粉佳人，有斗方名士，復有寄食豪門、西裝革履之勞工領袖，予疑置身在小說環境中。葬地洽妥後，仍回醫院，睡於地上。

「喪事畢後之第二日，予趕往北碚晤二伯母，入門予先高呼，老人自內室應予，聲極和婉。予知仲伯之死，雖遍載各報，全礦皆知，獨老人猶在樂觀中。予告以係肺病須長期療養，伊絕不生疑，猶告予療養肺病之種種常識，並謂絲棉背心已在趕製，不久可竣，囑予轉達為鼎。予為之暗暗鼻酸，因老人絮絮所談者，莫非關切病者，使予如坐針氈，故留一宿，即辭別。

「第五日，為鼎等在羅漢寺舉行家祭，予乞假半日往，祭堂輓聯有數百副之多，來祭者，幾網羅全市名流，最後孔太谷亦到，予導孔行禮後亦回山。

「十一月六日，有若干公私團體為仲伯發起追悼會，悼詞輓聯懸掛殆遍，名流到者益多。奉安之日，予未到場，係暫厝性質，靈櫬戰後仍須移吳也。」

綜上所記，皆為老人一生最後之哀榮，近時讀老人所遺日記，感觸良多。其一生行誼，身後諡以「文正」二字，殆最適切，時論固以「忠誠耿直」四字許老人也。妹讀此函，當不啻身與其境，此函祈保藏之。

承週三十二年十二月九日渝州

第三年十一期（一九四四年五月）

我愛講的故事（十二則）

胡悲

一、垃圾堆中的石頭

有一天，義大利藝術大家米凱朗琪羅在佛羅蘭斯城的馬路上閒步，看見街旁垃圾堆中，有一塊著名產大理石地喀拉拉所出的大理石，不知是被那一位雕刻家或工人雕壞了棄置不用的。米凱朗琪羅對這塊潔白的大理石發生了興趣，走上前去仔細端詳，尋思了一會，覺得這塊石頭雖已被雕壞了，但是棄之可惜，於是就吩咐工人把這塊石頭搬回去。不久以後，米凱朗琪羅的轟動藝壇的傑作「少年大衛」出世，原來就是用這一塊垃圾堆中的石頭雕成的。

良工無棄材。吃進去的是草，擠出來的是牛奶。這是藝術家的偉大處。物質條件相同，然而從手法與技巧上，可以見出藝術的高低。

二、蘇格拉底的小屋

希臘的大哲學家蘇格拉底，有一次築了一所狹小的房子，大家都覺得非常奇怪。他的鄰人就問他道：「先生名滿天下，為甚麼倒築了一間鴿棚似的小房子來住呢？」

蘇格拉底說：「這也許沒有甚麼理由。但是這房子雖小，要是我能使良朋好友坐滿，我也就很快樂了。」

朋友滿天下，知心能幾人？

三、沙漠上的珠寶商

有一個旅行家，在亞洲伊朗北部的沙漠中旅行。有一天，看見兩個人臥在沙上，覺得很奇怪。跑過去仔細一看，這兩個人作商人打扮，原來已經死了，旁邊還有一隻駱駝的屍首。摸索這個商人的身上，腰際珠寶累累，他們無疑是帶珠寶到伊朗去賣的商人，半途缺水，口渴而死的。

雖有珠寶滿身，喪失了性命又有甚麼用呢？

四、自得其樂的台奧澤尼

希臘的犬儒派學者台奧澤尼，是一個怪人。他雖命途多舛，但是狂態不改。

有一次，他被海盜所俘，售為奴隸。他的主人把他解放，讓他管家，並請他負教育子女的責任。可是他輕視財富，不喜浮華，好好的房子不住，卻住在一個大桶中。

有一天中午的時候，他在光天化日之下，手提點著的燈籠，在街上走來走去，好像是在找甚麼東西似的。大家都覺得很奇怪。有一個人問他說：「太陽照得這麼亮，你為甚麼還提著燈籠呢？」台奧澤尼說：「我在找一個誠實的人。」

亞力山大大帝長征到希臘，進柯林斯城的時候，城中的名達顯貴都出來迎迓，只是不見台奧澤尼來。亞力山大久仰台奧澤尼的大名，很想去看看他。他找到台奧澤尼在一個僻靜的地方，臥在地上曬太陽。亞力山大走上前去，向他打招呼道：「台奧澤尼，我久仰你的大名和智慧，你要我替你做甚麼嗎？」

台奧澤尼說：「要，請你替我走開一點，別把你所不能給我的陽光遮掉。」

亞力山大非常稱讚他這種自得其樂的精神，告訴他的隨從說：「要是我不是亞力山大的話，我情願做台奧澤尼。」

有堅定一貫的主張，才不致隨波逐流，與世浮沉。

五、蘿蔔與好馬

法皇路易十一就位以前，常到一個農人家裡去玩。這農人有個大園子，生長著不少的好果子。路易十一就位以後，有一次，這農人送了園子裡種的一個大蘿蔔去給他。路易懷念前情，特賜一千銀幣給農人，表示感謝之意。

村中的男爵聽見了，以為區區一隻蘿蔔，竟得了一千銀幣的巨賞，要是獻上真正寶貴的東西，不是可以得到更大的賞嗎？於是就送了一匹好馬給皇帝。皇帝接受了這匹好馬，非常感激他，就叫侍從把那只大蘿蔔拿來，轉送給這位男爵，說：「這只大蘿蔔值一千銀幣；我現在送給你，以報你送馬的盛意。」

依樣葫蘆，常致弄巧成拙。

六、傷心的母親

美國耶魯大學的校園裡，有一所校舍，名叫「李特奧立佛紀念堂」。在這紀念堂正面的石上，刻著英國詩人但尼孫的一句詩：「自知，自重，自製；只有這三條是引到權力去之路。」

世界上的詩人，不只但尼孫一個；但尼孫的好詩，也不僅這一首，為甚麼偏選這首詩來刻在這座房子上呢？

原來這首詩的背後，有過一個悲慘的故事。李特奧立佛是耶魯大學的青年學生。有一天晚上，他同幾個同學，赴宴會回來，因為汽車開得太不小心，撞上了一支燈柱，幾個前途光明燦爛的青年，都慘遭意外而死了。

李特奧立佛的母親聽到噩耗，傷心萬分。她天天生活在愁雲慘霧之中，無以自遣。有一天，她突然想到一個念頭，使她略得安慰。她要在耶魯大學的校園中，建造一所富麗堂皇的校舍，來紀念她的兒子。在這校舍的正面，要刻上她兒子和許多其他的青年所缺少的性格。使後代的青年學子，都會引為前車之鑒。使將來做父母的人，不必像她這樣受碎心斷腸之苦。這種為他人設身處地的義舉，不但使她得到安慰，而且使她快樂。

施與是比接受更有福的。為別人防止災患的發生，也是一種功德無量的施與。

七、無鞋之腳與無腳之腿

是不景氣的時期，物價的騰貴，使購買力薄弱的市民，無法購置所需的衣物。

有一個小孩終日赤著腳，沒有鞋穿，看見富家的孩子有漂亮的皮鞋，不免眼紅，就向父親去哭訴。父親被他鬧得沒法子想，就帶他到外面去散步。

馬路旁邊坐著一個斷了雙腿的小告化子，在那裡向路人哀哀求乞。父親靈機一動，連忙指著那小告化子向孩子說：「兒啊，你在埋怨沒有鞋子穿，是的，我們窮，我們生活困苦，比不上富家子弟。可是要是跟路邊那個小告化子比起來，你就好得多了。你在埋怨沒有鞋子穿，那小告化子不但沒有鞋子穿，連穿鞋子的腳都沒有了呢！」

小孩聽了，默默無言，只是睜大著眼睛在看小告化子那雙無腳之腿，心中感覺慚愧。環境不能盡如人意的青年，往往怨天尤人，以為自己的命最苦。其實苦命之中，還有更苦命的人。在環境方面，應以奮發的精神加以改善，在物質方面，知足可保常樂。

八、崗位上的死兵

紀元後七十九年，義大利著名的維蘇維火山爆發，把旁貝城埋在火山溶岩的灰燼中。後人把它發掘出來，在旁貝城的城門邊，有一個戍兵的崗位，一個羅馬武士的骨骼，還屹然直立在那崗位上。可見當火山爆發，沙石亂飛，居民四散逃難的時候，這位勇士因為未得離開崗位的命令，所以堅守原位，到死還在那裡。

每人都有一個崗位，堅守崗位是你的責任。

九、滑鐵盧之戰

滑鐵盧之戰，決定了拿破崙的命運。事後據英將威靈吞報告說，此役最猛烈的戰事，發生在一個農家房屋的周圍。這農家四周有一個園子，園外有厚籬圍著。這個農家地位非常重要，因此英方決計不惜以任何代價堅守下去。可是戰事非常熾烈，英方的軍火已經用完，而且園外的圍籬也起火了。於是英方連忙派了一個兵士帶信去求援。不一會兒，就有兩輛馬車，滿載軍火駛來接濟。第一車沖過燃燒中的圍籬的時候，火藥著了火，把人馬車都炸成粉齏。爆炸剛發生的一剎那間，火焰倒暫熄了。第二輛馬車就乘這一瞬沖過火壁，安然把軍火帶到。農屋中待援的英軍歡聲雷動中，圍籬上的火燒得更熾烈了。

良機是千載難逢的，失了不可復得。

十、空氣的阻力

德國的哲學家康得有一次說：在空中飛翔的鴿子，其所必須克服的困難，就是空氣的阻力。無知的鴿子，也許以為把空氣抽去，飛起來就會快一點舒服一點的吧。不知如果真的把空氣抽掉，讓鴿子在真空中飛，鴿子馬上就掉在地上，飛也飛不起了。空氣是鴿子飛行的阻力，但是沒有空氣的阻力，鴿子也就不能飛了。

沒有磨難，沒有阻礙，沒有困難，必不能完成偉業。

十一、土倫城的疫症

有一年，法國的土倫地方，突然發生虎烈拉，蔓延極速。因為附近各地並沒有發生同樣疫症的，因此大家都覺得非常的神祕。後來由醫學界加以調查，發覺最初的患者，是政府運輸船蒙特伯羅號上的兩個水手。這運輸船已經許多年沒有用了，停泊在土倫港口，用以貯藏舊軍服。這些軍服有一部分是一八五五年在塞巴斯托波戰役中死亡的法國兵所穿的。這兩個得病的水手，從船上的深處搬出一些舊軍服來以後，不到幾天，就染疫而亡。可見這次的疫症，是直接從三十年以前的戰場上傳來的。病菌在染疫死亡的兵士軍服中躲了長長的三十年以後，兩個搬衣服的水手給它以再度猖獗的機會，於是土倫城遭殃了。

除惡務盡！對罪惡的容忍與姑息，無異引狼入室。

十二、富翁和畫家

有一個富翁請畫家柏納特（Howoud Burnett）在他的紀念冊上畫些東西。柏納特允其所請，一揮而就，畫過以後，開價一千法郎。那富翁提出抵議說：「這不過只花上你五分鐘，為甚麼你竟開價一千法郎？」柏納特回答道：「誠然，不過我盡花了二十年工夫去學，才會在五分鐘中完成的。」

高超的藝術，非一朝一夕所能幸致。

第三年十一期（一九四四年五月）

尺牘的集藏

鄭逸梅

許多朋好中，很多集藏成癖的，大概集郵、集香煙畫片的居多，也有集月份牌的、假鈔票的、金幣銀圓的、火柴盒片的、鼻煙小壺的，甚至什麼訃告、喜柬、戲單、電影說明書、電車票，那簡直是打翻字紙簍，絕妙一幅錦灰堆圖畫哩。鄙人也具集藏癖，但對於以上的種種，卻不感興趣。也許有的財力不夠，有的沒有欣賞資格，在小小的紙帳銅瓶室裡，卻累累疊疊的藏著許多的尺牘。有的把它裝裱成冊，有的黏在白報紙上釘成厚厚的簿兒，有的散葉裝在大封袋中，有的儲存在紙匣裡面。荊人見了，兀是笑著說，要這牢什子的東西什麼用，饑不可以為食，寒不可以為衣，若然搬場移居，又是何等的累贅；現在生煤球爐，引火柴貴的不得了，不如給我作祖龍一炬吧。但是鄙人卻奉為至寶，說是若干年心血的結晶，那裡捨得犧牲呢？況古人說的妙，不作無益之事，何以遣有涯之生。因此環境愈惡劣，生活愈困苦，在外間飽受揶揄嘲訕，沒有慰藉，那就愛好更酷。所以為衣食奔走了一天，很疲乏的回寓，或是心中充滿著鬱勃抑塞之氣，總是熒然一燈，出所藏尺牘，展玩一番，這時已夜深人靜，更覺精神貫注，萬慮俱蠲，猛抬頭見時鐘已指十二時，才自己對自己說，明天一清早要趕徐家匯的第一課，可以睡息了，才脫了衣，胡亂的向被窩裡一鑽，不一回，便入黑甜深處。

鄙人覺得集藏尺牘，有很多的利便。一，不占地位，只須騰出一二抽屜，或小小的笥篋，就得解決。二，伸縮性很強，先從朋好郵來的信黏存入手，進一步搜羅時人中具有學術名位的小簡，這具有學術名位的時人，我雖不認識他，或許朋好中有認識而時常通訊的，那就不妨向朋好處索取一二通玩玩。再進一步，那民元以來逝世的文人詞客，以及書畫金石小說家的遺札，都是很好的資料。若然手頭有閒錢，就可以化些代價選購幾通晚清的名人尺牘，作為清閟之藏。究屬代價比其他的書畫便宜的多，所化是極有限的。至於經濟充裕的話，那就不妨推而上之，如清初的方望溪、姚惜抱、袁簡齋、吳梅村；朱明時代的宋景濂、方孝孺、王陽明、陳眉公；宋代的歐陽修、蘇長公、王介甫、黃山谷，這價值便高了。三，有歷史文獻價值。尺牘中所敘述的，往往有足資考證的所在。其人如有著作流傳，簡直可和他的著作相表裡。四，多率真語。做的文章是給多數人看的，那麼所說的話，就未免有違飾虛偽的地方，尺牘是給第二者看的，不必怎樣的諱飾，也無所用其虛偽，向知己朋友作幾句率真語，所以尺牘倒是本來面目，耐人玩索於無窮。五，以前的名人，他若然不是書畫家，那就很少他的墨蹟，那尺牘便是唯一的紀念品。六，可以裱成冊頁，也可以裝為手卷，即配入鏡框中，用以點綴齋頭，也是很清雅的。七，前人的箋紙，都很考究，有些是自製的。記得魯迅翁編印過一本箋譜，鄭振鐸先生所輯的版畫集，也把十竹齋箋譜採收了不少。由此可見箋譜的價值；集藏尺牘，那是天然的箋譜，多麼耐人玩索啊！

鄙人對於尺牘的集藏，其中卻含有些傳統性。原來先大父錦庭公，他雖然經商，又復自幼失學，但卻喜文字，遇到文墨朋友，很能虛心受教。人家寫給他的信，總是選存那措辭雅雋的，或書法優秀的，把它黏貼在一本簿冊上，封面上題著「翰墨林」三個字。日子多了，黏貼的信，當然與日俱增，甚至中間高凸出來，有似身懷六甲的孕婦，兀是擺不平伏。錦庭公時常翻閱著，似乎很有味兒，鄙人那時識字不多，所黏貼的信，字跡非行即草，那裡能夠讀的下去，但總覺的這個頑意兒很有趣味罷了。鄙人自從十八歲開始投稿，鑽進筆墨圈，過了幾年，范煙橋兄自桐花里來，買宅吳中，於是便和幾位筆墨朋友結成星社，鄙人當然也是星社的老社友，文酒之會，月必舉行一次，同時編刊雜誌報章，和當代的詩伯文雄，以及說壇祭酒，時常通著聲氣，來鴻去雁，忙煞綠衣使者。在當時各地文友寄給鄙人的信，封面上毋須寫明居址，只須寫蘇州鄭某某五個字，便能送到無誤。可見書札的多，郵役都已熟悉的了。這許多來信，鄙人就仿錦庭公的辦法，一古腦兒把它黏貼在簿冊上，標題為「來鴻集」。一冊滿了又一冊，星社雅集輪著鄙人當值，諸星友跑到舍間來，翻檢「來鴻集」，居然有好幾位回去如法泡制，把來信貼存起來，成為小小的風尚。後來鄙人饑驅滬上，寓居湫隘，庋置又復欠妥，以致來鴻集遭著鼠牙蟲跡，損壞了許多，最可惜的如吳東園、袁寒雲、朱天目諸子寫來很精雋的簡札，都付諸犧牲。如今東園、寒雲等已歸道山，並此紀念品而沒有的了。既而又復遇到淞滬之戰，文物損失，不可勝數，及戰事弭止，回寓檢拾叢殘，來鴻集越發七零八落，大有潰不成軍之勢，因此對於尺牘的興趣，遭了打擊而自然減少了。加之受生活的嚴重壓迫，也沒有這閒情逸致，從事集藏。

如此中斷了若干年，後來由飯牛翁的介紹，為某書局編輯幾種筆記等書，同時又兼編小型報，為電影公司輯特刊，和文字界的朋友，又復通訊熱鬧起來，於是死灰復燃地把新舊的書札加以整理，重行黏存，但所藏的無非是朋好寫給我有逸梅上款的。忽地我友蓮花館主跑來索幾通李涵秋、王西神、吳雙熱的書札去，說是他的至好某君托他代索的。鄙人由此動機，也就搜羅不是自己上款的書札，許多朋友便紛紛把他們多餘的或行將塞諸字簏的函柬贈給鄙人，如高吹萬、程白葭、吳子鼎諸前輩，彭述庭姻叔，以及同文如陸丹林、陶冷月、朱大可、陶壽伯、趙眠雲、陳巨來、陳涵度、章勁宇、徐卓呆、徐一帆、孫宗復諸子，投我所好，都是很可感激的。尺牘既蔚為大觀，鄙人因此鄭重地付裝池，把它裝裱成冊。第一冊是亡故的友人，如畢倚虹、許指嚴、蔣箸超、李涵秋、吳雙熱、王均卿、王梅癯、陶報癖、朱鴛雛、張春帆、孫臞蝯等等，封面顏著「人琴之慟」。某次星社開文物展覽會於滬上半淞園，鄙人就把這冊陳列在會裡。卓呆瞧著對鄙人說，請你萬萬不要出續集，否則我們未免要提心吊膽了，引得同座都笑了起來。生存的朋友匯裱了兩冊，一署「長毋相忘」，一署「似親謦欬」，不料裱好了沒有幾時，生存的朋友，如汪仲賢、袁百衲、徐枕亞、蔡寒瓊、黃若玄、程瞻廬、姚民哀、貢少芹、王西神、袁雪庵、戚飯牛、奚燕子、張丹斧、孫玉聲、沈心海、劉公魯諸子，也先後的歸道山了。人生朝露，多麼可慨啊！其他又把亡師胡石予、餘天遂兩先生的詩箋書札，匯裝一冊，顏為「玉峰胡余二先生遺墨」。更把不是鄙人上款，而已逝世的名人遺札，裝為「斷簡零鴻」。後來裱價飛漲，不能繼續裝裱，只得任它散葉的儲存著。

很快慰的，××××，我友柳君然，在蘇州護龍街上代鄙人買到一本已經裱好的晚清名人的尺牘冊子。所化代價極廉，而尺牘卻寫作俱佳，很為名貴。上款都是培蓴，有人說這是嘉定名士秦綬章的遺物。內容有陸鳳石、潘志萬、費念慈、吳鈍齋、王勝之、汪開祉、鄒詠春、葉鞠裳、惲毓嘉、惲毓鼎、徐花農、文廷式、陸寶忠、馮文蔚、廖仲山、曹福元等，以鄉先達為多。封面上有「德音不忘」四字，出於培蓴手筆。

向六瑩堂購得袁寒雲手簡十二通，現成裝裱成冊。上款大都是踽庵和無隅，踽庵譚姓，是一位金石名家。無隅便是方地山，寒雲的受業師。內容什九是討論金石古泉的，署名有的寒雲，有的克文，更有僅署一豹字，一㸑字。箋紙出於自製，很粗的行格，旁有寒雲廬三字。又有朱文拓印漢碧玉琝文曰永始四年左石父作乙丑五月寒雲凡二十字，上則琝文，作正方形，極古色古香之致。

集藏諸牘中，年代最遠的，要算明代的楊維鬥了，作行書極灑脫。越年較久，稍有蛀蝕，然字跡均可辨認。維鬥名廷樞，蘇人，崇禎解元，復社中推他為盟主，福王時勤王師起，召授兵部侍郎。順治初，因剃髮不屈被殺，據說臨刑時大呼生為大明臣，及頭墜地，又大呼著死為大明鬼，行刑者驚怖幾死。乾隆時賜諡忠節。這幅手跡，是極寶貴的。其次七十八翁文寵光，是文衡山後人，距今也有數百年了。

徐花農是俞曲園的令坦，箋紙印有銀錢金錁圖紋，有南齋清賞之箋，光緒丁酉除夕臣徐琪敬製等字，上冠四巨字慈聖御賜，充滿著封建的色彩。

葉鞠裳是一位金石家，著有《語石》一書，他有五百經幢館箋，每一札動輒五六紙，信筆疾書，頃刻而就。

狀元的書札，有陸潤庠數通，頗多涉及朝政，如云：「和議磋磨兩月，始克有此十二條，合肥煞費苦心，力量不小。而書生不曉事者，尚以為大傷國體。譬如鄉人入城，不知市價，日來上書言事者已有七八起，大率類是，所幸樞府和衷，未為群議所惑，然亦危矣。洋兵之退，近日若何情形，希隨時見告。回鑾一層，阻者甚多，定興全家在此，亦不願早回京邸，西安當道，堅主留之一說，看來非得傅相及慶邸堅請，恐不能定議也。惟洋兵退後，土匪益無忌憚，轉可搶掠，昨有南齋內監到此，據雲提督衙門，竟不能管事。將來青黃不接，未識能預為慮及否？城外有五城公所，諒尚無妨。敝居亦冀終始保全，祈代策之。」又云：「今日聞黃慎之已得旨釋放，即徐、龔、何諸人亦然，雖無官職，究可自由，頗代欣幸。」大約是指庚子拳變而言。

烈士的書札，有周實丹。實丹山陽人，謀革命，被姚榮澤所殺。南社同文搜羅他的詩文，刊周實丹遺集。生前和棠隱女士很契好，棠隱死，為繪《秋棠圖》，廣徵題詠，自撰《秋海棠絕句》，前後數十疊。他的詩最膾炙人口的，如云：「兒女胭脂名士淚，一時齊向檻前流」，又云：「傷心亂世頭顱賤，黃祖能梟禰正平。」這通書札是致寒隱的。寒隱便是吹萬先生曩時的號。吹萬先生送給鄙人兩通半，原來一通已殘缺了。

民初為黎宋坡撰四六通電的饒宓僧漢祥，他的書札，外間不多見的，鄙人卻藏有一通。

甲骨文大家羅振玉，作札於大吉壺文箋上，這札述病後調胃，謂有一良方：「取米數錢至一兩，炒黃，取鮮荷葉，將米包入，在米上微微加水，令潤，葉上針刺小孔十餘，在火上烤香，去葉取米煎湯，日飲二三次，服元極易。」大可收入驗方新編中。

秀水沈景修，是赫赫有名的，鄙人藏他一名刺，一書札。工八法，當時稱他得楊少師韭花帖真傳。著有《蒙廬詩》、《井華詞》。字蒙叔，晚號寒柯。

姚春木，為惜抱的得意弟子，作札絕精雋，鄙人藏有二通。春木工畫墨竹，因為少見，名貴的很。著有《通藝閣詩錄》、《晚學齋文鈔》。

哭陵的梁節庵，有苕華室箋，朱文很古麗，札末署一鼎字，草率異常，若沒有苕華室三字朱文，幾乎不能辨認。

去年有人出二十餘萬金，購買李蓴客的日記原稿本，可見他的名貴了。鄙人覓他的遺札，數年不得。直至最近，始由六瑩堂主人轉讓一通。但缺一角，尚非全璧。

吳愙齋以金石書畫名海內，他的書札，也是極珍貴的。他的文孫湖帆處，藏愙齋札不下數十百通。鄙人僅有其一，真有大巫小巫之懸殊。

前清三忠，有徐景澄、袁爽秋、徐用儀，鄙人所藏，有爽秋用儀，獨缺景澄。用儀札有云：「西事眾議紛紛，持論非不甚正，然敵情叵測，難保不啟釁端。中國兵既不精，餉尤奇絀，戰守未有把握，殊覺可虞。」也是指庚子拳變的。

曾、左、彭的功業，都是很赫奕的。鄙人所藏的書札，有左宗棠、彭玉麐，卻沒有曾滌生。天下事多遺憾，往往如此。左札很工整；彭則連真帶草，隨筆揮寫，可見他的名士氣是很重的。

《孽海花》中的人物，如洪文卿、汪柳門，鄙人都藏著他們的書札。柳門署鳴鑾，文卿署守拙，書法都絕挺秀，原來他們都是翰苑中人，素善此道的。

凡遊吳門的，莫不知護龍街尚書裡的怡園，那怡園是顧紫珊方伯一手闢治的。他集宋人詞，成三百聯，張於園林間，尤為一時所傳誦。方伯札作行書，署名顧文彬。

李鴻藻，世俗往往誤為李鴻章之兄弟行，實則鴻藻字蘭孫，高陽人，咸豐進士，值上書房，授穆宗讀。卒贈太子太傅，謚文正。又李鴻裔，也和合肥相國無關。鄙人卻有鴻藻鴻裔極精的手札，惜乎合肥相國，尚付闕如。

滿人名札，有崇恩一通。崇恩字仰之，號語鈴，又號香南居士，工書，官至山東巡撫。

青浦書家何長治，字鴻舫，作書胎息顏平原，雖一小札，卻亦大氣磅礴。札末附寫一聯：「厭聞新語聾何礙，老有古風詩自豪。」他是患重聽的，可見此老的風趣。他又精岐黃術。

薛福成文名震海內，作札字不見佳，鄙人疑為贋鼎，後來出示其後人，始知確是他老人家的手跡。

讀《寒松閣談藝瑣錄》，很佩作者張鳴珂的博雅，去春於無意中忽得鳴珂手札，為之喜而不寐。凡涉足梨園的，大都知道俞振飛的典型崑曲，是海內數一數二的。鄙人和他有一面之雅，覺的其人頗有書卷氣。原來他的尊人粟廬是位詞曲名家，寫著一手的好行楷，敝笥中也有那麼一通遺札。

粵東老詞人潘蘭史的書札，是他的鄉人陸丹林贈給鄙人的。蘭史字飛聲，別署水晶庵道士，他的著作所在顏曰「剪淞閣」，在滬北橫浜橋。在事變前逝世。去夏購得若干通都是蘭史上款的信，原來都是剪淞閣舊物，不知如何流落出來的。最可寶貴的，如黎湛枝、吳慶坻、程子大、戚揚、喻長霖、姚勁秋、姚文棟、余肇康、金蓉鏡、金粟香、伊立勳、楊鐘羲、崔永安等。金粟香著《粟香隨筆》，膾炙人口已久；程子大別署十髮居士，詩詞瑰麗沈博，平素很佩伏他。如今獲得手跡，欣喜自不待言了。

晚清名書家的信，有汪洵、姚孟起、吳昌碩、王一亭、鄭海藏、鄧孝先、陳豪、楊見山、楊沂孫、韓紫石、吳士鑒、馮桂芬、吳蔭培諸家。昌碩一信，討論國學，措辭尤極雅雋，如云：「讀手教，復惠叢選，俾窺全豹，欣慰欣慰。際此文字淪落之秋，得先生振聾發聵，國學賴以重光，人心轉為復古，其功豈淺鮮哉。較之雕蟲小技，剽竊時譽者，奚啻天壤，佩甚佩甚！小詩另楮錄上，巴郢俚言，還乞哂而教之。」所謂叢選，國學商兌會的刊物，高吹萬丈主輯的。

通數較多的，有陳巢南、徐仲可、傅屯良、王西神、謝玉岑、楊了公等，和人家交換，或送給同好。因為鄙人都求其普遍，人有其一，不喜一人而累累多通。

捐地義葬烈士鄒容的江南劉三，一札寥寥二十餘字，寫在唐人寫經格上，極古逸有致。劉三字季平，曼殊上人詩「多謝劉三問消息，尚留微命作詩僧」，便是指劉季平而言。他有時也作詩，有「一天風雪藝黃精」句，傳誦一時。

朱古微詞人作札，字體向左微側，自足代表其人崛強而有風節。藏二札，一留，一貽友人。

一度任上海道，逮捕于右任入獄的蔡乃煌，作札用梅紅箋，書法流利可喜。

政客偉人的信，所藏不多，只徐固卿、徐季龍、熊希齡、周樹模、高凌霨、張岱杉、薩鎮冰、徐世昌、黃郛等寥寥數通，因為這班顯貴，什九有記室，信札大都出於文牘之手，鄙人不喜留存。

羅癭公捧程硯秋成名。癭公死，喪葬費都出硯秋之助，一時稱為義伶。笥中藏癭公札，有「聞為程郎紅拂傳撰詩已成，刻時報徵求紅拂文字，即日發表，望即將大作寫寄時報畢倚虹君，至幸」。信末署名惇曧。

最近逝世的盧江詩人陳鶴柴，作札歪歪斜斜，似出孩兒手，在書札中別有致趣。

其他較為珍貴的，有譚復堂、蔣敦復、劉坤一、樊樊山、陳寶琛、王樹枏枏、薛慰農、陶方琦、沈葆楨、李審言、陳仁先、繆荃孫、王冰鐵、葉淇漁、李平書、陳散原、丁日昌、邵次公、褚禮堂、王清穆、馬君武、蔡孑民、葉柏皋、鄭大鶴、周湘舲、費仲深、步林屋、汪榮寶、張季直、黃晦聞、惲鐵樵、英癯安、孫師鄭、王祖佘、徐積餘、弘一法師、印光法師、張仲仁、楊雲史、王先謙、陳石遺、楊葆光、翁松禪、張香濤、潘祖蔭、張祥河、俞曲園、廉南湖、孫寒厓、沈寐叟、林琴南、易實甫、江春霖、湯壽潛、方唯一、查士標、胡公壽、潘雅聲等，尚有審楊乃武案件的夏同善，庸熙到他家裡的孫嶽頒。蘇州因有孫嶽頒場的地方，這兩人的書札，都是極少見的。

現在生存的文學家藝術家小說家的函札，蓄有數百通。所惜同志太少，因想玩郵票古泉，都有著會，玩尺牘的也當集合諸同志，小小有個組織，俾得彼此觀摩流通，這是鄙人很盼望的。

第三年十一期（一九四四年五月）

劇壇懷舊錄

周劍雲

一、楔子

接到《萬象》的徵稿信，要我記一點三十年前上海話劇界的情形。這使我不覺起了一陣惆悵的情緒。時間真是無情，三十年的流光，就這麼遠了，過去了。我閉目靜思，當時的情景彷彿十分清楚，又彷彿十分模糊。有如站在時間的高峰，偶然回首，望著煙雨迷蒙的遠景。

我是話劇的愛好者，民元左右我跟朋友組織過劇團，登臺演過戲，還辦過專門談戲劇的期刊。直到最近，我對於戲劇的興趣還沒有改變。雖然其間大部分的生命我都獻給了電影。但話劇跟電影不正是藝苑中的一雙姊妹花嗎？

目前上海的話劇是很發達了，同時也很進步了。地球畢竟是在轉動的！我們要提到三十年前的劇壇，雖一樣是滄桑舊話，卻與白頭宮女閒說開元遺事不同，從時間的比照上正好給我們一種借鑒。值得今日話劇界警惕的是，目前劇壇的若干現象，竟還不免令人有「今猶昔焉」之感。

但時間畢竟隔得太遠了，我只能拉拉雜雜毫無系統的記一點，掛漏是難免的了，希望的是還不至於乖誤而已。

二、從鄭正秋說起

就民元左右說，話劇——當時叫做新劇——在中國似乎已經有近十年的歷史了。不過旋起旋滅，恰如曇花泡影，對觀眾可說毫無印象。新劇在上海興盛起來的時期，則是在癸丑（民國二年）與甲寅（民三）年間。其間的契機，則不能不歸功於亡友鄭正秋先生。

正秋在當時是人所共知的「戲呆子」。他最初努力的是寫劇評，詞峰的犀利和立場的嚴正，引起廣大的注意，於是報紙爭求他的劇評，一時蔚為風氣。接著他決定獻身於舞臺，從事改良戲劇的運動。他聯絡名伶，奔走呼號，以實現他的志願。可是結果他失望了。因為當時的所謂名伶，好夢正酣，對於戲劇革命的覺醒還離得很遠。恰巧有人組織亞細亞影片公司，正秋只得領導了一批新劇家到銀幕上去求發展。不久亞細亞偃旗息鼓，這一批新劇家都懸起來了。新劇既不能演，這批新劇家又無藉藉名，一時棲棲皇皇，陷入了無處投奔的慘境。正秋為了解決這些落魄的同志的生活，在三馬路寶安裡組織了新民新劇研究所，由他個人出資，供給全體十六人的膳宿。正秋原不是什麼富家公子，他的經濟力並不勝任，沒有辦法時就出之以典質。這樣維持了三個月，他的「毀家殉劇」的熱誠感動了大家，決定公演一次新劇，以為對正秋的酬謝。癸丑八月初，新民劇社正式和社會相見了，公演的地方是在圓明園路的愛提西戲院，劇碼好像是正秋自己編導的《惡家庭》，票價一元二元三元，這在當時是稀有的高價了。戲演了兩天，賣座情形異常淒慘，連本錢也撈不回來。於是在中秋前夕的八月十四，又在南京路謀得利戲院重演了一次，票價減低到一元和八角，但觀眾對它依然是輕忽和淡漠。

一種運動的成功的機運，有時候是很偶然的，但努力卻也必有其應得的酬報。新民劇社的演出，看似失敗，實際卻成功了。觀眾雖少，而輿論一致揄揚。看過他們的戲的，也莫不留下了深刻的印象，如果新劇觀眾可以從廣度和深度分開來看，那麼量的爭取和質的爭取可以說是同等的重要。新民這次演出有兩種特點：第一是旗幟鮮明，他們明明堂堂地喊出戲劇革命的口號，認為戲劇必須是改革社會教化群眾的工具，所以劇中充滿著道義思想，一反舊劇界「優人媚俗」的傳統。這種熱情征服了社會，所以文人學士，樂為鼓吹。第二是演員在臺上態度認真，精神貫注，又使觀眾覺得耳目一新，對於新劇的看法，接著也為之一變。這麼一來，新劇在上海竟有了立足點，不久之後，竟展開了極其絢爛繁華的局面。

無疑的，提到中國啟蒙期的新劇和電影，我們不能忘記正秋的功績。縱觀他的作品，從頭至尾，始終貫徹著他的「教化群眾」的主張，用他自己的話來說，沒有一部不是「有骨子」的戲。這是值得大書特書的。藝術上的得失是另一個問題。而且我們知道，在藝術的任何一部門，在開始的時候，總免不了有稚弱和膚淺的毛病。

三、新劇界的前輩人物

更早於正秋的，或是和他同時代的，還有幾位新劇界的人物，我想就記憶所及，在這裡隨便說一說。

首先我想說的是為新劇而殉獻的王鐘聲先生。我很遺憾沒有見過王先生，可是我對他的敬仰不下任何人。清末政治的情形讀者想必知道，最初提倡新劇獻身新劇者，大都是憂國亡無日，因而實行「現身說法」的有心人。當時有所謂「言論老生」的，實際上等於化妝演講。王氏在辛亥光復以前，在北方演劇，就是因為在舞臺上鼓吹民族革命，終於為清吏所忌，因而遭到槍斃的悲慘運命。

劉藝舟，會唱皮黃，後來才改演新劇，也是一位舞臺上的「雄辯家」，善於作滔滔不絕的長篇大論。又曾和新舞臺的夏氏兄弟（月珊，月潤）和潘月樵等開明伶人合作，倡演所謂改良戲——有佈景，有幕外穿時裝或洋裝帶唱的「新玩意」。

任天知是影響頗大的一位，當時有所謂「天知派」的，汪優遊、陳大悲、顧無為都是他的弟子。任氏一名藤堂調梅，有人稱他為半個日本人。他有吸雅片的嗜好，幾位高足在戲劇界都十分得意，這位老師卻是窮愁潦倒，終於墮落而死。

另外一派的領導者是朱旭東。史海嘯（演旦角）和蘇寄生（演小生，也就是後來的評劇家蘇少卿），都是他的門生。這一派專演西洋腳本，古裝及時裝的原裝戲。有一點值得一提的，就是他們那時候已經嘗試配音樂，有時還帶歌唱。

四、新劇的中興

新劇在偶然的機會裡抬頭了。到了甲寅年（民三）的春天，遂臻於大盛。新劇團體，紛紛成立，其數以十計，較之今日上海劇壇的熱鬧，有過之而無不及。其中最著名而經常演出的，除上述鄭正秋主持的新民以外，還有下列五劇團。

民鳴社——主持人是經營三、杜俊初、張石川等，也就是亞細亞影片公司的創辦人。它跟新民劇社可說是同一源流而來，可是創辦的動機，似乎即在與新民爭一日之短長，所以一開始就形成對立的狀態。

春柳社——由陸鏡若、馬絳士、蔣鏡澄等主持。至今為戲劇界所熟知的歐陽予倩，也是春柳的一份子。鏡若是日本留學生，曾從坪內逍遙博士學劇三年，春柳社並曾在日本公演過幾次。在當時的新劇團體中，春柳可以說是最正統的劇團，位址在南京路謀得利。鏡若曾有「寧以營業殉宗旨，不因營業變宗旨」的話，可以想見。

開明社——朱旭東、史海嘯、蘇寄生等所創辦，公演於舊法租界吉祥街。

啟民社——這是商務印業館的張翰屏、趙筱儂、王起予、許夢覺、羅玉亭諸君所發起，我也是發起人之一。後來又大加擴充，招募股款，賃貴州路某大廈改建舞臺，正式公演，由我擔任董事長，孫玉聲兄為總經理。玉聲筆名海上漱石生，著有《海上繁華夢》等小說，與南亭亭長李伯元、我佛山人吳趼人是同時代的作者。他曾經編過一部古裝戲《桃花扇》，由我演侯朝宗，現在的電影導演美髯公高黎痕飾左良玉。還有，後來有聲於律師界的鳳昔醉兄，也是啟民社員，以「鳳倩影」的藝名登臺演旦角，現在想來，真不免令人莞然了。

文明社——為林孟鳴、姚稚明等所主持，演出的地址在跑馬廳，現在南洋煙草公司樹立看板處。

這是當時新劇界最著名的六大劇團。

上海真不愧為一個商戰激烈的夷場，新劇勃興了，同時劇戰也開始了。劇團之間，不但競爭，而且傾軋，公開的挖角，公開的攻擊，一時鬧得落花流水，不可收拾。一部分人覺得這樣不是辦法，提議組織新劇公會，以為聯絡感情的機構。於是不久新劇公會在貴州路成立了。但鬧人事糾紛彷彿是藝人與生俱來的惡習，再不久，這所謂新劇公會也者，就無聲無息地歸於消滅。

關於新劇公會，值得令人低徊者只有一件事，就是因為籌集公會基金而舉行的六大劇社聯合大公演。現在就記憶及參考所及，將當時會演的劇碼和著名的演員照錄如下：

《遺囑》（演員徐半梅，即徐卓呆）

《女律師》（演員汪優遊、鄭正秋、鐘笑吾、王旡恐）

《恨海》（演員任天知、陸子美、查天影、顧無為、吳我尊）

這可說是一個新劇界空前的盛會，因為新劇界的精華，幾乎薈萃於一堂了。我閉起眼睛，當時的熱鬧還可以彷彿。但盛會不再，它只給後來關心新劇者留下輕煙似的惆悵而已。

五、關於演出的劇本

現在我們說到話劇，不能不聯想起文明戲來。而話劇與文明戲的顯著的不同點，是話劇有劇本，文明戲卻只有幕表，沒有劇本。民元左右的所謂「新劇」又是怎樣的呢？

要研究中國現代戲劇的歷史，我們不能不承認新劇是它的源頭，可是這源頭經過種種挫折和阻礙，蜿蜒而來，終於分成了兩枝。一枝承繼了它優秀的一面，發揚光大，嬗遞蛻變，成為今日正統的話劇。一枝接受了它的糟粕，那就是終於弄得奄奄一息，毫無生氣的文明戲。可是從某一點上看來，新劇正是文明戲血緣最近的尊親，因為新劇也是沒有劇本的。當時只有春柳社是一個例外，他們所演的戲，大抵讀劇本。

話劇之應有劇本，演員之應依劇本念臺詞，在今日已經是當然的事了。可是在三十年前，這卻還成為一個問題，當時有種種不同的意見，現在摘錄幾種，我們不難看出當時風尚的一斑。

馬二先生（馮叔鸞，亦春柳社員）對新劇具有最進步的見解，他曾在〈新劇與新劇家〉一文中，力斥當時新劇之非，並曆舉新劇應有的要素與當時新劇的現狀，加以對照，說：

一、新劇應以腳本為要素
　現時之新劇無腳本

二、新劇應有固定之臺詞

現時之新劇自由應對無固定之臺詞

三、新劇應注重排練

現時之新劇絕不排練

四、新劇不得用背弓或一人向臺下說話

現時之新劇往往向看客說話亦常用背弓。（按背弓雲者，係京戲中術語。謂以袖障面，人人私自打算之語，如「哎呀」「且住」云云之類是也。）

五、新劇場上不應有幕外之門

現時之新劇往往有幕外之門

六、新劇不宜用多幕大致以五六幕為率

現時之新劇往往二三十幕

正秋在〈新劇經驗談〉裡也曾談到劇本問題，他說：

戲本假戲，做須真做，新戲尤貴求真，處處應合自然。若一相畏，必且相讓；倘不相讓，使成相攘，搶說話，搶風頭，戲遂失去自然之精神。初學（按指初學戲者——劍注）欲期無所怕懼，不可不讀腳本；否則亦須於未出臺時，先與同幕之人接頭也。

正秋是以工作態度認真著聞的名新劇家，從他的話裡，讀者當已不難看出當時新劇界對劇本的輕率來了。其中還有反對讀劇本的，例如鳳昔醉君就曾發表〈新劇家讀腳本之討論〉一文，文中舉出讀腳本的利弊各有五端，認為演新劇是否要讀腳本是一大疑問，當時我也極同意他的意見，所以曾經說過這樣的話：

劍雲亦為主張讀腳本之一人，平常論調，多趨向此端，今證以種種經驗，乃知此舉斷難實行。非讀腳本之主張永遠不能實行，實一般新劇大家，無讀腳本之程度也。……鄙意即使讀腳本，亦可臨時增損，並非刻板文章，不能改易一字。盡信書不如無書，不讀書必致無術。演劇者，藝術之一種也：明乎此，始可以讀腳本。特兩目一空之優人，題名沒字碑上，不知下帷攻書，稍自斂跡，反大言不慚，假充斯文，真足阻新劇之進化，貽新劇界莫大之羞耳。

但這樣的意見也自有其依據，最重要的一點，是因為當時演劇者程度的距離過遠，若干著名的新劇家都是能文之士，上得臺去，總愛滔滔汩汩，大逞其詞鋒與口才，觀眾既十分歡迎，演者也就樂此不疲。而一般演員，多有胸無點墨之徒，不讀劇本還好，一讀劇本，上了臺就變成呆鳥，等於背書，自然反不如不讀劇本了。還有，則是劇作家的缺乏，一般文人所編的劇本，多不合於公演之用。無怪乎對於劇本問題，有著這樣似是而非的理論！

六、演劇方法

演戲既不讀劇本，所謂演技，也就可想而知了。

最顯著的一點，是臺上每一演員都是一個獨立的單位，各做各的戲，彼此沒有聯絡，沒有反應，自然更談不到什麼和諧與統一。更壞的現象，是搶著做戲，各顯神通。有經驗的演員，一抓住機會，就站在台口，滔滔不斷，大發其所謂「言論」，以聳人聽聞的論調，博得座客傾心，觀眾鼓掌，而劇情的發展，到此等於中斷。如果演員之間有了不睦，那就更有趣了。記得民新社演《空谷蘭》的時候，有一次演老旦的蘇石癡因為誤了場，害得先在臺上的汪優遊和王無恐無戲可做；等到蘇石癡上場，汪王一生氣，就把他冷在臺上，只顧自己說話，弄得蘇石癡奇窘不堪，到了後臺，大罵了一通。但從此以後，感情一經破裂，凡是這三個人一同臺，就彼此搗蛋，弄得和劇情背道而馳，連看客也看出來，加以責難了。

因為沒有劇本，臺詞中所鬧「時代錯誤」的滑稽戲，更其不一而足。顧無為演越王勾踐《臥薪嚐膽》，勸觀眾不要忘記民初的國恥；朱雙雲演莎士比亞的《一磅肉》而諷刺律師，大談其《六法全書》，正是一個有趣的例子。

關於當時的演劇方法和傾向，我想在這裡鈔幾句正秋的「經驗談」，讀者也許可以從這裡窺見一個大略，他說：

> 腳色多滑稽，難得骨子戲。
> 小生怕花旦，花旦怕老生，老生怕滑稽。
> 滑稽無所怕，獨怕國事戲與世界戲。

怎麼講呢？這是說，當時演戲，因為做丑角最容易喧賓奪主，博得彩聲，所以大家都趕著做丑角。而流行新劇，很少有意義有靈魂——有「骨子」的作品。當時一般風尚，大家最歡迎旦角（男人扮的），而小生往往是附庸的地位，所以說「小生怕花旦」。但無論花旦小生，一遇見「言論老生」，對觀眾侃侃而談，大放厥詞起來，就要無所施其技了。比老生更可「怕」的是「滑稽」，因為他隨時隨地，都可以插進一手，插科打諢，怪聲怪氣，引得觀眾哄堂，而令老生的高論，也終至於英雄無用武之地。不過滑稽角色也有所忌憚，那就是「國事戲」和「世界戲」，前者描寫的是國家經緯，後者說的是世界大事，都屬於「言論」的範疇，丑角遂不能登這「大雅之堂」！

七、當時流行的新劇

「劇本荒」直至今日還是話劇界的一般現象，三十年前的情形，讀者自然不難想見了。劇作家前輩如田漢、洪深諸氏，那時候都還沒有開始他們的戲劇生命；正秋創作過一點，但那真正只能算是「啟蒙」的作品，貧弱和稚嫩自在意中。明乎此，就知道新劇之不用腳本，自有其客觀的原因了。

說也奇怪，那時候雖然根本沒有劇作產生，舞臺上卻不愁無戲可演。三日一新戲，五日一新編，源源而來，用之不竭。理由呢，因為一齣戲只要分一分幕，寫一張幕表，由導演講解指示一下，就可以上去，無怪乎這麼輕而易舉了。

當時所演的劇本各色俱全，極其五花八門的能事，約略可以分為下列幾種演變：

創作新劇——這就是新民最初所演的《惡家庭》之類。但創作不易，要爭取觀眾更難，所以這類的戲最難看見。

筆記新劇——這就是把筆記中現成的故事搬上舞臺，有一時期曾經大為風行，《聊齋志異》一書中，取材尤多。

彈詞新劇——汪優遊、王無恐、凌憐影、李悲世、張冶兒等一輩新劇家到上海，別辟蹊徑，從彈詞中找材料，《三笑》、《珍珠塔》、《果報錄》一類古董，都搬上了舞臺，而觀者大集，迥異昔日，於是彈詞新劇一時大盛起來。

小說新劇——但觀眾的胃口終於倒了，只能另外想辦法。新劇家的目光，找到了當時流行的通俗小說，《空谷蘭》、《梅花落》、《不如歸》、《恨海》……也就逐一出現了。

古裝新劇——古裝劇近來似乎頗流行，遠在三十年前，新民社卻已經在劇戰猛烈中嘗試過了。他們最初公演了《貂蟬》和《武松》，一時風魔了許多觀眾。民鳴社為要跟新民競爭，就排演旗裝戲來對抗，《西太后》是最著名的一出，他們不但著眼於古裝，尤其注重佈景，庭殿宮院，花木舟車，以富麗堂皇以眩觀眾之目。（後來還有專靠胡調戲號召看客，乃至恃動物魔術以吸引觀眾，益之以贈券抽彩，濫發茶票的。）

從這演變的情形，我們可以看出一點，就是在純粹商業化的情形之下，新劇只是一般觀眾興味的尾巴，毫無目的地跟著戲院售座紀錄的升降表亂撞亂跑。這情形似乎至今還是不免。——這到底是觀眾之罪呢，還是戲劇界之罪呢？

值得記載的還有一點，就是當時的新劇，女性都由男演員扮演，跟舊劇的習慣完全一樣的，首倡「男女合演」的人，乃是蘇石癡君。我前面曾說過石癡和汪優遊等不睦，後來他終於拂袖而去，組織民興劇社，以為報復和角逐的張本，這「男女合演」也就是他的「發明」，但這也不過是競爭之一法，並非自藝術立場出發。民興的重要演員，有任天知、許靈隱、王幻身等，兩位有「歷史性」的女演員，是梁一嘯和沈儂影。

八、新劇界的風紀問題

我的拉雜的回憶，到這裡本可以結束了。但我還不得不提到一件痛心的事，那就是關於新劇家的風紀問題。民初新劇的停滯無進步，而終至於失敗，其原因之一，實在不能不歸咎於一般演劇者的學養淺缺。當時除少數領導者外，他們根本沒有修養，對新劇的意義無認識，對藝術的成就無希望；又不知道尊重自己職業的神聖，尊重觀眾的地位，因而造成人類的失檫。若干墮落的新劇家，自己在臺上演戲，眼光卻總是逐鹿於包廂的女賓席上；下得臺去，不是和青樓中人勾勾搭搭，就是和姨太太一類女性往來，真可以說是「無恥之尤」，令人一想到就有噁心的感覺。自然，造成這種可悲現象的，洋場的風氣之敗壞也是一部分的客觀原因；還有開戲院的市儈，目光如豆，以為在臺上能賣弄風情的演員，也就是能號召觀眾的演員，不惜百計羅致，於是更使江河日下，不可收拾。正秋曾經慨乎言之地說：「新劇不能脫離資本家而獨辦前後臺，每每有等於無。」實在是很有見地的論斷。

還有一種不足為訓的現象，是演劇者之沒有骨氣和不講風義。對事業無理想，對出處無選擇，名心未遂，利心已熾，小有成功，就此驕氣橫生，借挖角以自重，借市儈以自賣，終於弄得天下大亂，新劇社中的人事糾紛，無時或已。

寫到這裡，我想到今日的話劇界，不覺衷心地感到了一種愉快。時代畢竟是在前進，無論如何，目前話劇運動者，跟從前的所謂新劇家比，是進步得不可以道裡計了。今日的劇人，大部分都有相當的修養，有的對於戲劇藝術，且始終在實踐中孳孳努力；更可欣幸的，就是劇人人格的被看重，許多劇團主持人的口號，多數是「作風第一」！而劇人也幾乎每一個都是潔身自好之士。這是值得驕傲和慶幸的，願我們敬愛的戲劇同志，共策共力，使話劇運動更加發揚光大吧。

第四年三期（一九四四年九月）

劇壇往來

徐光燊、李健吾

健吾先生：

你收到這樣的信，我敢肯定不會是第一封，寫這樣的信的人，我想我也不是第一個。如果在開頭要用點客套之類的話，大約正是你看夠的，反足使你頭痛，所以我決定不用任何的句子來自己謙虛一番，同時頌仰你一番，我只率直地寫下我積藏在心中的一點意見——對於你底兒個劇本底構成與發展的意見。從這率直冒昧的信中，希望我的淺見和發問還總算稱得上個問題，值得費你一點寶貴的時間給我封回信，那末我就要為了你是我底「一信之師」覺得無上的榮耀，至於我是否真的夠得上做你的一個「一信弟子」，那是要憑你底慈藹和寬容了。

我是一個藝術的學徒，愛寫，愛讀，尤其是愛看戲。我把看戲作為一種鄭重的功課，我常坐在戲院的一個角落裡，緊張著我底神經和肌肉，以顫慄的心情來吞噬每一次的演出。打動我的決不是曲折的劇情，圓渾的技巧，因為這些對於一個稔熟戲劇的學徒是沒有什麼驚奇的。可是有一樣打動我，就是作者底心靈上底智慧的火花，這朵火花，是不可捉摸的，是無可比喻的，然而我可以說它是一支金鑰匙，它是以開啟天國之門，引導我到藝術底永恆的邦土。由於這點欣賞和學習的欲望，我不肯放過任何的一齣戲，但是事實並不會如理想那末圓滿，除了極小數的例外。我往往出了買藥的錢帶了失望回家，因此我的腦海中老是縈回著所謂「小數的例外」的好戲，而其中，可以說是大部分，全是你的作品。

我記得近年來拜觀你的戲劇是大約下列幾出：《雲彩霞》，《花信風》，《青春》，和現正上演的《金小玉》，還有幾出，大約是因為我生了嚴重的胃病以致沒有看，可是單是所說的四部就夠我欣賞和學習的了。我看完每一個戲，總要有許久的思索，正如把吞下的東西費時間去消化一般。思索的結果，我似乎懂了點什麼，又更不懂了些什麼。我常想把我想不懂向你討教，可是一直沒有勇氣，直到我看完了金小玉，我更肯定應當把我所懷疑的問題大膽地向你提出，無論是否問得有點「戇大」，還是問。因為我根據你底精湛的學藝，我敢斷定你是一位肯指點後進者的，總不致於哂笑我吧。

我覺得——恕我冒昧地說——你底作品裡常充滿了一種苦悶，那是現實和想像衝突的苦悶。這坎坷的人間世，你早是把它當一杯苦茶飲下去了。可是你想的，卻是陽光下底白楊林子，羊群背上的牧歌。這些矛盾，當然不只存在你我之間，而是廣泛地存在我們新生代的心裡。但是這普遍的一種存在，往往令人把現實和想像分開，或是偏激地僅承認某一個領域的存在。當然一元的世界是比較容易生活的，可是若果懂得太多，深知現實是一種真正的存在，那末所有的夢想只好把這些醜惡作為出發點。夢裡的行程也不會走得遠了，不會遠那是說只有凝思與惆悵，徘徊在淒怨底太息之間。你的作品，一開頭就具有這種氣質（例如這不過是春天）。你透視人生，透視人與人底關係，可是這些深邃的思考，卻落在一朵如枯去底黃花的夢裡，讀你底劇本正如讀一首詩。這首詩，雖是從現實裡提煉出來，可是朗誦時，卻與現實的步伐失去一致了。

至於一個作品的取材和出發的角度，大約跟作者的氣質大有關係。我讀了上述的四出劇，就好像讀了一篇詩底四章，它是統一地告訴我你底筆調是趨於「哀麗纖致」。我之所以用這四個字，並非有什麼下定論的意思，更沒有說這好那不好的意思，我只不過覺得這比較可以傳達出一點你的特質，而有別於他人罷。至此，我就提出第一個問題：寫自己所熟悉的，固然是藝人的格言。然而等到自己於一定的風格或是「型」底創造，質和量已有相當可觀時，是否適當改換一下筆調和格局，這個問題我自己正有著矛盾的見解：就文藝本身而言，似乎磨煉再磨煉是必要的，向自己所努力的途徑邁進就是加強文化巨鏈的一環；同時我又想，為學總要向博大精宏方面著想，以你底技巧與天才，若果放一部分在具有完全現實性的劇本創作上，也許對文化上的貢獻更要大，功績更見煒煌。以上的小小矛盾，是我久思不能決的一個難題，希望你為我解答。

其次，再要討教的是關於故事底構成與發展。在幾出戲裡你所落的驚人之筆，那使觀眾感動的——當然我也在內。可是細想之下，總多少覺得有些突兀。抽象地說：你底劇本中底近作「浪漫蒂司」的結構，往往超越了它可能容受的限度。一個戲正在交錯地發展，應當有一個很圓滿的結束，可是忽而我看見了劇作者——李健吾先生——在劇裡跳出來，活的把它弄死，散的令它復聚，就像造化小兒在弄玄虛似的，我認為這點似乎值得考慮。因為想像到底給現實所限制，你筆下的人物，不能容一個是空想的人物，無論它是否真的存在。因此故事的發展多少要受現實的拘束，就算不甘為這大染缸所汙，可是還得為整個藝術品底和諧與統一著想，否則怕有人疑你仗用技巧玩弄觀眾呢！

我記得毀滅的作者大約說過，寫作者常因自己所寫出來底角色的形象而需改動他既定的發展經過。這點經驗，想你一定很多的了。我認為這點在你的創作過程中是需要更多的考慮。舉個實例來說，先說金小玉吧。范永立，一個正義的青年底死是偶然的，可是它統一於必然，一個熱情的女伶殉情是偶然的，但在當時的情勢下，死亡也是必然的。可是獨有警備司令的死亡，是發生在偶然上的偶然，他遇見了這種情勢是偶然，被刺更是偶然，他之所以被作者安排一個死，好像落入一個窠臼，例如惡人惡報之類，除了叫觀眾叫一次好以外，在藝術上我敢斷言那是做作的，不合理的。細想想就知道，這種萬惡的警備司令，在這種場合被殺可以說完全出諸想像，還不如老老實實地寫，女伶要行刺警備司令不果，她自殺，警備司令又怒又懊喪，怒叫帶另一個犯人進來，這樣既不破壞劇本的氣氛與統一，而且發展自然。惡人當然還留在世界上吃人，讓觀眾帶了萬鈞的憤怒回去，這豈不是更有效果，何必叫石揮一死了之呢！說說我又放肆了。我並不是說我這樣好，你那樣不好，我不過是舉個例大膽說說，給你一點意見上的參考。因為我想我所說的，多少還有些藝術底不成文法則可根據。現實的東西總是現實，警備司令是死不了同時死不絕的。我們不如把那叫囂稱好的心情化為憤怒，那末你底創造更為深刻，不知高見如何？

相同地，《青春》裡面第三幕的大團圓，顯然是一種生硬的湊合，青春這一類的悲劇，可以說是一種典型的故事。別說在北方，就是南方，全中國全世界也沒有什麼兩樣，階級懸殊的戀愛本身就是一支悲劇。你挑了這一個最普通的題材——一個連初學者也曾嘗試的題材。可是經你底具有魔術一般的筆觸寫出來，卻是光芒萬丈，無敢逼視，這不能不令我輩對你底成就致最高的崇仰。可是這出劇的結果，卻是多少使我惆悵，難道這麼容易就把這個階級的問題解決嗎？就算女主角不死，可是村長活著一天，她不會有一天好日子過，那男主角更是如此。這個大團圓的結束，似乎是一個圓滿的收場，可是那正是另一支新悲劇的開始，可是你卻不曾告訴觀眾什麼，只把男主角趕鴨子地趕到臺後去。說句笑話，觀眾也給你趕出院外去了，真可謂匆匆結束。如此留在觀眾腦際的印象便淡了。再說《青春》這齣戲，格調是悲劇的調子，無論你的對白是如何地輕鬆，可是作者的智慧無法掩去這早春的幽悒，若果作者不代戲中的主角們開闢一條新途徑，讓他們走上一路新的路（當然那是易流於淺薄的），那末宿命運論的結局一定要無可避免地落在他們頭上。這樣說來，悲劇究竟是悲劇，除非作者不采這些資料作素材，不然他的創作是無法獲得藝術上的統一的。

最使我奇怪的是《花信風》。當那男主角從藍蘭口中得知女主角是失貞的，他便毫不客氣地責罵女主角一番，並以他世家清白為理由，堅決地要與她脫軸。在這種情勢之下，無論是實事抑是做戲，最合理的發展是讓男主角把他的一生孤獨地埋葬在禮教的虛榮裡，而讓女主角終身來忍受這不可歸罪於她的恥辱。可是正在這千鈞一髮的時候，又是劇作者跳出來，借了律師的口，說明那姦污女主角的人已死了，世上沒有人會宣揚這件祕密了，於是男女主角又和好如初。李先生，你莫非忘了女主角有情敵藍蘭女士，若果她在一天，那還是要宣揚這件祕密的，最好連她也付之死刑，才瞞得住這個瘡疤。可是這又說岔了，我並不是想吹毛求疵或是特地說一點別人的漏洞而示自己的能耐，我的立意全不在此。就算處死了藍蘭，我也覺得嫌太牽強。我還是堅持我的主張：以為吃人禮教的舊觀念一天不去，他們倆一天不會幸福，尤其是像花信風裡的男主角那樣窄量多度底人物，寬容在他是不可能的，他一切僅為自己打算，就這一點，已足夠把這個故事的結局布定了，苦苦地把散的聚在一起，那是件吃力不討好的工作。

至於《雲彩霞》，因為一開頭有的是毒花，其次又來的是一個什麼王子，給人的第一個印象它就是一個浪漫的傳奇。因此，要浪漫就浪漫到底，弄到一個聞毒花而歸天的悲劇。雖然它底小疵無足影響它底成就，可是若果（又是若果）再寫得比較切實一點，殺人不用毒花，男主角是中國人，讓一切偶然都出發在現存社會的必然上。那末，我想它底撼人的力量更加深。譬如你寫那位師爺——典型的幫閒人物，寫得真是入木三分，把這些典型和那些無形無體的神仙們放在一起，那不是很可惜的一回事嗎？

寫了這許多，我歸結起來得了一個自以為是的結論：就是你在創作過程中所運用的「浪漫蒂克」的思考逾越了任能容受的限容，故事的發展因缺乏自身的修改（或是說內省的修改），往往破壞了既創造底效果的統一，這些就是我的問題的中心。我想問，我這樣的見解，是不是也有一部分理由？同時值得提出來請你指教我。

最後我還得聲明，我知道我上面所說的太武斷，太偏激，有的甚至太不客氣。可是有一點我希望你瞭解，正因為我崇仰你的成就，我才專注地想一些傻問題，你底創作永遠是我所膜拜的殿堂，專門愛在先生底無疵的答案中尋求小疵，也是頑皮的學生的作為呀！希望你以頑皮的學生目我。

預先謝謝你底寬容與大量。你會讀完我這封不成樣子的信。同時希望你原諒我草率的字跡和劣質的紙，並希望你看見一顆真誠熱情待覆的心。即祝

藝安

徐光燊上　十月二十七日

燊先生：

你給我的榮譽太大了，一個人的壽命是有限的，然而分出那許多寶貴的時間，糟蹋在我的無聊的東西上面，我還有不感謝的？有許多話，你都過於客氣，領教的是我，那不是你。

你指出我那些戲的過失，使我清醒了不少。將來再有寫作，我希望你的教誨能夠幫我走些正路。喜劇，特別是高級喜劇，例如恨世者misanthrope，往往是和悲劇為鄰；它讓人在笑後感到悲哀，不由不墜入思維。這種笑，才有韻味；這種戲，不僅僅一笑了之，往往倒是真正的悲劇。人世或者由於制度的缺陷，或者由於性格的缺陷，往往形成一種錯誤，悲劇家把他們看成悲劇，喜劇家把他們看成喜劇。莫里哀偉大的地方就在這些特殊的造詣。

《青春》不敢妄和這些大道理攀附。我起初想在第四幕，把它的故事轉往悲劇，後來我放棄了，經過三天考慮之後，我採取了現在的形式。我覺得它需要諧和，喜劇是它的表現，藝術必須在協調之中進行。把笑給大家，但是，眼淚最好倒流。你不期望團圓，那是對的。人生有的是不團圓；不過，這是戲，這是喜劇，就如任何喜劇，它的團圓僅僅（或者往往）是一種止痛劑，收劇場內一時之效，回頭等你笑笑過了，滿足了，你一回想，一回味，於是感到它的虛偽，於是藝術的目的就達到了若干：幻覺和現實有一種微妙的關聯。

我不為《青春》辯護，它只是一出尋常的喜劇而已。至於其他三出戲，全有所本，它們的結尾我不好一個人擔當。但是，有一點隱衷，劇作家往往不得不討好觀眾：殺死王士琦，他們稱心，這是一種效果。《花信風》的重圓，也是這種討好觀眾的心理在作祟。你站高了一級，自然就要看破它們的紕繆了。這三出戲全是舞臺劇，所謂well-made plays者是，在法國文學的地位並不高。《金小玉》比較乾淨，那因為我刪削了不少，當然也添加了不少。
我很渺小，我經不起你的分析，但是，我願意努力，不太辜負你的期許。

健吾　十月三十日

第四年五期（一九四四年十一月）

我的創作經驗

端木蕻良

夏天和秋天，積水和水溝一般平了。——S.H.

在人類的歷史上，給我印象最深的是土地。彷彿我生下來的第一眼，我便看見了她，而且永遠記起了她。在我的家鄉的那兒的風俗，一個嬰兒初生下來第一次親到的東西是泥土和稻草。我們把「一個嬰兒生下來了」這句話，說成「一個孩子『落草』了」。落草了，便等於說一個新的生命在開始了。從此，泥土的氣息和稻草的氣息便永遠徘徊在我的前面。在沉睡的夢裡，甚至在離開了土地的海洋漂泊的途中，我仍然能聞到土地的氣息和泥土的芳香。

土地傳給我一種生命的固執。土地的沉鬱的憂鬱性，猛烈的傳染了我。使我愛好沉厚和真實。使我也像土地一樣負載了許多東西。當野草在西風裡蕭蕭作響的時候，我踽踽的在路上走，感到土地泛溢出一種熟識的熱度，在我們腳底。土地使我有一種力量，也使我有一種悲傷。我不能理解這是為什麼，總之，我是負載了它。而且，我常常想，假如我死了，埋在土裡了，這並不是一件可悲的事，我可以常常親嘗著。我活著好像是專門為了寫出土地的歷史而來的。

我生在一個大草原上，那個草原在地圖上或是地理教科書上都寫著「科爾沁旗」的字樣。科爾沁旗的地方非常遼闊，遠遠的望去，總看不到邊界。當我是一個很小的孩子的時候，我便拉著媽媽的手問：「媽媽，為什麼那邊總望不到邊界呢！」媽媽說：「這是大片的土地呀；誰也看不到它的邊界！」於是我就不言語了，憂鬱的看著那土地的邊緣，想無論如何看出一個邊界來。但是我不能夠。一直到現在我還未能走到那土地的邊緣，使我破除不了對於土地的神祕。

土地是一個巨大的影子，鋪在我的眼前，使我的感情重添了一層遼廓。當感情的河流漲起來了，一個人就想起了聲音和詞句。夏天和秋天，積水和水溝一般平了。淚水和眼眶平潮了，淚珠就滾落了。我的接近文學是由於我的兒時的憂鬱和孤獨。

這種憂鬱和孤獨，我相信是土地的荒涼和遼廓傳染給我的。在我的性格的本質上有一種繁華的熱情。這種繁華的熱情對荒涼和空曠抗議起來，這樣形成一種心靈的重壓和性情的奔流。這種感情的實質表現在日常生活裡就是我的作人的姿態，表現在文章裡，就是《科爾沁旗草原》，《大地的海》，《大江》，《大時代》……

有人形容歌子的好，就是生命的歌，或是靈魂的歌，這種說法，並不很壞吧。在中國，古代的農夫在勞動的時候唱歌，他們用歌聲輕藐過帝王；年輕的女人為了自己醉酒的丈夫沉在河裡而悲歌；孤伶的公主，被遠嫁到異國的時候，也用歌聲來傳達出自己的心事；已嫁的少婦，感發了新的情懷，她能寫出詞句，來回答情人；小小的漂亮的女孩，曾有過詩句送給狡童；遠征的兵在夜行的行伍裡喚歎著自己的心思。他們似乎都沒有寫過什麼創作經驗。而他們的文學卻是人類最好的文學。（後來的文人學子偷偷的向他們來學習，學習不來，便加上一個帶著神祕意味的「封號」，名之曰「天籟」。天籟便是不可學的聲音的意思，如細竹過風，冷雨敲窗，桐露滴響，寒螿振翅之類。想用這種說法來掩飾自己的虛偽的文學。一直到現在黔首愚氓曠夫怨女的文學還沒有被人推翻，一直到現在文學的歷史還是黔首愚氓曠夫怨女一手開拓出來的，一直到現在文學的天國，還是黔首愚氓曠夫怨女的天國。這是文學最大的勝利。黔首愚氓曠夫怨女也有他們自己的聲音，他們用心裡的聲音擊退哼哼唧唧的聲音。）

文學家是從生活裡鑽出來的哲學家。從白紙黑字裡鑽出來的哲學家代替不了他們的工作。

寫小說是一種哲學事業。世界上的偉大小說，例如吉訶德先生・葛庚和潘脫格魯爾，魯濱遜漂流記，懷特，紅與黑，戰爭與和平，感傷的教育，眾生之路等等，其所以偉大，的確是因為它們隱藏著這種思想的性質。如果你高興，你可以說是因為它們都是想像很高的，很動人的，生活的注解。區別第一流和第二流的小說就是這種性質。當然有些哲學家試寫小說，結果都很可憐地遭到失敗，可是沒有一個小說家能夠創作，如果他不具備概括人物的才能，而這種才能，卻從對於生活的哲學態度中產生出來。

（《小說和民眾》五六頁，福斯脫著，何家槐譯。生活版。）

在那個大草原上，我看到了無數的黔首愚氓曠夫怨女，他們用他們的生活寫出了我的創作經驗。假如我還有一點兒成就，那就是因為我是生活在他們裡的一個。

托爾斯泰在回憶他的工作的泉源的時候，他描了他的帶著愛力的母親和他的為著愛別人而生活的使女。他說：他的來到這個世界，是好像專門為了這兩個女人而受苦而工作一樣……

他的父親單身跑到莫斯科去過荒唐的日子，把他母親一個人拋在那裡，過著沉重的管理家務的日子。他的母親一點也不想到別的，心裡只是擔心他在莫斯科的煩勞，竭力要強把家務弄得很好，免得他在外面牽心。母親的貼身丫頭，在伯爵家裡作了五十多年的管家，臨死只有餘錢幾個盧布。

她一生沒有和人吵過嘴，沒有享受過一份多餘的食糧，最後平平靜靜地死了。

托爾斯泰是生活在他們當中的。托爾斯泰看見了他父親的那份嚴澀的伯爵派頭，就是站在他的臨死的夫人的床前，也還是莊嚴得那麼夠味。托爾斯泰看見從頭到尾都是貴族出身的祖母的哀傷，雖然是真的哀傷，也帶著加重他感情的表演。他不滿意這生活裡的戲劇意味。他在母親和母親的使女身上看見了真正的人類，他走向了她們。而且為她們這一群獻出了自己的一生，而成為她們中間的一個。

我寫的第一部小說是《科爾沁旗草原》。從有記憶的時候起，我就熟習了這裡面的每個故事。在不能瞭解這些故事的年紀我就熟習了它。小的時候，我看了過多的雲彩和曠野，看了過多的老人的絮叨和少婦的哀怨。我母親的遭遇和苦惱尤其感動了我，使我虔誠的小小的心裡埋藏了一種心願，我要為我母親寫出一本書。這種感情非常強烈，一直燃燒著我。使我沒有方法可以躲過去。在一九三二年的春天，我曾寫了一個短篇題名叫做《母親》，發表在《清華週刊》上面。那時我試著想寫一個長篇。但是《科爾沁旗草原》和《大地的海》那兩個題材在我的腦子裡攪混起來，使我分不開。我寫了幾次都沒有成功，只寫成了斷片。這斷片有的是永遠失去了，有的又被記起，後來又重新寫到文章裡去。譬如：《科爾沁旗草原》母親那一章，就是用在《清華週刊》上發表的那一章。《大地的海》的大風雪的那一章，就是用的我過去寫過二三次的斷片……

我的長篇不能在那個時候寫出來，最大的原因。是因為我曾參加了一種活動，這種活動把我的興味引到政治方面去。我有一個時候，很賤視文學，覺得太沒有用處，太兜圈子，對社會起不了決定作用。心中卑視它。

在一九三三年的下半年，我在北平辦的《四萬萬報》、《科學新聞》等被封閉之後，朋友死的死了，散的散了，失蹤的失蹤了，沒有信的沒有信了，跑到天津哥哥家裡，自己住在一個屋子裡一天到晚不出去，頹喪和苦痛從四面兜上來。我的哥哥要我去到佟樓去划船，或者到海河公園去散步，對我那是一樁苦惱。我那時到了「無欲望」狀態。我一個人死了似的躺在床上，是最舒服。我變得乖戾，反常，陰鬱和突兀。我不曉得怎樣生活下去，精神的每個角落裡都充滿了煩躁和厭惡。忽然有一天，我收到了魯迅先生的信，信封上寫著「曹之林小姐收」。開首寫「之林小姐」，我就覺得有意思，次說到「上海雖已秋，但天氣還熱，毛背心已經曬過，請釋錦注耳」，其次說到矛盾被捕的消息是造謠言，請在北平的刊物上代為更正。這一封信，使我突然的像看見多少年失去了音訊的情人一樣。我好像記起了什麼我所遺忘的了。

那一天，我找到了稿子和筆，我就開始寫下了《科爾沁旗草原》的第一頁——但是那一頁卻不是現在印鉛字的本子的第一頁。在現在出版的《科爾沁旗草原》的第一頁之前還有一章，是寫山東大水的，大概有兩萬字長，寫了大水之後才寫的是逃荒，逃荒之後，還有一章寫洪荒時代的關東草原的鳥瞰圖，但是這些在後來都給刪去了。

我那時不能控制自己的寫著，飯也懶得吃，覺也睡不著，夜裡睡覺也是穿起衣服來睡的，醒了來就把在桌子上寫。桌子上四十燭光的絞絲牌的乳白燈泡，差不多澈夜點著。我不抽煙，不吃咖啡，也不喝酒，夜裡也沒有吃點心的習慣，寫起文章來到是滿孤寂的，寫文章時不願看書，也不願聞到花香，胃口不好，喜歡稍稍喝一點水，吃飯散步，無論幹什麼都失了平日的節奏。

我的《科爾沁旗草原》大概在八月十八日開始寫的。在十二月中旬就完成了。我寫的很快，其中有許多章是抄了兩遍才寄出去的。我不顧一切的寫，我開著玩笑和我的哥哥說：「我自己都聽見了我自己腦子的磷屑一片一片下落的聲音！」我每寫完了一章，我的嫂嫂就搶過去看。有時她還指出我一些小的錯誤，我都依照改正過來。他們說我寫的好，但我並不喜悅。因為那時我以為他們的理論太一般了。不是一個專家的說法。但是後來我記起他們的論斷，使我感到很大的喜悅。我覺得一個沒有理論的讀書的讚美，比一個哼哼呀呀批評家的讚美，要有價值十倍。到後來我的文章寫得多了，我有時要得到一兩個不懂文學的凡夫俗子的一兩句讚美，我就高興得了不起，我甚至想把那篇文章題贈給他。

像一線陽光似的，魯迅的聲音呼叫著我，我從黑暗的鬧門鑽了出來，潮水一樣，我不能控制了自己，一發而不可止的寫出了那本《科爾沁旗草原》，奠下了我的文學生活的開始。假設我要不寫那個牢什子，我是不會跑到「主上所戲弄，流俗所輕，倡優所畜」的這條路上來的。

科爾沁旗寫的是我父親那一族的家事，所以寫來如在眼前。倘若死了再活轉來，能背誦得出的。但是當時的情緒卻只有那個時候才能有，離開那個時候，再也不會有了。那樣淒慘而豔麗的心情現在自己想來也像作夢一樣了。情感不會回轉來的，這是人類的損失。我有時怕看那時的感情，有時卻又偷偷的想著。

《科爾沁旗草原》寫完了，我的心鬆開了，我就滑了一個冬天的冰，在夏天到北平去和我母親一同住。每天坐在葡萄架下的搖椅上靜靜的看著碧綠的葉子，什麼也不作。一直到大紅的柿子上市了，又要到溜冰的季節了，我突然想起了到上海去。

元旦第二天我到了南京，一個朋友一同去到中山陵。在雪裡回來，便去搭車到上海。《科爾沁旗草原》寫了三個年頭，還沒有能夠出版，這種鬱悶，在我心頭大大的凝結起來。這時把我寫《科爾沁旗草原》的心情又折疊起來，使我激動而憤怒。我到了上海，想再寫另外一部。但是有一些人都以為我是北平「一二九」的學生代表，到上海來活動來的，為了證明我不是，便和一個朋友，去跳舞，或者跑到兆豐花園的草地上去打滾。這種生活結束之後，我就日裡夜裡來寫《大地的海》，大概用了五個月的工夫，在高爾基逝世那一天完成了。開始在那一天忘記了，我想是在二月裡的一天，但完成的那一天因為容易記便記住了。

《大地的海》是記敘我母親那一族的故事的。那是企圖想把大山擴大了來寫。那個年輕農夫的影子，便是用我的大表哥的來作底子的。不過起頭是我大表哥的少年期，再過一個時光，他就到走上了大山的路上來的。

我有一種壓抑的沉厚的愛，這種愛只有土地到瞭解的，這是我對於土地的寄下了沉厚的囑託的理由。我離開了土地，來到了海上，我感到無比的寂寞和懷戀，對於那稻草的香氣和原野的空曠。《大地的海》的全文，便是我對於土地的愛情的自白。我性格裡的粗獷的一面，適合我來勾勒這個荒涼的輪廓。我便寫了。我那時有一個企圖，就是我想作到寫土地的文章，寫到這兒就算寫盡了。因為那時自以為對土地有深沉的瞭解。寫了土地，是在我和海洋在一起過了一個時候，土地和海洋的沈鬱在我的眼前調和起來，我看不出海洋和土地的分別來，同時我又可以看出它們的絕對的不同來。這兩種氛圍在眼前交流時而把我帶到遙遠不定的恍惚裡，時而又把我凝凍在光枯的土地上。我抒情似的抒寫著土地。

在這兩部東西裡，所寫的人物和故事都是有真人真事做底子的。這並不是我的初衷，而是為了把文章趕快完成的原故。有了真人真事做底子，容易計畫，容易統一，不致張冠李戴，行文方便。但也有時反而誤事，就是脫不開原來計畫。真事和故事糾纏在一起，在《科爾沁旗草原》的原稿上，有許多地方把「丁府」誤寫成「曹府」，便是一例。假設我若能得到充分的時間來構思，我願意把「底子」重新改過，最喜悅的事是完全不要底子而寫出來一個人物或者一個故事。但我很少能得到這個機會，這把我的創作樂趣減低了很多。我並不把「寫實主義」奉為天經地義，我恨透機械的解釋了「寫實主義」的這些「亂仔」和「文棍」們。

我也討厭那些一錢不值的自上尊號的批評家。我喜歡伯林斯基和金聖歎，不喜歡樸列哈諾夫和盧那卡爾斯基。樸列哈諾夫有著學者的虛偽，盧那卡爾斯基有著雄辯的空虛。我喜歡平常與文藝無關的人來聽或看我的原稿，而且絕對尊重他們的意見。在我寫《科爾沁旗草原》的時候，我的母親是我的創作上的顧問，我對故土的風俗有忘記或者故事有寫錯的地方，她都謙虛的給我糾正過來。我母親是講故事的能手，她運用的語言很豐富。

我在寫文章之前要作一個綱要，但做得亂七八糟，差不多只有我自己才看得明白。一些術語，或者奇怪的歌子或者什麼容易忘記了的，我都記下來。並不整理，完全為了可以喚起記憶才來記下的。

反對虛偽的漂亮，反對文字玩弄者。喜歡美的，認為真的美，必須是善的，也必須是真的。所以有時願意從美的角度來看真。認為這樣比從真的角度來看要「活」得多。

還迷信文章的命運裡，也有一張鐽形皇后的牌。而且還相信一個人不幸生了那個兵士的沉黑的眼睛，雖然也有了他那獨特的毅力，終歸也要得不到什麼的，我始終認為作家要在生活裡翻過來才中用。從生活裡去找到那把鑰匙。

我喜歡文字犀利，我自恨自己做不到。高爾基就不大能一針見血的說出一件事。果戈理能夠，勖且特林能夠，魯迅能夠。我喜歡文字透明，文字裡閃出一種智慧的光輝來，屠格涅夫能夠，喬治桑、蕭紅能夠。

我自己在創作過程中，追求四種東西，風土，人情，性格，氛圍……同時，還規定了一個創作的境界：「三分風土能入木，七種人情語不驚。」風土是地方誌，是歷史，是活的社會經濟制度，是此時此地的人們的活動的總和。人情是意識的形象，是人格的自白，是社會關係的總表徵。性格是一個人社會活動的全體，是意識和潛意識的河流。氛圍是一件事物的磁場，是一件事物在人類心理上的投影。一直到現在，我還在暗中摸索著寫作的道路。但我天性有一種頑強的固執，從來不信那些低能的批評家的鬼話，我還能夠寫出來一些東西，惟一妙訣就在這裡。

我也追求風格，鮑照寫出鮑照的文章，庾信寫出庾信的文章，誰也不能代替誰的工作的。我認為風格就是一個作家對於生活所下的解釋和態度……他媽的，沒有這個算是什麼作家呢。風格就如一個人的聲音，雖在隔壁，也可以給人看出音容，笑貌，身分，感情……

對於造字上，我避免用沒有變化的句子，對句，或者老大一串拖長的句子……對於字彙我注意多音節和少音節的混和運用。有時故意用一兩句不順的句子，雜在全文裡。

非常順流的文章，是合於文學的作法的，但不合乎日常生活的習慣。在日常生活裡，詞句常常是倒裝的，斷句的，賓詞和主詞顛倒的……等等。語言應該在生活裡向下摘。就如要吃新美的葡萄，要親手來向架上去摘一樣，玻璃做的葡萄一顆比一顆圓潤，但是不可以吃的。

向活的人去學習，不向死的書去學習，是我的創作的信條。假如有人非讓我講出我的創作的經驗不可，我覺得說這一句話就夠了。就此帶住。

第四年五期（一九四四年十一月）

馬相伯與震旦復旦

宛序

老人名良，字相伯，這是他自辦震旦學院以後世人所習知之名號。不過他的初名，恐怕是建常。李文忠在光緒八年之代朝鮮聘西士片中，有云「……查有候選中書馬建常，係道員馬建忠之胞兄」，可是至少他名當時不用良字，而且他的兄名建勳，弟名建忠，建字是他們的排行，所以建常應當是他的本名。大約他不喜歡建常二字，未曾與別人談過，所以人家也不知道他曾有建常一名之事。他又有教名為若瑟。他的先世是丹陽人，後遷丹徒，遂占丹徒籍貫。他的老弟眉叔著馬氏文通自序，署名用丹徒馬建忠字樣，可見他一家人皆自稱為丹徒人氏。他家本信天主教，他也從小受洗禮。他幼時所受教育，大約一半是教會性質，一半是私塾生活。十二歲時西士遣送他赴上海，入徐家匯天主堂所設之伊納爵公學（即今徐匯中學之前身）肄業，學名斯臧（又雲名乾）。此後二十餘年，大部時間，即在徐家匯天主堂度過。他的哲學、神學、天文、算學、拉丁文、法文等等，都在此期中修成。因為他的學問極好，所以極為西教士所重視。在教會中迭任要職，同時任徐匯公學校長之職。

到三十六歲時，不知何故脫離教會，到山東去做官。做官的原因或是因為他的老兄建勳，那時候很得李文忠之信任，很想提拔他的兄弟出來，當然可能。不過先生自己，這時或者也有些靜極思動，厭棄教會生活的緣故。老人的出任，是在光緒二年。老人年在三十六歲之時他的政治生活，不能算十分得意。起初在山東當了幾回差使，都未能久於其事，這是因為機器局礦務局等等，在那時的中國，人才既不易收羅，資本又不易籌集，要想辦有成績，根本上是一件不容易做到的事。後來隨黎庶昌出使日本，任使館參贊。後轉任神戶中國領事。時間亦均不久。大約老人的思想見識，在當時實嫌太新。而黎公使等人物，比之老人，仍不免太舊。賓主之間，未見得能夠做到言聽計從的情況。

到了老人四十三歲，李文忠薦老人於高麗國王，令其協助高麗政府，辦理新政。高麗國王禮待老人，非常敬重，論理總可以大展其經綸。無如高麗內政，新舊之間，衝突很多，加以他方掣肘，終究不能實行其計畫。不久內變忽生，大院君雖被留在中國保定，高麗國王總是怯於外勢之逼迫，對於老人的建議，只有口頭贊成，不見實際施行。他看久駐下去，必無結果可言，遂毅然辭職歸國。

歸國以後，老人曾銜李文忠命，為招商局事，至閩粵及南洋各地遊歷一番，嗣於光緒十六年又奉李文忠命，赴美接洽借款。到美以後，美國政府與財界鉅子，招待非常殷勤，不多幾時，即與銀行界商定，借款五萬萬兩，比之李文忠原來擬借之二千五百萬兩，竟增至二十倍之多。不料中國政府，反對李文忠之借款計畫。文忠不得已，電囑老人作罷，幾令老人下不了臺。老人只好悄然離美，赴歐洲考察商務政治，至光緒十三年返國。老人說起借款未成一終身引為莫大之遺憾。老人的政治生活，至此告一結束。這時候老人的年齡，為四十八歲。

自光緒十三年老人回國以後，至光緒二十九年震旦學院成立之間，為中國最多事最危險的時期。甲午（光緒二十年）有中東之戰。丙申（光緒二十二年）有李文忠奉使赴歐慶賀俄皇加冕之事。戊戌（光緒二十四年）有戊戌政變之事。庚子（光緒二十六年）有八國聯軍攻陷北京之事。中國文化界經此變端，對於研究西方語言與學問之需要，漸成為一致的意見。老人在此期內，似乎大部分在北方。老人的學問，也漸為一般文化界所認識。康梁二人，首先推重老人，有敦請老人擔任譯學之事。後蔡元培任南洋公學特班生總教習時，亦竭力提倡研究西方學問，此時或已有少數特班生赴老人處問學。及光緒二十八年南洋公學因風潮散學，有特班生裡安人項驤（號偉臣後改微塵）者，初與謝　量、馬一浮（均非南洋公學學生）等，辦翻譯雜誌，頗好談哲學。因知老人亦長哲學，故項君等時有訪老人討論哲學之事。後來更進一步，議辦學校。老人允為學校向徐家匯天主堂借地址，並央請教士擔任義務教授。其他一切，則由項君任之。此震旦學院之權輿也。時老人年六十四歲。

老人所擬震旦學院課程，曾在新民叢報登載。梁任公於介紹之餘，頗致褒辭。故當時海內外有志之士，聞風向慕而來者，有種種不同之人物。有進士、舉人、拔貢等，已有功名之士。有原在日本留學之學生。有曾經參加革命事業之人物。而當時不滿意於原在學重而來者，為數尤眾。以上各種人物，大抵在當時社會上，皆已佔有相當地位。舉其最著，則有下列諸人：魏皐甌（名斯炅，入民國，曾任國會議員及江西財政廳長，嘗娶名妓賽金花）來校時本係江西進士。雷延壽、雷多壽、黃為基（即民國初年最負盛名之報館通訊員遠生）則來時本係舉人，後應河南會試中式，亦成進士者。其他舉人，則有熊慕韓、邵仲輝（即力子）、貝季眉（名義同憶亦是舉人）、劉學裕（即于右任）、金懷秋等；拔貢則只鄭仲漁一人，其由日本歸來，轉入震旦；而其名早已見知於社會者，則有劉禺生（成禺革命黨）、王侃叔（曾因唐才常起義事為張文襄所捕下監三年）、張軼歐（所譯書頗為梁任公在新民叢報所推許）諸君。至於在原來學校已露頭角之人，指不勝屈。而胡敦復（原係南洋公學最高班之最優生）、沈步洲（南洋公學五班生散學風潮之首領）、邵促輝、貝季眉、項偉臣（俱南洋公學特班生）諸君則尤其最著者也。學生籍貫，幾乎各省皆有。此在當時之風氣與交通情形下，實為一極不易有之事。

震旦成立在光緒二十九年上半年。此半年中實未正式上課，只胡敦復及貝季眉二君，從老人學拉丁文。暑假後，始分班上課。初只有拉丁文致知學（即哲學）及量法（即幾何）數課。不久添法文，稍後又添英文（時因無適當教授英文之人，由同學胡敦復、張菊人、沈步洲等分別自任）。量法後由法神父南公繼任。至次年又添些他種功課，有由法教士擔任者，有由同學自任者。

震旦一切課外行政之事，俱由項偉臣君擔任。輔之者有鄭仲漁君任會計，及邵仲輝君任庶務。鄭處州人，與項君有鄉誼（溫處當認同鄉）。邵南洋公學特班生，與項君係同學。學生組織，有一自治會，別無管理人物。

南神父與項君，似乎早有一些意見。後來老人與項君，亦漸不融洽。至光緒三十一年上半年，項君不知何故，與老人決裂，拂然離校。時繼任無人，一時已呈不安之狀。未幾，教會突派某中國神父，來代老人。謂老人身體不佳，必須「守靜」云云。學生見教會之無端而來干預校政，大為譁然。詰諸老人，則支吾其辭，似有難言之隱。乃集大會討論。開會結果，公認教會之干涉，不能忍受，老人之須遵教會意旨「守靜」，似已勢所難挽，遂決議散學。

散學以後，學生即有另辦震旦之議。時表示願為盡力者，人數頗多。顧實在奔走呼號，使此議得告成功者，實可云只葉仲裕君一人。葉君係葉景葵（葵初）之介弟，與當時在南京上海一帶之名流頗能接近。因之頗得諸名流之聲援，並且嘗以其介紹，向兩江總督，請撥校址與經費。時江督為周馥，原係李文忠親信幕友，與老人亦極有交情，故對學校亦頗肯幫助。先撥吳淞提台行轅作為校舍，且允撥吳淞某處營地為學校校址。惟周督不久即去任，地實未撥。學校於是年夏後，在吳淞提台行轅成立，命名復旦。因天主堂已先就震旦舊址，重開學校，仍名震旦（後遷盧家灣即今之校址），故震旦二字，不能再用，不得已易名為復旦也。老人循葉君之請，仍來長校。惟葉同時延請李登輝任英文頭班教習，此則非老人之所贊成也。

復旦開後，學生比震旦增加甚多。來學之士，性質與震旦當時學生，迥不相侔。震旦學生的年歲，大者比小者為多。雖然亦有極年輕者，如汪旭初（東），年只十四歲。復旦則反是。震旦學生，多數曾在舊式書房，讀書甚久，進士舉人貢生秀才，指不勝屈。復旦學生，屬於此類者甚少，除舊震旦學生劉學裕、邵仲輝外，新生中舉人，似只有半個，即孫復民君（俗稱副榜為半個舉人）。且劉不久即輟學，邵則始終未曾上過課。在舊學方面已有若干成就者，除錢競宇（智修，太炎先生之同人）君外，可與震旦之一般進士相比者，人亦不多。自日本回來者，大約只陳寅恪君一人，與震旦第一年所收學生有十餘人曾遊過日本者，兩相比較，亦眾寡懸殊。有革命歷史者，只汪××一人。好談革命一類學生，亦遠比震旦所收為少。功課方面，性質亦大起變化。英文班分四年級，學生居絕大多數。法文班人數頗少，所以不多年即自然消滅。老人在初開學時，大約曾授過法文班功課，不久即由老人之侄（或云實老人之子）繼任法文班功課。（或一開學時即由此君任課。）老人並不住校，故與在震旦學院時，日日與學生相接觸，情形又各異。並且震旦學生，每逢星期日，總開學生全體大會，由老人登壇演講。故當時學生，無論是否曾在老人班上聽講，都嘗飽聆老人言論。益以老人之博學多聞，口才出眾，故一般學生，對於老人之人格與學問，欽佩至為深刻。復旦學生，對於老人，當然亦同樣知加敬仰。但因與老人接觸較少，開會之事不復舉行之故，對於老人之認識，遠比震旦學生為淺。因之欽佩之忱，雖未曾稍減，然深刻之程度，則不可與震旦學生同日而語。復旦的功課，比較劃一，且漸近現代式樣，與昔日震旦功課，不拘一格者，亦頗不同。學生漸少自命不凡之流，故實際上實漸合於接受教育之資格。蓋時代不同，風氣漸變，所收之學生，並不同與震旦，屬於一格也。

復旦情形，既不甚適宜於老人，老人與葉仲裕君，亦未能融洽無間。故不滿一年。老人即便辭職。繼之者有嚴復（幼陵、幾道）、夏敬觀（劍丞、映庵）、高鳳謙（夢旦）諸先生。過三年後，老人復任復旦校長。時復旦性質，自嚴幼陵先生與葉仲裕君不洽，同時去職後，已漸變為官立的性質。夏高二先生及老人此次長校，均應兩江總督之聘而來，與老人第一次應葉仲裕君敦請出來，固絕然不同，即與嚴之長校，初應葉君之請，總以江督之委任，亦兩不相侔。越二年，辛亥革命事起，復旦遷無錫，學校遂陷於停頓之狀況。

至民國元年老人七十三歲之年，震復舊生葉藻廷君由陝西回申，竭力謀恢復復旦。葉君籌畫奔走，亦實只一人。在外援助最力者，同學之中，當推章鳳喈（錫龢）及于右任（即昔日之劉學裕）二君。時于君任南京臨時政府交通部次長（或總長，于君又係民黨機關報民立報之主持人，故聲勢交遊，均頗不小）。章君在部中任僉事（或參事）。然同學而相助甚力者，則當推滬江督府之陳英士、黃膺白（郛）、沈子萬（鵬）諸君。對於撥給李公祠為校舍一事，波折甚多，微諸公之力，不能成功也。學校籌辦時，假愛而近路李宅。不久即遷入徐家匯李公祠。長校者仍為老人。任教務長之職者為胡敦復君。老人與胡君均任職不久即離校。老人於翌年北上，應教育部總長蔡子民之聘，繼嚴又陵先生長北京大學。胡君於同時離復旦他就。復旦內部，此時略有變化。大致由於右任君主持，請李登輝先生繼長復旦。李先生此次回復旦後，除一度赴南洋考察，及吳南軒君受中央命來任復旦大學副校長期間，李先生實只具名義上之校長外，與復旦關係，至今無間斷。而大學之創設，實悉由李先生之努力。於君於復旦亦時在外援助，始終如一。老人之與震旦復旦之密切關係，至此可云已告中止。

老人之長北京大學，為時亦甚暫。此後七八年之間，卻大部分時間居住北京。在京期中，雖曾膺參議院參議，參政院參政，平政院平政等職，實際上掛名而已。隱居著述而外，卻頗盡力於天主教事業與宗教之研究。及民國十年，老人年八十二歲南下退隱土山灣後，不甚問時事。報紙上雖間有老人具名之文電，實際上均屬情誼難卻之文章。蓋老人性情極忠厚，對於熱烈之要求，最後總必應允。且年歲已高，對於他人代為發表之文字，縱有不符本旨者，亦不暇置辯。故到老人至九十七歲高壽時，于右任君循政府之旨，迎接老人入都（南京）休養。蓋不欲使海上種種分子，得以有利用老人之機會也。老人在此期中，頗好臨池。對於教義，頗致力研究。老人在震旦初辦時之致知學講義，亦於此時期內，整理完稿，由商務印書館印行，書名為《致知淺說》。老人居京一年，即有八一三之事變。政府西遷，老人亦避難至廣西桂林風洞山。翌年，遷居廣西邊界之諒山。時老人已九十九歲矣。又次年，老人滿百歲，各地生徒，為之遙行慶祝。然老人是時衰象已深，動作言語，均時有困難。至是年冬十一月四日，困頓益甚，醫治無效，此百歲高齡之耆人碩德，遂與世長辭。時在侍者，聞有其女公子及外甥女等數人。

老人學問，廣博淵深，一時無兩。拉丁文之造詣，似稱最深。教會中神父，皆自稱不逮焉。羅馬名演說家季宰文之演說文，全部能背誦，記憶力之強，真堪驚人。哲學研究，亦極深奧。惟因屬於教會舊派一流，故不大合當時學子之胃口。所編致知學講義，命題最佳，古奧簡賅，學者無不嘆服。惟敷義陳辭，則似稍欠流暢。算學方面嘗有《度數大全》之譯著，惜此稿始終未曾印行，故未能窺其所造。國學經籍，能背誦者甚多，演講時隨意引證，妙趣環生。介弟眉叔先生所著《馬氏文通》中所引經史子集之例，聞大部分係由老人供給。或云，該書原係合著。則弗能考。就文章而論，「文通」文筆，與老人文筆，似不相類，該書原稿，似當諸眉叔先生。

震旦開學之時，老人年已六十有四。身高約六尺，銀髯飄飄，令人一望，即生肅然起敬之心。而且性情溫和，言辭懇切，和易近人，故學生多愛而敬之。生平最不滿意袁世凱，時加貶辭。對於革命思想，頗能容納。老年人在當時環境，而能具有如此解放思想者，實屬難能。同情心極大，因之亦易受人欺，蓋不免有世俗所謂耳朵軟之病也。震復旦之幾經波折，其原因實即在此。

老人之與一般學界開始接觸，似即在震旦開辦之年。時老人年事已六十四歲之高矣。早歲生活，固非一般人所能知悉。自老人六十四歲辦學，至八十二歲退隱土山灣之十八年期間，關於老人身世，可述自應甚多。但老人歷更學界政界各種職位，而均未曾久於其事，變更既多，追溯實非易事。退隱以後，雖間有門弟子或景慕之士，訪談作記。然此時老人年事既高，閱時已久，記憶或難盡正確。而且經口談之後，轉為筆述，語氣之間，自不免稍有出入。所以老人雖一身是史，而此史之作成，實尚有待於後人之努力。茲篇所述，不過就見聞所及，略舉老人生活之片段。至其與一般傳說，未能盡合之故，則亦因見聞之所限，不敢作附和之雷同而已，非敢好為立異也。

第四年第六期（一九四四年十二月）

附錄：《萬象》雜誌四十三期總目錄

第一年　第一期（總第一期）創刊特大號

一九四一年七月一日

轟炸機戰士　葉金譯

聖處女　陶冶

邵一梓（明季義民別傳之一）　胡山源

空花　周楞伽

《碧血花》人物補考　魏如晦

舊夢的重溫　丁諦

孔夫子的苦悶（附圖）　秋翁

死聲　沈小霞譯

我又燃了一根火柴　云

墨索里尼的情婦　魏楚卿譯

科學界的最近進展　石梅鄰譯

包銀　黎瓔

醫學上的新發明　白鳳譯

女性的青春美　周煉霞

遊釣之鄉　網蛛生

唐小姐的情書（特載，附圖）

動物的特殊感覺力　沈東海譯

信不信由你　程永修

問題討論

哪一種戲劇是我們的國劇？　執筆者：趙景深、沙蕾、周貽白、鄭過宜

忠魂鵑血（電影小說）　陶泰

我和密蓋羅納的約會　復基譯

鬼手（俠盜魯平奇案）　孫了紅

明人情簡　襟霞輯

未開化民族的婚禮進行曲　包羅譯

成寅春仲黟滬道中紀行詩（上）　周瘦鵑
紅鬚客　胡梯維譯
辟塵小語　陳靈犀
鮒魚（盤飧雋談之一）　丁健行
陸放翁寄恨釵頭鳳（三言體）　范煙橋
訓練　願明道
女彈詞家的佳話（附圖）　張健帆
戶內遊戲　初霞

長篇小說

希臘棺材（奎寧探案）　程小青、龐嘯龍合譯
李阿毛外傳　徐卓呆
石榴紅　王小逸
胭脂淚　張恨水
大學皇后　馮蘅
美人掌（梅遜探案）　林俊千譯

第一年　第二期（總第二期）　一九四一年八月一日

新聞卡通　蝶衣輯
希特勒幕中的軍師　白鳳譯
蓮心　予且
畫網巾（明季義民別傳之二）　胡山源
藍森林　丁諦
江郎別傳（附圖）　秋翁
游泳季節在張園（附圖）　凌晨特寫　焦超、東海攝影
宋氏三姊妹（特載）　愛茉蘭・海女士原著　陶秦譯
太平天國史料（上）　魏如晦
掃帚星　陶冶
為了藝術的人　錢今昔
我的所以出走（特載）　周璇
九年來的回憶（特載）　嚴華
一件科學不能解釋的奇事　沈東海
利己的妹妹　嶭垮
消夏談屑　鄭逸梅
江南重話李龜年　陳子彝
讓我工作吧！　張憬
信不信由你（附圖）　程永修

第二屆問題討論

電影攝製權與著作權　執筆者：姚肇第、王效文、孫祖

基、余哲文律師

情謊記（電影小說，蓓蒂黛維一主演：附圖）　陶秦
詹姆史都華的從軍前夕　復基譯
寫信　包天笑
裙帶的效力（漫畫）　江棟良
西班牙獄囚的騙局　葉金譯
崔鶯鶯之夫（獨幕趣劇）　徐卓呆
沈雲英代父守孤城（三言體）　范煙橋
戊寅春仲黟滬道中紀行詩（下）　周瘦鵑
刀魚（盤飧雋談之二）　丁健行
金閨小牘　襟霞輯

長篇小說

胭脂淚　張恨水
李阿毛外傳　徐卓呆
希臘棺材（奎寧探案）　程小青、龐嘯龍合譯
石榴紅　王小逸
大學皇后　馮衡
美人掌（梅遜探案）　林俊千譯
編輯室談話　陳蝶衣

第一年　第三期（總第三期）　一九四一年九月一日

新聞卡通　蝶衣輯
竊聽全球　傅松鶴譯
慈善家的銅像　陶冶
邊城故事（戲劇小說）　文宗山
潘金蓮的出走（附圖）　秋翁
降神會的奇跡—靈魂試驗　沈東海譯
我的舞臺生活　韓非
牛郎織女傳（五幕劇）　魏如晦
憶滕固　譚正壁
長句　沈禹鐘
宋醫生的羅曼史　周煉霞
封神演義與武王伐紂平話　趙景深
花蕊夫人（附圖）　范煙橋
付之一笑　愛梅

特載

宋氏三姊妹（附圖）　陶秦譯
孤僻的哥哥　苗愛麗

信不信由你　程永修

凍結西瓜　顧明道

金鳳影（長篇創作，一）　予且

竊齒記（俠盜魯平奇案之二）　孫了紅

狼虎會的回憶　陳蝶野

太平天國史料鉤沉（下）　魏如晦

散花寺（長篇創作，一）　胡山源

喬治勃倫與「唔女郎」之戀　復基譯

夏陽一婦人（電影小說、附圖）　陶秦

魚類的機械化戰爭　毛志明譯

學生文藝選

熱帶的夢　楊璇璋

二十年前的約會　徐疾譯

長篇小說

希臘棺材（奎寧探案）　程小青、龐嘯龍合譯

胭脂淚　張恨水

石榴紅　王小逸

大學皇后　馮衡

李阿毛外傳　徐卓呆

美人掌（梅遜探案）　林俊千譯

編輯室談話

第一年　第四期（總第四期）　一九四一年十月一日

秋戀（封面）　天野設計

新聞卡通　蝶衣輯

邱吉爾的私生活　傅松鶴譯

霧　錢今昔

秦始皇入海求仙（附圖）　秋翁撰文、董天野製圖

鬱金香的憔悴　梅霞

納粹軍隊的訓練法　白鳳譯

生命的旅途　孫景路

女兒心　周楞伽

螢光燈　麗維譯

自然界的戰士—蟋蟀　網珠生

宋氏三姊妹（特載）　陶秦譯

鬼屋　沈東海譯

可怕的昆蟲　毛志明

希特勒的戀愛史（上）　盛琴仙譯

夢與現實　俞亢詠譯
辟塵小語　陳靈犀
蠢動　張憬
五七之夜　包天笑
潘巧雲畫傳　董天野繪
金鳳影（長篇創作，二）　予且
包養兒子　麗維譯
蟹（盤飧雋談之三）　丁健行
散花寺（長篇創作，二）　胡山源
牛郎織女傳（五幕劇・附圖）　魏如晦
世界兒女（電影小說，附圖）　李一
好萊塢十二小明星　張心鵬
美國郵局的竊信賊　葉金譯
詼諧小簡　襟霞輯
探望病人的方法　露苡譯
征途雜記　低眉人
小說叢話　鄭逸梅

學生文藝選

小竹　楊奇姿
一個平常人的沒落　江月仙

長篇小說

希臘棺材（奎寧探案）　程小青、龐嘯龍合譯
胭脂淚　張恨水
李阿毛外傳　徐卓呆
石榴紅　王小逸
大學皇后　馮蘅
美人掌（梅遜探案）　林俊千譯
編輯室談話　陳蝶衣

第一年　第五期（總第五期）　一九四一年十一月一日

女元首　毛志明譯
模特兒　陶冶
妙峰山　文宗山
金風送爽的時節　白鳳
賈寶玉出家　秋翁撰文、董天野製圖
白蒂斯泰——古巴的獨裁者　葉金譯
銀聯曲敘記　趙景深
拆穿降神會的秘密　沈東海譯

傘兵訓練　徐毅譯
車廂中　周錚譯
舞臺劇與電影的表演術　顧也魯
窗簾　網珠生
小說叢話　鄭逸梅
宋氏三姊妹（特載）　陶秦譯
曇花宴（附圖）　陳靈犀
牛郎織女傳（五幕劇）　魏如晦
高血壓症的救星　露苡譯
希特勒的戀愛史（下）　盛琴仙譯
算了　沈天鶴
旅渝雜詩　胡丹流
促織經　張錦釗
潘巧雲畫傳　董天野繪
信不信由你　程永修
歐洲淪陷區寫真　傅松鶴譯
散花寺（長篇創作，三）　胡山源
超音波的效用　郭棟材譯
秋齋夜讀抄　秋翁
金鳳影（長篇創作，三）　予且
游蜂浪蝶（電影小說，琴逑羅吉絲主演・附圖）　陶秦
付之一笑　愛梅
戀愛漩渦中的桃樂珊拉摩　復基譯
夫妻為什麼要吵架　袁沛霖譯

學生文藝選

蛻變　屠國
割愛　胡雅貞

長篇小說

希臘棺材（奎寧探案）　程小青、龐嘯龍合譯
胭脂淚　張恨水
李阿毛外傳　徐卓呆
石榴紅　王小逸
大學皇后　馮蘅
美人掌（梅遜探案）　林俊千
編輯室談話　陳蝶衣

第一年　第六期（總第六期）　一九四一年十二月一日

羅斯福的私人秘書　葉金譯

學生文藝選

長篇小說

大學皇后　馮蘅
胭脂淚（繪圖者：穆一龍、章育青）　張恨水
編輯室談話　陳蝶衣

第一年　第七期（總第七期）　一九四二年一月一日

動盪中的耶誕節　陶冶
聖誕夜　汪霆

新年特輯

王小二過年　秋翁
年的故事　何滿
記憶中的新年　辪
新年回憶　周煉霞
兔子燈　魏楚卿
新年話舊　呂伯攸
新人的一日　網珠生
元旦　唐大郎
七擒　予且
《梅花夢》主角彭玉麟及其有關人物考　譚正璧
黨國人物志　朱鳳蔚
華沙城中的猶太人禁巷　葉金譯
藍色的多瑙河　楊琇珍
男變女　陳始園譯
潘巧雲畫傳　董天野
萬能的玻璃　郭棟材譯
長江的夜潮（長篇創作，一）　丁諦
吐吐小傳　包天笑
域外趣屑　孫思
金陵二首　文載道
紐約的補容專家　董雲飛譯
小說叢話　鄭逸梅
金鳳影（長篇創作，五）　予且
失眠治療法　陸蒂譯
牛郎織女傳（五幕劇）　魏如晦
散花寺（長篇創作，五）　胡山源
好萊塢二十五年來的熱女郎　張心鵑
秋齋雜感　秋翁
碧血黃沙（電影小說，泰羅鮑華・林達黛妮兒主演）
陶秦

幾個離了婚的明星夫人　復基譯

學生文藝選

落葉　李百功

湖　莫柄權

回憶的網　李凝

長篇小說

石榴紅　王小逸

李阿毛外傳　徐卓呆

希臘棺材（奎寧探案）　程小青、龐嘯龍合譯

大學皇后　馮蘅

胭脂淚（繪圖者：穆一龍、章育青）　張恨水

萬象信箱

編輯室談話　陳蝶衣

第一年　第八期（總第八期）　一九四二年二月一日

儉約的荷蘭女皇　沈斑紋譯

鍍金小姐　文宗山

平售米　陶冶

孫悟空大戰青獅怪　秋翁、天野繪圖

未來飛機的設計　沈毓剛譯

一支遺失的鋼筆　白鳳

《鼎峙春秋》與舊有傳奇　周貽白

浪淘沙　丹蘋

黨國人物志（二）　朱鳳蔚

集中營裡　露苡譯

人生的驛站——星加坡　黃琦

老劉的奇遇　魏謀

小說叢話　鄭逸梅

在松林裡　錢今昔

科學界的新貢獻　張直輿

散花寺（長篇創作，五）　胡山源

火燙的新療法　葉金譯

潘巧雲畫傳　董天野繪

人造嬰孩　李信之譯

信不信由你　程永修

長江的夜潮（長篇創作，二）　丁諦

高蓋山下的樂園　藍鳧

「銀色舞后」宋雅海妮　張心鵠譯

銀壇識小錄　銀翼
粉筆生涯　顧明道
金鳳影（長篇創作，五）　予且
滑雪的機械原理　馮平譯
賊的故事　網珠生
南洋的爬蟲　朱緯
秋齋談往　秋翁
水滸傳中的政治哲學　徐文瀅
商業用的X銑　郭敏之譯
辟塵小語　陳靈犀
趙五娘的秘密（獨幕劇）　徐卓呆

學生文藝選

祝福　程育真
測驗　朱曾汶
易牙　王植波

長篇小說

胭脂淚　張恨水
李阿毛外傳　徐卓呆
石榴紅　王小逸
大學皇后　馮蘅
希臘棺材（奎寧探案）　程小青、龐嘯龍合譯

第一年　第九期（總第九期）　一九四二年三月一日

菲律賓的首府——馬尼拉（附圖）　趙之璧
送灶　陶冶
戰時的英國婦女　李百功譯
姤　呂伯攸
郭秀才誅妖（附圖，天野繪）　秋翁
軋米記　陳靈犀
《紅樓夢考證》的商榷　徐文瀅
寶貴的海草　張振聲譯
海上的孤帆　燕雪雯
癌症與活力素　徐一帆譯
一天　金爪
彭玉麟手書　知止
泰羅鮑華的冒險故事（附圖）　陶秦譯
試刀記　老髯
金鳳影（長篇創作，六）　予且

美國的離婚城　毛志明譯
潘巧雲畫傳　董天野繪
醜婦的麵包　白鳳譯
散花寺（長篇創作，六）　胡山源
海綿的採取方法　馮平譯
姊姊（附圖）　白茝
小說叢話　鄭逸梅
大除夕　康笳
「混號」分類考　楊蔭深
暗香篇　王仲鄂
長江的夜潮（長篇創作，三）　丁諦
接財神　網珠生
瑪琳奧哈蘭的婚姻（附圖）　張心鵑譯
英茵的語讖　銀翼
水鄉之春　藍皛
維他命的劊子手　郭棟材譯
秋齋說笑　秋翁

學生文藝選

雨　戴維鑄
歧途　邢禾麗

長篇小說

胭脂淚　張恨水
李阿毛外傳　徐卓呆
希臘棺材（奎寧探案）　程小青、龐嘯龍合譯
大學皇后　馮蘅
石榴紅　王小逸

第一年　第十期（總第十期）　一九四七年四月一日

夏威夷的心臟—奧胡島（附圖）　金叔琴譯
熱女郎葉玲玲　魏謀
羅馬教皇的宮廷　史東譯
懺紅軒近詩　周煉霞
張巡殺妾饗將士（天野繪圖）　秋翁
人造心臟　羅文譯
街車上的姑娘　陶秦
乾冰　李信之譯
信不信由你　程永修
暖室裡的薔薇　施濟美

電醫生　郭棟材譯
植物的寶庫　周錚
澳大利亞的水中動物（附圖）　沈翊鵾譯
私底下的話（附圖）　王玉蓉
吃飯　陳靈犀
小說叢話　鄭逸梅
兔子燈　汪霆
郵票的掌故　卡倫譯
古趣集　襟霞輯
長江的夜潮（長篇創作，四）　丁諦
狼女狼童　文芩譯
戰時的利器　同
兒童節　白鳳
黃宗沾的成功史　張心鵾譯
春日之憶　王仲鄂
金鳳影（長篇創作，七）　予且
法苑珠譚　秋芝
一斛珠　丹蘋
記浪漫畫師盧世侯　平襟亞

復活蛋　季甫芳
潘巧雲畫傳（續）　董天野繪
多餘的一個　方任
散花寺（長篇創作，七）　胡山源
啊！蘇珊娜馥絲德　張直輿譯
黑鷹（電影小說，附圖）　俞輝
秋齋筆談　秋翁

學生文藝選

青春之液　余愛淥譯
善意的謠言　程慰宜
漫步　嚴翀

長篇小說

胭脂淚　張恨水
李阿毛外傳　徐卓呆
希臘棺材（奎寧探案）　龐嘯龍、程小青合譯
大學皇后　馮蘅
石榴紅（繪圖者：穆一龍　章育青）　王小選
萬象信箱編輯室　蝶衣

第一年　第十一期（總第十一期）　一九四二年五月一日

美國的總統府—白宮（附圖）　徐余譯
孟母六遷　呂伯攸
印度的燈塔—尼赫魯　東依人譯
廣泛的愛　文宗山
歐洲最審慎的獨裁者　張直輿譯
齊人饋女樂（附圖）　秋翁
巴拿馬運河的透視　文苓譯
紫丁香　陶冶
葡京動態　王守川
二千萬財產的繼承人　魏謀
人造血　施杰譯
古趣集　襟霞輯
古城的春天　施濟美
加利福尼亞州的婦人女監獄　余愛淥
螺川小品之一—露宿　周煉霞
血紙人（俠盜魯平奇案之三，上）　孫了紅
孿生子　楊曼譯
星星之火　程育真
海水中的寶藏　俞良洪
散花寺　胡山源
影星的年齡問題　復基譯
鐘聲篇　王仲鄂
飛機轟炸與魚雷攻擊　陶中全譯
空課　邢禾麗
金鳳影（長篇創作，八）　予且
春宵菊宴記（附圖）　秋翁
謹防傷風　王鍾瀚譯
潘巧雲畫傳（續）　董天野繪
長江的夜潮（長篇創作，五）　丁諦
秋齋筆談　秋翁
罪惡之夜（電影小說，附圖）　陶秦
小說叢話　鄭逸梅

學生文藝選

春殘夢斷　黃文錦
末路　張真淑

長篇小說

胭脂淚　張恨水

李阿毛外傳　徐卓呆
希臘棺材（奎寧探案）　龐嘯龍、程小青合譯
大學皇后　馮蘅
石榴紅　王小逸

第一年　第十二期（總第十二期）　一九四二年六月一日

牧羊之國：澳大利亞的富源（附圖）　沈鴻淵譯
新上海經　文宗山
嬈秋樓絕句　紅蕤
從降落傘說到傘兵　黃新夢
女同事　陶冶
腳踏車史話　張直興譯
新白蛇傳（附圖）　秋翁
男嚮導　李信之
雞　呂伯攸
美澳的橋樑─飛旗群島　金叔琴
廉頗生胃病　張克勤

印度特輯

紅頭阿三的祖國─印度　徐余譯
聖雄甘地　楊曼譯
神秘的印度洋　史東譯
戰時印度　余愛淥譯
印度的都市　郭朋
血紙人（俠盜魯平奇案之三，中）　孫了紅
航空護士　金髮譯
分水嶺　易戈
有趣的丹麥人　金谷譯
長江的夜潮　丁諦
戰時的科學家　羅文
刀片囤積與磨刀片　律宣
植物的衣食住行　周錚
《醉翁談錄》所錄宋人話本考　譚正璧
紙牌小魔術　曼娜
散花寺（長篇創作，九）　胡山源
戾天樓名人傳記之一　許翰飛
神秘的月亮　施杰譯
小說叢話　鄭逸梅
潘巧雲畫傳　董天野繪

秋齋散記　秋翁
霹靂聲中　俞良洪譯
金鳳影（長篇創作，九）　予且
鐵羅漢　鍾文苓譯
小工藝製造法之一：皮鞋油　李思
神經炎的促成原因　王鍾瀚譯

學生文藝選

愛的真諦　張蘭
淡藍色的信封　黃宗熙

長篇小說

胭脂淚　張恨水
石榴紅　王小逸
李阿毛外傳　徐卓呆
希臘棺材（奎寧探案）　程小青、龐嘯龍合譯
萬象信箱
編輯室　蝶衣

第二年　第一期（總第十三期）　一九四二年七月一日

象（附圖）　程志霄譯
喜劇與悲劇　文宗山
地中海的十字路—瑪律他島（附圖）　歐陽瑛
科學夫人　吳克勤
袖珍無線電與傳影機　施杰譯
第一〇一回鏡花緣（附圖）　秋翁
偽裝戰術　史東譯
奇怪的樹葉　張立
未來的主人翁（附圖：吳榕繪）　長風
人與細菌之戰　羅文譯
吹劍一吷錄　鄭逸梅
聖保羅教堂的晨鐘　楊琇珍
橡皮與戰爭　俞良洪譯
風雨中的行列　陳蝶衣
南印度洋的寶石—錫蘭島　郭朋
血紙人（俠盜魯平奇案之三，下）　孫了紅
從西班牙到直布羅陀　黃義譯
動亂的一角　湯雪華
玻璃世界　李百功譯
紅美人（中篇小說，一）　徐晚蘋

胠篋聖手　王鍾瀚譯
戾天樓名人傳記之二　許瀚飛
林譯小說　鄭逸梅
小工藝製造法之二：捕蠅紙　陳諟
潘巧雲畫傳　董天野繪
山鎮小景　王仲鄂
武裝的好萊塢　楊曼

學生文藝選

佛與上帝　吳懷瑾
陰謀　葛子香

長篇小說

金鳳影　予且
希臘棺材（奎寧探案）　程小青、龐嘯龍合譯
散花寺　胡山源
大學皇后　馮蘅
胭脂淚　張恨水
長江的夜潮　丁諦
石榴紅（繪圖者：穗一龍、章育青）　王小逸
編輯室談話　陳蝶衣

第二年　第二期（總第十四期）　一九四二年八月一日

吃人者的故鄉－蘇門答臘（附圖）　鍾文苓譯
投機家列傳　魏謀
尼羅河流域航行記（附圖）　沈翊鵾譯
一個「兜得轉」的人　陳蝶衣
未來的原子戰爭　張拙如譯
孟嘗君遣散三千客（附圖・天野繪）　秋翁
二次世界大戰中的空襲和防護　白鞏譯
小說叢話　鄭逸梅
薔薇之戀　曾文強
電眼　王言實
三十三號屋（快盜魯平奇案之四，上）　孫了紅
紅嘴唇的誘惑　陳列
白金的發現與用途　張振聲譯
西施之歌　徐卓呆
甲狀腺的移植治療　余愛淥譯
寡婦院（四幕悲劇，一）　夏霞
疑獄記　張秋虫

婚姻的安息年　李百功
氰化鉀　徐雷國
戾天樓名人傳記之三　許翰飛
海豹學校　郭奇譯
潘巧雲畫傳　董天野繪
流泉曲　程育真
閉門兩首　胡樸安、陳乃文
紅美人（中篇創作，二）　徐晚蘋
米　金爪
萬能的大豆　何凱
秋齋說笑　秋翁
詩人　呂伯攸
吹劍一吷錄　鄭逸梅
從影瑣記（附圖）華雷斯皮菜原著　康琴譯
小工藝製造法之三：洗滌肥皂　陳青士、王遐文
瀛海珍屑　森滔

學生文藝選

寶寶　章祖燮
一個小車夫　張吉宣

長篇小說

金鳳影　予且
希臘棺材（奎寧探案）　程小青、龐嘯龍合譯
散花寺　胡山源
胭脂淚　張恨水
長江的夜潮　丁諦
石榴紅　王小逸
萬象信箱
編輯室談話　陳蝶衣

第二年　第三期（總第十五期）　一九四二年九月一日

新幾內亞的輪廓畫（附圖）　張心鵑譯
山野的怒火　文宗山
第二次世界大戰中的海軍　李百功譯
二十世紀紅樓夢　吳綺園
燈火管制與燈光隱蔽　俞良洪譯
比珠詞　范君博
義姑姊片言退齊兵（附圖）　秋翁、呂伯攸
小三的惆悵　施濟美

「通俗文學運動」專號（上）

長篇小說

第二年　第六期（總第十八期）　一九四二年十二月一日

長篇小說

希臘棺材（奎寧探案） 程小青、龐嘯龍合譯
乳娘曲 予且
長江的夜潮 丁諦
胭脂淚 張恨水
編輯室談話 陳蝶衣

第二年 第七期（總第十九期） 一九四三年一月一日

美人帳下猶歌舞（封面） 盧世侯繪
烽火中的古國——突尼斯 金叔琴譯
選擇 文宗山
張刺史元旦釋囚（董天野繪圖） 呂伯攸
新年的惆悵 秋翁
獻歲之話 鄭逸梅
元旦試筆 冀翁、煉霞、君博、大郎
生與滅 湯雪華
冬季的健身運動——滑雪 劉其蕃

人物志

法國的元首——貝當上將 陳偉譯
手創伊朗的李查王 程志霄譯
橋 沈翊鷗譯
文學上的技巧與派別 楊真如
編劇瑣談 方君逸

新年畫報

新年速寫 江棟良
一九四三年銀壇巨獻 六幅
顧大嫂 狄謨
旅渝雜詩 胡丹流
閒話月亮 曹達均
一〇二（俠盜魯平奇案之五，續） 孫了紅
秋齋筆談 秋翁

世界獵奇

泰國的風土人情 嚴懋德
求婚與結婚的奇風異俗 石梅
澳洲的奇獸——袋鼠 史東譯
潘巧雲畫傳（續） 董天野
人獄記 余愛淥譯
雲彩霞（五幕悲劇，二） 李健吾
臨老被戮的葉德輝 許翰飛

滌硯餘瀋　鄭逸梅
銀壇彗星英格麗褒曼　張心鵑譯

醫藥講座

止血新藥——維他命K　羅薏譯
魚肝油製劑（上）　周夢白
福爾摩斯話匣（續）　李信之

長篇小說

散花寺　胡山源
鍍金小姐　馮蘅
胭脂淚　張恨水
長江的夜潮　丁諦
乳娘曲　予且
希臘棺材　程小青、龐嘯龍合譯
萬象信箱
編輯室談話　陳蝶衣

第二年　第八期（總第二〇期）　一九四三年二月一日

世界石油志（附圖）　余愛渌譯
神・鬼・人（戲場偶拾）　莊濡
《洛神賦》主角戀愛事蹟考　譚雯
燈塔　楊琇珍
宇宙新語（附圖）　徐余
顧也魯黃妊群：結婚三重奏（附圖）　金烙
三都賦（故事新編）　譚正壁文、董天野圖
桂林山水（附圖）　沈翔雲
世界最高峰的攀登（附圖）　何凱譯
AB制與明星制　李之華

科學發明的領域

化學家創造的新天地　張振聲
燈火管制的新發明　沈翊鵾譯
戰爭中的新武器——空中彩色照相　胡維梓
新奇的縮小印刷術　羅薏譯
人造汽油　施杰譯
鳳鳳　樂易年
食味小記　文載道
從目疾說到配眼鏡　王鍾瀚譯
火樹（一）　庸吾譯
餌　黃煥鈞

雲彩霞（五幕悲劇，三）　李健吾
圍爐餘話　鄭逸梅
魚肝油製劑（醫藥講座，下）　周夢白
女浴室　秋芳
不祖同鄉的魯滌平（名人傳記之九）　許翰飛

長篇小說

胭脂淚　張恨水
長江的夜潮　丁諦
乳娘曲　予且
希臘棺材　程小青、龐嘯龍合譯
散花寺　胡山源
鍍金小姐　馮蘅
編輯室談話
萬象徵文　蝶衣

第二年　第九期（總第二十一期）　一九四三年三月一日

藏滇邊陲風景線　徐棠慧
第一個黃昏　施濟美、石佩卿
爐邊談貓　沈闔譯
花魁女獨佔賣油郎（故事新編）　呂伯攸著、董天野圖
絳雲樓韻話（上）　譚正璧
弒兄案主角絞決記　金玨
關於殺人　文載道
籠羽　程育真作、石佩卿圖
一〇二（俠盜魯平奇案之五，四）　孫了紅
詩之卷　唐弢、高吹萬、陳列、陳小翠、沈恩孚、陳乃文
唐紹儀的生平（名人傳記之十）　許翰飛

徵文第一題

我的嗜好　吳仞之、孫景路、李麗華、藍蘭黃宗英、馬笑儂、穆一龍、但萍
史嬪、呂佩英、唐晉、費稽
雨天雜感　王仲鄂
楊雲史與陳美美　秋翁
記憶　徐翊
麵包的故事　應遠濤
海底的清道夫——龍蝦　孫毓珍
茗餘雜札　鄭逸梅
飄泊者　陶秦

第二年　第十期（總第二十二期）　一九四三年四月一日

肺結核治療的實驗　張振聲

徵文第一題

我的嗜好（二）　歐陽飛鶩、盧思義、幼生、裘敏齋、蕭城、亞娃、沈東海、許念兹、金渚

睡眠的研究　周信之譯

蚤之話　秋翁

文化區與風化區　網珠生

影劇月曆　編輯室

雲彩霞（五幕悲劇，五）　李健吾

小說叢談　鄭逸梅

火樹（續）　席吾譯

人體上的內分泌腺　張正譯

福爾摩斯話匣（續）　李信之

長篇小說

胭脂淚　張恨水

長江的夜潮　丁諦

鍍金小姐　馮蘅

希臘棺材　程小青、龐嘯龍合譯

乳娘曲　予且

編輯室談話

第二年　第十一期（總第二十三期）

一九四三年五月一日

戰爭邊緣上的西班牙　邱洛英

衣錦還鄉（附圖）　徐達

人間的天堂——蘇州（附影）　張揚

李師師的綺夢（故事新編・附圖）　譚正璧、董天野

山形依舊枕寒流　文載道

口嘯（附圖）　施濟美、石佩聊

獵象　凱

晨（長篇創作）　羅洪

世界最狹長之國——智利　嚴懋德

清宮的畫家——郎世寧　槎農

最後的玫瑰（附圖）　葉棱

收穫　綠漪

影劇月曆　編輯室

童芷苓言慧珠——白門鬥法記（附圖）　吳觀蠡

瞑目（附圖）　邢禾麗、石佩卿

文化幽靈座談會（附圖） 浮生
誅情記（附圖） 朱鴛雛遺著
古城之夜 俞昭明
春去也 梁燦
影壇交響曲 江棟良
書城獵奇 秋翁

徵文披露

我不能忘懷的一件事 白沈、徐翊、朱寒修、張慧琴、周文熙、白弦、裘敏蘿、作業
雄女人（附圖） 劉郎
一〇二（俠盜魯平奇案，五） 孫了紅
秋齋說笑 秋翁
南洋的猩猩・虎・豹 楊志剛
書宣古愚 范君博
康藏及青海之喪葬 鮑莘鋤
血型 余愛渌
上海的工廠區 徐開壘

長篇小說

乳娘曲 予且
長江的夜潮 丁諦
鍍金小姐 馮蘅
希臘棺材 程小青
胭脂淚 張恨水
編輯室談話 編者

第二年 第十二期（總第二十四期）

一九四三年六月一日

玻利維亞縱橫（附圖） 非人
廬山之霧（附圖） 楊琇珍、董天野
鑾河之旅 黃連譯
春夢與童話 溫凡
深海的奇觀 李息苓、李祥麟譯
女參軍（故事新編，附圖） 呂伯攸、董天野
怎樣拍海底電影 胡澄源譯
車・馬・道路 王仲鄂
劉大哥看話劇（附圖） 駱北、石佩卿
病中談「病」 果厂
珍・這可兒（附圖） 文心、董天野

顧橫波的一生　譚雯
無字的文稿（附圖）　吳克勤、章育青
愛的治療力　蔡瑞保
晨（長篇創作）　羅洪
潘巧雲畫傳　董天野繪
利人主義　周錚譯
關於人工氣胸術致肺病患者　徐名模
隱情（附圖）　程育真、黃也白
談紙　念珍
西行心印錄　吳觀蠡
一〇二（俠盜魯平奇案之五，續完）　孫了紅
一周和一匝（附圖）　梓園
影劇月曆　編輯室
安慰　雪華
楊庶勘遷宅升官（名人傳記之十一）　許翰飛
遊園偶記　金琤

長篇小說

胭脂淚　張恨水
乳娘曲（續完）　予且
希臘棺材（奎寧探案）　程小青、龐嘯龍合譯
編輯室談話　編者

第三年　第一期（總第二十五期）　一九四三年七月一日

詩（插頁）　葉紹
畫（插頁）　豐子愷
蠻陬獵首記（風俗獵奇）　幽素
知也無涯（知識講座）　梅守仁
狩獵（小說）　蘆焚
華寨村的來信（通訊）　蘆焚
吊突尼斯（史地漫話）　石越
愚人節（小說・逸之作圖）　曉歌
維他命B一會殺人嗎？（醫學常識）　余愛淥
尋夢人（散文）　若思
燈（散文）　韓孤
茗餘雜札（小品）　鄭逸梅
雙清（長篇連載）　鴻蒙

萬象閒話

馬將哲學　方城

文藝批評與社會批評　太索
軋　佐行
你們在笑誰　霍然
談卓別林　非骨
中學教員（小說・石佩卿圖）　葑菲
風沙寄語（故都通訊）　季黃
荒野（長篇連載）　師陀
藍天使（小說・董天野圖）　施濟美
與蜂雀度著假日（鳥獸蟲魚）　詩羔譯
獨身哲學（文哲逸話）
叔本華論女人（文哲逸話）　燕
文人的故事（文哲逸話）　猗園
晨（長篇連載）　羅洪
愛儷園——海上的迷宮（特寫）　凡鳥
演技教練（劇藝講座）　石揮
跳龍門的插曲（小說）　司馬倩
西湖的風雨（杭州通訊）　林國蘅
余叔岩之死（天津通訊）　吻雪
兩城間（小說）　徐翊
世界最怪的貨幣（風俗獵奇）　鍾文苓
飄（連載劇本）　朱梵改編
亞姆斯丹的水手（翻譯小說）　朱佩棻
燕子樓憶語（小品）　景湯
伊芙小姐（翻譯小說）　蘇嘉年譯
胭脂淚（長篇小說）　張恨水
二年來的回顧（出版者的話）　秋翁
希臘棺材（奎寧探案）　程小青、龐嘯龍合譯
編輯室

補白

世界獵奇　旅人
藝文短訊　朔
舊雜誌　鄭逸梅
夢中得句　鄭逸梅
信不信由你　程永修

第三年　第二期（總第二十六期）　一九四三年八月一日

詩（插頁）　沈尹默
畫（插頁）　豐子愷

補白

尉塵錄　鄭逸梅

藝文短訊　娜

作家・貧病・死亡　參

第三年　第三期（總第二十七期）　一九四三年九月一日

詩（插頁）　夏丏尊

畫（插頁）　豐子愷

黃金鄉的發現者（史乘紀異）　白季仲

環球獨航記（歷險紀實）　舒凡譯

說書人（小說）　蘆焚

我愛講的故事（德育故事）　胡悲

雙清（長篇連載）　鴻蒙

盜馬賊（小說）　沈寂

自春徂秋（散文）　若思

涼風（散文）　匡沙

黃昏之憶（散文）　施濟美

永久的畫像（小說）　曉歌

夏丏翁羊毛婚倡和詩　章雪村、王伯祥、顧均正、周振甫、夏丏尊、王劍三、葉聖陶、賀昌群、朱佩弦、朱孟實、盧冀野、馬夷初

郤依考夫斯基之淚（獨身者的戀愛故事）　余芃

人物小記（小說）　溫凡

萬象閒話

閒話之三　訥厂

閒話之四　訥厂

骨鯁偶語　安戈

人命價值的飛漲　螢予

廣告索隱　蕭苓

仙人掌的夢　柷敔

名　徐永

終身大事　倚紅

護航歷險記（報告）　譚地

古代的病菌戰和毒氣戰（戰爭史話）　幽素

荒野（長篇連載）　師陀

惱人天氣（小說）　王安

死之勝利與鄧南遮（文藝講座）　石越

愛儷園——海上的迷宮（特寫）　凡鳥

井邊（小說）　文宗山
雲（自然科學）　應遠濤
熱帶玩魚（鳥獸蟲魚）　歐陽瑛
心經（小說）　張愛玲
「五金魁首」解（科學小品）　梅守仁
晨（長篇連載）　羅洪
豔麗的南海（海外情調）　恨予
滬杭線上（平湖・硤石通訊）　王小竹、王萬育
飄（連載劇本）　朱梵
醜婦的情書（翻譯小說）　張莘權譯
女人萬歲（婦女漫談）　燕[犭我]
園藝瑣談（小品）　鄭逸梅
胭脂淚（長篇小說）　張恨水
關於小黑姑娘的通訊（通訊）　季黃、柯靈
編輯室

補白

詞二首　陳宛若
世界獵奇　旅人
藝文短訊　壘・泉
麝塵錄　鄭逸梅
免齋隨筆　申吉
笑不笑由你　愛梅

第三年　第四期（總第二十八期）　戲劇專號

一九四三年十月一日

讀劇隨感（論文）　疾首
話劇導演的功能（導演講座）　佐臨
舞臺對話的交響化（導演講座）　萬岳
舞臺之歌（小說）　梁燦
劇場獵奇（劇壇見聞錄）　余愛淥
未付郵（致曹禺書）　成己
家（名劇介紹）　袁俊
風雪夜歸人（名劇介紹）　劉西渭
祝洪深五十誕辰　金山等
平劇與話劇的交流　白玉薇、楊寶森、童芷苓、童壽苓、金素雯、周信芳、陳鶴峰、林樹森、李宗義、李玉芝
被玩弄者的報復（小說）　沈寂
話劇應該商業化（論文）　樂山

重慶的戲劇季　徐子蓉
「舞臺語」問題（演技講座）　石揮
贈金索琴　田漢
演技上的情感真實性（演技講座）　胡導譯
上海劇壇　明
話劇界的得失（徵文當選）　嶺梅、胡為、弘絮、戈英
導演先生（小說）　曉歌
京角兒們在上海（特寫）　海生
我不能忘懷的一件事（自傳之一章）　白玉薇
雜感隨筆談舞臺光（技術講座）　吳仞之
古巴答客問（舞臺設計）　古巴
理想的舞臺（舞臺設計）　孫樟
電影・京劇在蜀中　泉
我對話劇界的希望（徵文當選）　彭速、郝明、蘊哲、薛
　志誠、嚴覺林、顧綏之
李萬君、周信、戈英
關於七重天的通訊（通訊）　姚克
話劇在蜀中　泉・蓉
漫談中古時期的歐洲戲劇（戲劇史話）　章杰
式微・有誰　白文
飄（連載劇本）　朱梵改編
荒野（長篇連載）　師陀
雙清（長篇連載）　鴻蒙
胭脂淚（長篇小說）　張恨水
晨（長篇連載）　羅洪
編輯室

第三年　第五期（總第二十九期）

一九四三年十一月一日

詩（插頁）　施蟄存
畫（插頁）　珂田
森林王國探險記（風俗獵奇）　幽素
期待（小說）　蘆焚
我愛講的故事（德育故事）　胡悲
巴金：一個現代的中國小說家（作家論）　簡正
吉祥草（懷郁達夫詩四絕）　昔凡
琉璃瓦（小說）　張愛玲
義大利邊城巡遊記（海外情調）　奇峰

第三年　第六期（總第三〇期）　一九四三年十二月一日

胭脂淚（長篇小說） 張恨水
編輯室
夷猶小語 鄭逸梅
港 白文
免齋隨筆 吉中
世界名人幽默集 幽素
藝壇逸話 蓉
菊殘猶有傲枝霜 葛中東
壽秋翁 岐隱
方士 白文
世界獵奇 旅人
倚虹小集 鄭逸梅
新年號要目預告 編輯室

第三年 第七期（總第三十一期） 一九四四年一月一日

插頁

春景（明人木刻） 朱自清
孤鴻（明人木刻） 謝婉瑩
街景（三色木刻） 珂田
高閣連雲（攝影） 秦泰來
一九四四年的紀念（新年特載） 莫名、施果
滑鐵盧天下成敗之秋（歷史精繪） 白季仲
郵差先生（散文） 高岑
春日閒居（詩） 施蟄存
稻場上（小說） 潛羽
荒野（長篇連載） 師陀
趣味的色素（醫學小品） 無依
漫談《離婚》（批評） 吳伯蕭
竹報平安（新年特載） 豐子愷、張駿祥、夏霞、丁聰、吳祖光
風沙寄語（故都通訊） 季黃
飄（連載劇本） 朱梵改編
婦人（小說） 高岑
冰天紀異（風俗獵奇） 幽素
歸去（外三章）（散文） 徐翊
病的生涯（散文） 施濟美
元宵（散文） 駱北
新年之憶（散文） 品品

雙清（長篇連載）　鴻蒙
永生的青春（小說）　葉弦
我愛講的故事（德育故事）　胡悲
閒話作家書法（藝文逸話）　賈兆明
連環套（長篇連載）　張愛玲
遲暮（小說）　關山月
哀長女可群（散文）　姜丹書
晨（長篇連載）　羅洪
古昔的戀歌（小說）　曉歌
荒漠異聞錄（風俗獵奇）沈翊鵾
胭脂淚（長篇小說）　張恨水
編輯室
夷猶小語　鄭逸梅
清娛漫札　鄭逸梅
世界名人幽默集　幽素
奇異的馬路　科新信
獵奇趣味　滄一
世界獵奇　旅人
知識一行　軼名

第三年　第八期（總第三十二期）　一九四四年二月一日

春暮（插頁）　明人木刻
春暮（插頁）　冰心書
印度打虎記（狩獵趣味）　沈煜
雙石驛（中篇故事）　木公
藜照小錄　鄭逸梅
芭蕉院隨筆（隨筆）　宛宛
萬象閒話
金錢這東西　螢予
心影錄　含青
寒夜　阿湛
蟬的殘骸　林莽
丑之德　纅人
荒野（長篇連載）　師陀
索笑集　湘靈
曹禺論（作家論）　鮑靄如
鬼（小說）　沈寂
情感以外的悲哀（雜文）　勞神

第三年　第九期（總第三十三期）　一九四三年三月一日

第三年第十期（總第三十四期） 一九四四年四月一日

畫：春（插頁）　廖增益
紅海採珠記（世界采風記）　華成璐
生命的幕後（人海傳奇）　螢予

特輯：屐痕處處

錦城十日　黃裳
白門集　宛宛
閩贛邊陲線上　吳娜
湘中夢痕　陽光
舍（散文）　若思
心的軛下（小說）　曉芒
福羅貝爾與四夫人（獨身者的戀愛故事）　余芃
論出版文化及其他（論文）　范泉
雙清（長篇連載）　鴻蒙
季候（小說）　南嬰
世界末日的預言（預言）　緤人譯
荒野（長篇連載）師陀
橋與塔（散文）　匡沙
連環套（長篇連載）　張愛玲
河內的風度（海外風光）　蕭群
珍珠的生日（小說）　施濟美

萬象閒話

言・默・聽　螢予
說「靜」　螢予
人的悲哀　怯怯
新瓶裝舊酒　伍泉
故都的春天　琪
晨（長篇連載）　羅洪
蝶戀花（歌劇）　李建吾
導演們的把戲（銀壇逸話）　秋士
臥病雜記（散文）　王仲鄂
蘇聯的音樂教育（世界藝壇）　薄適
無名島（驚奇小說）　舒君亮譯
編輯室

補白

吹毛錄　求庇生
曉曉錄　鄭逸梅
獵奇趣味　滄一

第三年　第十一期（總第三十五期）

一九四四年五月一日

詩（插頁）　郭紹虞

畫（插頁）　豐子愷

歐戰特輯

戰爭漫畫選

在死亡的海上　幽素譯

第一次大戰中最冒險的海軍戰役　纖人譯

誰是打勝歐戰的人？　謝榮向譯

軍用魔術　湘靈

我愛講的故事（德育故事）　胡悲

蘇聯的桃源（海外風光）　畲直

幽默的錯誤（幽默文抄）　澤夫

論張愛玲的小說（批評）　迅雨

小品二章（散文）　若思

紳士淑女（小說）　葉弦

荒野（長篇連載）　師陀

鄧肯女士與詩人葉賽寧（藝文逸話）　淮海

萬象閒話

謠言辯　懷三

常識與情理　妄人

兩腳羊　柳枝

「破門」解　從洛

觸鬚　伍泉

無題　吳荑

芭蕉院隨筆（隨筆）　宛宛

雙清（長篇連載）　鴻蒙

山城劇訊（通訊）　伯思

記張一麟老人之喪（通訊）　承周

晨（長篇連載）　羅洪

大荒天（小說）　沈寂

絮語集

牽牛花　坦克

石像　林莽

生之寂寞　徐翊

雞　平泉

期待　駱北

尺牘的集藏（藝文逸話）　鄭逸梅
連環套（長篇連載）　張愛玲
籠中鳥（鳥獸蟲魚）　歐陽瑛
憶雨詞並序（詩）　中吉
無名島（驚奇小說）　舒君亮譯

補白

歐戰趣聞　蘭子
曉曉錄　鄭逸梅
獵奇趣味　滄一
吹毛錄　求庇生
醉紅小語　鄭逸梅

第三年　第十二期（總第三十六期）

一九四四年六月一日

字（插頁）　糞翁
木刻（插頁）　珂田
羅馬之憶（海外風光）　金叔琴
我最危險的片刻（人海傳奇）　幽素譯
嫩江之戀（小說）　曉歌
芭蕉院隨筆（隨筆）　宛宛
山城擫拾（通訊）　黃裳
荒野（長篇連載）　師陀
柴霍南與肺癆的博鬥（文史逸話）　莫名
在理髮店裡（小說）　高岑
雙清（長篇連載）　鴻蒙
林肯的辯護法（法律故事）　纅人
四十年前話四明（地方掌故）　虛懷、慕懿
老張的故事（小說）　溫凡

萬象閒話

逃和趨　懷三
猥褻的作家　柳枝
作文與做人　柳枝
偶得之一　槎人
點滴　李永運
晨（長篇連載）　羅洪
瓷水牛（小說）　石琪
關於糞翁（藝事小談）　叔紅
連環套（長篇連載）　張愛玲

第四年　第二期（總第三十八期）　一九四四年八月一日

花花世界（科學小品）　沈翊鵾譯
疫癆（醫學小品）　章祖燮譯
劇人生活素描（藝壇）　李宗善
梁萍會見記（藝壇）　彭斯
關於馬戲（藝壇）　秋士

絮語集

夜歸（散文）　坦克
船夫（散文）　阿湛
拾陽記（散文）　林莽
接吻考（長篇連載）　袁武
夕陽影裡訪丹山（遊記）胡憨珠
晨（長篇連載）　羅洪
編輯室

補白

獵奇趣味　滄一
綠窗絮語　鄭逸梅
世界名人幽默集　幽素
視死如歸　鐸夫
紅愁綠怨錄　鄭逸梅
索笑集　湘靈

第四年　第三期（總第三十九期）　一九四四年九月一日

萬象新歌集

我為你歌唱　素人詞、梁樂音曲
你的眼睛　素人詞、梁樂音曲

特輯：三十年前上海灘

我與新聞界　天笑
三十年前上海的摩登女子　黎柏岱
上海行　烟橋
三十年前之書畫家　鄭逸梅
民初上海憶語　朱鳳蔚
三十年前之期刊　秋翁
劇壇懷舊錄　周劍雲
一束陳舊的斷片　張石川
學賈（散文）　若思
小學教師（小說）　鄭定文
古巴——羅曼司的島國（海外風光）　景怡譯
荒野（長篇連載）　師陀

值得深思的事（人生修養） 李永運
渣滓（小說） 高岑
錫的故事（科學故事） 沈翊鵾
三代（小說） 徐翊
新錄鬼簿（新文壇逸話） 陳時和
夜店（連載劇本） 朱梵、師陀
科學的地獄（體刑新語） 幽素
名人的最後一句話（名人語錄） 秋士
新幾內亞探險記（風俗獵奇） 李信之
晨（長篇連載） 羅洪
青苔（小說） 狄靜
詩人的求愛（隨筆） 螢予
灌音小記（隨筆） 含涼
瞭解女人的藝術（婦女漫話） 于聞
接吻考（長篇連載） 袁武譯
最後的一葉（翻譯小說） 曉歌譯
杭州灣的怒潮（自然科學） 鮑莘鋤
編輯室

補白

關於出售魯迅遺書 郁華
綠窗絮語 鄭逸梅
歐戰趣聞 蘭子
獵奇趣味 滄一
索笑集 湘靈

第四年 第四期（總第四〇期） 一九四四年十月一日

職業婦女特輯

三遷 何葭水
陷阱 小玲
「表演舞蹈」是我的職業 王淵
聾女求職記 蘇靜
這樣的歲月 黎君
教員一日 嚴清霞
一個售票員的生活 陳大宇
旋律的跳躍 梁萍
死囚（小說） 曉歌
威尼斯（海外風光） 谷人

歷史上最大的火災（科學奇觀） 幽素
媳婦（小說） 蕭寒
我與新聞界（文壇懷舊錄） 天笑
三十年前上海灘的補充話（掌故） 鄭逸梅
歷史的插頁 直夫
古生物學近聞（自然界） 秋士
人（小說） 蔡凡
阿爾邦山發掘古墓記（墨西哥考古） 季修譯
夜店（連載劇本） 朱梵、師陀
蝴蝶旅行的故事（鳥獸蟲魚） 雷焱
環球獵影記（攝影漫談） 華成璐
黃霉雨（小說） 石琪
甦生者言（生死逸話） 康悌露
董小宛與順治（考據） 宛序
接吻考（長篇連載） 素武譯
海的故事（科學小品） 俞良洪
晨（長篇連載） 羅洪

補白

綠窗絮語（六則） 鄭逸梅
怪法律 樂芳齋
獵奇趣味 滄一
叢殘偶拾（二則） 鄭逸梅
編輯室

第四年 第五期（總第四十一期）

一九四四年十一月一日

帝城十日（遊記） 晦庵
自滇池寄（通訊） 沈從文
巴山寄語（通訊） 黃裳
我的創作經驗（作家自述） 端木蕻良
演員崇拜（小說） 葭水
荒島捕龍（鳥獸蟲魚） 雷焱
以蟲鳴秋（散文） 若思
杭州日記（遊記） 說齋
戲壇往來（藝人論評） 李健吾、徐光燊
桑弧的作品及其它（藝人論評） 房敏
荒野（長篇連載） 師陀
羅斯福獵象記（狩獵紀實） 澄如譯

經理太太的一口氣（漫畫）　令狐原
睡眠的馬拉松（自然科學）　章祖燮譯
百萬美金假鈔案（海外述聞）　衛來慈
散席（小說）　司徒宗
我與新聞界（文壇懷舊錄）　天笑
沙塔（小說）　司馬倩

散文之輯

萬弦琴　坦克
雲中鶴　林莽
縴夫們　夷彌
給陌生的友人　林莽
煙燼錄　曉芒
霧　李宗善
園林夜話　匡沙
魯迅雜文拾遺（雜文）　柳枝
接吻考（長篇連載）　袁武譯
晨（長篇連載）　羅洪
編輯室

補白

獵奇趣味　滄一
世界名人幽默集　幽素
索笑集　湘靈
科學珍屑　滄一
世界獵奇　滄一

第四年　第六期（總第四十二期）

一九四四年十二月一日

可特士長征墨西哥（英雄史略）　幽素
談喝茶（散文）　施蟄存
魘（小說）　鄭定文
外國人談中醫（醫學澳談）　俞良洪
夜店（連載劇本）　朱梵、師陀
心聲　鄭逸梅
夜店在日本（世界藝壇）　范通譯
獵奇趣味　滄一
漫談史劇（劇論）　吳伯簫
骷髏杯（小說）　曉歌

第四年　第七期（總第四十三期）　一九四五年六月一日

筆花

沒有　尾的故事（小說）　葭水
一個離別上海者的留戀（散文）　勞神
荒野（長篇連載）　師陀

生活速寫

掘井前後　徐翊
紛擾　司馬倩
正在算　余也漱
趣聞　高岑
孔子以前沒有孔子（散文）　石揮
浮世小集（漫畫）　令狐原
拿破崙與歌德（藝文逸話）　河漢
美國的女兵及其他（婦女界）　何凱、錢子雄
鯉魚風（徐州通訊）　吳山青
行路難（錢江旅筆）　匡沙
自售術（處世哲學）　幽素
殘叢偶拾　鄭逸梅

號外　（無出版日期）

突尼斯遺跡發掘記（附圖）　孫毓珍
愛的勝利　施濟美
在空中俯瞰坦克車戰術　黃影呆
海濱　范君博
左慈變戲法　呂伯攸文、董天野圖
航空母艦的前途　潘光旭
失去的情話　胡山源
梁溪鄭翰飛之後人　鄭逸梅
佳人　周煉霞
心理變態的女人　文宗山
海之晨　錢今昔
迷　湯雪華
皮大衣　危月燕
靈魂的叫喊　袁牧之
嫁　韋茵
在都會的底層　汪霆
落花流水　俞貽明
保姆　耿濟之
未完成的畫像　丹丁
油瓶小姐　顧明道

血歷史162　PC0838

新銳文創
INDEPENDENT & UNIQUE

追尋文思匯流之所：
《萬象》憶舊

原　　著　《萬象》雜誌編輯部
主　　編　蔡登山
責任編輯　石書豪
圖文排版　周妤靜
封面設計　蔡瑋筠

出版策劃　新銳文創
發 行 人　宋政坤
法律顧問　毛國樑　律師
製作發行　秀威資訊科技股份有限公司
114 台北市內湖區瑞光路76巷65號1樓
電話：+886-2-2796-3638　傳真：+886-2-2796-1377
服務信箱：service@showwe.com.tw
http://www.showwe.com.tw
郵政劃撥　19563868　戶名：秀威資訊科技股份有限公司
展售門市　國家書店【松江門市】
104 台北市中山區松江路209號1樓
電話：+886-2-2518-0207　傳真：+886-2-2518-0778
網路訂購　秀威網路書店：https://store.showwe.tw
國家網路書店：https://www.govbooks.com.tw

出版日期　2019年10月　BOD一版
定　　價　420元

Printed in Taiwan

國家圖書館出版品預行編目

追尋文思匯流之所：《萬象》憶舊 / 萬象雜誌社原著；
蔡登山主編. -- 一版. -- 臺北市：新銳文創, 2019.10
面；　公分. -- (血歷史 ; 162)
BOD版
ISBN 978-957-8924-73-4 (平裝)

1. 言論集

078　　108016146

讀者回函卡

感謝您購買本書，為提升服務品質，請填妥以下資料，將讀者回函卡直接寄回或傳真本公司，收到您的寶貴意見後，我們會收藏記錄及檢討，謝謝！如您需要了解本公司最新出版書目、購書優惠或企劃活動，歡迎您上網查詢或下載相關資料：http:// www.showwe.com.tw

您購買的書名：＿＿＿＿＿＿＿＿＿＿＿＿＿＿＿＿＿＿＿＿＿＿

出生日期：＿＿＿＿＿年＿＿＿＿＿月＿＿＿＿＿日

學歷：□高中（含）以下　□大專　□研究所（含）以上

職業：□製造業　□金融業　□資訊業　□軍警　□傳播業　□自由業

□服務業　□公務員　□教職　□學生　□家管　□其它＿＿＿

購書地點：□網路書店　□實體書店　□書展　□郵購　□贈閱　□其他

您從何得知本書的消息？

□網路書店　□實體書店　□網路搜尋　□電子報　□書訊　□雜誌

□傳播媒體　□親友推薦　□網站推薦　□部落格　□其他＿＿＿＿＿

您對本書的評價：（請填代號　1.非常滿意　2.滿意　3.尚可　4.再改進）

封面設計＿＿　版面編排＿＿　內容＿＿　文／譯筆＿＿　價格＿＿

讀完書後您覺得：

□很有收穫　□有收穫　□收穫不多　□沒收穫

對我們的建議：＿＿＿＿＿＿＿＿＿＿＿＿＿＿＿＿＿＿＿＿＿＿

＿＿＿＿＿＿＿＿＿＿＿＿＿＿＿＿＿＿＿＿＿＿＿＿＿＿＿＿＿

＿＿＿＿＿＿＿＿＿＿＿＿＿＿＿＿＿＿＿＿＿＿＿＿＿＿＿＿＿

＿＿＿＿＿＿＿＿＿＿＿＿＿＿＿＿＿＿＿＿＿＿＿＿＿＿＿＿＿

請貼
郵票

11466
台北市內湖區瑞光路 76 巷 65 號 1 樓
秀威資訊科技股份有限公司 收
BOD 數位出版事業部

（請沿線對折寄回，謝謝！）

姓　　名：＿＿＿＿＿＿＿＿　年齡：＿＿＿＿　性別：□女　□男

郵遞區號：□□□□□

地　　址：＿＿＿＿＿＿＿＿＿＿＿＿＿＿＿＿

聯絡電話：(日)＿＿＿＿＿＿＿＿ (夜)＿＿＿＿＿＿＿＿

E-mail：＿＿＿＿＿＿＿＿＿＿＿＿＿＿＿＿